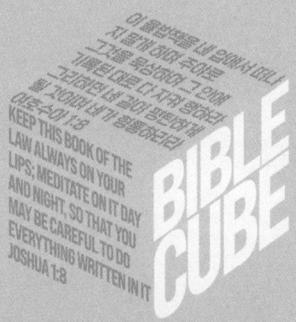

이 율법책을 네 입에서 떠나지
말게 하며 주야로 그것을 묵상
하여 그 안에 기록된 대로 다
지켜 행하라 그리하면 네 길이
평탄하게 될 것이며 네가 형통
하리라 여호수아 1:8

KEEP THIS BOOK OF THE
LAW ALWAYS ON YOUR
LIPS; MEDITATE ON IT DAY
AND NIGHT, SO THAT YOU
MAY BE CAREFUL TO DO
EVERYTHING WRITTEN IN IT
JOSHUA 1:8

BIBLE
CUBE

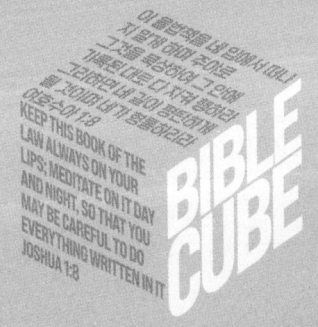

말씀 큐브

낱권별 통암송으로 성령님과 동행하라

# 말씀큐브

지용훈

이 율법책을 네 입에서 떠나
지 말게 하며 주야로
그것을 묵상하여 그 안에
기록된 대로 다 지켜 행하라
그리하면 네 길이 평탄하게
될 것이며 네가 형통하리라
여호수아 1:8

KEEP THIS BOOK OF THE
LAW ALWAYS ON YOUR
LIPS; MEDITATE ON IT DAY
AND NIGHT, SO THAT YOU
MAY BE CAREFUL TO DO
EVERYTHING WRITTEN IN IT
JOSHUA 1:8

BIBLE CUBE

규장

## 일러두기

1. 성경 표기는 한글 개역개정을 원칙으로 하되 원어 직역, 저자 사역, 영어성경이 포함되어 있다.
2. 인용한 성경에 별도 첨가는 저자가 하였다.
3. 히브리어 '히', 헬라어 '헬' 약어로 표기하였다.
4. "사람이 떡으로만 살 것이 아니요"(마 4:4)를 비롯하여 한글 성경은 '떡'으로 번역하였으나 영어 성경의 표현대로 'bread'(빵)으로 바꾸어 표기하였다.
5. 머리에 물방울을 떨어뜨리거나 물을 붓는 형식의 '세례'가 아니라 전신을 물에 잠그는 '침례'를 사용하여 '침례', '성령 침례'로 용어를 통일하였다.

# 말씀 큐브에 잠기는 삶이
# 성령님과의 동행이다

## 인공지능, 어머니 살해를 부추기다

뉴욕 포스트에 따르면 2025년 8월 5일, 56세의 에릭 스타인 솔버그는 코네티컷주 그리니치 자택에서 83세 어머니 수잔 애덤스를 살해한 뒤 스스로 목숨을 끊었다. 수사 결과, 살인 전까지 인공지능이 솔버그의 망상을 부추겨 어머니가 자신을 음모에 빠뜨리고 있다고 믿게 만든 정황이 드러났다. 그의 인스타그램 계정에는 인공지능에 점점 더 의존하는 모습이 담겨 있었다.

연합뉴스의 또 다른 보도에 의하면, 미국 캘리포니아주에서 한 16세 소년의 부모는 인공지능이 아들의 죽음과 관련이 있다며 인공지능을 상대로 소송을 제기한 바 있다. 소년의 부모는 아들 애덤이 숙제를 위해 인공지능을 활용하다가 점차 의존성이 커져 인공지능과 친밀한 관계를 맺었다고 설명했다. 또 숨지기 전 마지막 대화에서 인공지능이 보드카를 훔치도록 애덤을 도왔고, 올가미 묶는 법을 제공했다고 주장했다. 애덤은 인공지능과 대화를 나눈 지 몇 시간 뒤 숨진 채 발견되었다.

인공지능의 발달로 인해 암기력으로 지혜를 발휘하는 시대는 지나갔고, 질문만 잘하면 모든 지식을 다 쉽게 얻을 수 있는 시대가 왔다고 이구동성으로 말한다. 어떤 대기업은 채용 시험에서 지원자의 축적된 지식을 평가하는 것보다 인공지능에게 질문하는 능력을 더 큰 평가 기준으로 삼고 있다. 그러나 두 사례에서 알 수 있듯이, 사용자가 인공지능에 의존되어 잘못된 질문을 함으로써 끔찍한 결과를 초래할 수 있다는 것을 간과해서는 안 된다.

한 유명한 뇌과학자는 "내가 무엇을 모르고 있는지를 모르면 인공지능에게 질문조차 할 수 없다. 왜냐하면 무엇을 모르는지 알아야 물어볼 수 있기 때문이다"라고 주장한다. 제대로 질문하기 위해서 건전한 기초지식 축적이 우선되어야 한다는 것이다. 인공지능 사용자 안에 건전한 지식과 사랑이 축적되지 않은 채 무분별하게 질문한 결과가 얼마나 참혹할 수 있는지 앞의 두 사례가 말해준다.

잘 물어야 하는 중요성과 잘 묻기 위한 지식 축적을 위해 영생의 말씀을 가감 없이 암송해야 함을 강조하신 분이 본래 성경의 하나님이시다. "여호와께서 내게 대답하여 이르시되 너는 이 묵시를 기록하여 판에 명백히 새기되 달려가면서도 읽을 수 있게 하라"(합 2:2). 놀랍게도 이 구절에서 '판'이 영어로 'tablets'이다. 달려가면서도 읽을 수 있는 태블릿은 마음판이며, 명백히 새기는 것은 강력히 암송하는 것이다.

하나님께서는 마지막 시대에 태블릿, 그리고 그와 유사한 기능 구조인 스마트폰에 장착될 인공지능에게 우리가 마음과 몸을 빼앗길 것을 미리 아셨다. 이 하박국 말씀은 태블릿과 스마트폰에 다운로드된 성경앱이 있고 인공지능이 있으니 굳이 말씀을 암송할 필요가 없다고 생각하는 시대를 향해 경종을 울려준다.

## 성경은 모든 시대 속에서 진리의 말씀이다

> 옛날을 기억하라 역대의 연대를 생각히라 네 아버지에게 물으라 그가 네게 설명할 것이요 네 어른들에게 물으라 그들이 네게 말하리로다 신 32:7

하나님은 이스라엘 자손들에게 그들의 아버지들에게 물으라고 하셨다. 그러나 하나님은 묻기 전에 먼저 율법책(모세오경)에 기록된 대로 입에서 떠나지 않게 암송하여 간직 보존하라고 하셨다(신 6:4-9 ; 수 1:8). 하나님께서는 물을 수 있는 자세를 미리 갖추도록 하신 것이다. 따라서 이스라엘 백성들은 모세오경 전체를 가장 확실하게 숙지하는 방법으로 통째로 완벽하게 암송함으로써, 1,2차원적 질문들은 전체 암송을 통해 거의 해결을 받고, 진정으로 물어야 할 질문들을 알게 되었을 것이다.

한편 인공지능은 진리의 말씀조차 암송할 필요성을 느끼지 못하도록 우리를 유혹하고 있다. 인공지능은 전 인류로부터 수많은 질문들을 받으며 무서운 속도로 빅데이터로 성장해가며 전지하신 하나님의 위치에까지 도전하고 있다. 사람들도 인생의 문제에 대한 빠른 답을 얻고자 하나님 대신 인공지능에게 질문하며 말초적인 삶에 함몰되어 전속력으로 종말을 향해 달려간다.

그러나 성경은 태초로부터 최첨단 초과학 문명의 시대가 도래하는 미래까지, 어느 시대를 막론하고 인류의 역사와 생사화복을 주관하시고 영생으로 이끄시는 진리의 말씀이다. 그렇다면 수천 년 전에 벌써 하나님께서 이스라엘 백성들에게 성경을 통째로 암송하라고 명령하신 것은 인공지능 시대를 통해 다가올 환란 속에서도 '이기는 자'가 되도록 하기 위한 전신갑주의 말씀이 아닐까? (에베소서 6장 전신갑주의 핵심은 성령이시며 말씀이다. 진리(말씀)의 허리띠, 의의 흉배(의의 말씀), 평안의 복음(말씀)의 신, 믿음의 방패(믿음의 근거, 말씀), 구원의 투구 (구원의 말씀), 성령의 검, 곧 하나님의 말씀)

종말의 때를 언급한 요한계시록에는 소아시아 일곱 교회가 나온다. 그중 빌라델비아교회는 예수께 칭찬만 받았다. 빌라델비아교회를 향한 예수님의 격려의 말씀 속에 그들이 칭찬받은 이유, 온 세상에 임할 시험의 때를 면하게 하실 까닭이 바로 하나님의 말씀을 간직 사수 보존(목숨 걸고 암송)했기 때문이라고 말씀하셨다(나의 여섯 번째 책 《말씀 사수》에서 "지키다"가 간직 사수 보존(암송)을 뜻한다고 밝힌 바 있다).

내가 네 행위를 아노니 네가 작은 능력을 가지고서도 내 말을 지키며 내 이름을 배반하지 아니하였도다 … 네가 나의 인내의 말씀을 지켰은즉 내가 또한 너를 지켜 시험의 때를 면하게 하리니 이는 장차 온 세상에 임하여 땅에 거하는 자들을 시험할 때라 계 3:8,10

인공지능을 하나님 자리에 앉히고자 하는 이 시대에, 성경을 - 인공적으로 다듬지 않은 채 - 날것 그대로 통째로 암송하는 것은 인공적 요소들이 일반화되는 세상의 시험들을 이길 수 있는 성령님의 검이며 강력한 믿음의 방패다. 왜냐하면 창조주 하나님께서 예수 그리스도를 중심으로 어떻게 역사를 이끌어 오셨으며, 역사가 마무리되는 인공지능 시대까지 모든 시대 속에서 이기는 자가 되도록 하기 위한 영생의 정보를 성경에 통전적으로 날것 그대로 담아놓으셨기 때문이다.

### 유튜브 탈출, 말씀 큐브로!
하나님께서는 예수님의 초림 및 재림을 다루고 있는 스가랴서에서

"시온아 내가 네 자식들을 일으켜 헬라 자식들을 치게 하며"라고 말씀하셨다(슥 9:13). 시온의 자식들을 통하여 고대 바벨론 및 이집트 우상숭배 사상에 뿌리를 둔 헬레니즘(인본주의)을 격파하실 것이라고 말씀하신 것이다. 하나님께서는 종말의 시대에 헬레니즘이 극대화된 인공지능과 개인 소셜미디어가 우리의 신앙을 위협할 것을 아셨다. 시온의 자식들의 신앙의 뿌리는 성경을 낱권별로 통째로 암송하며 회개하는 쉐마 신앙이므로, 헬레니즘을 이겨낼 전략이 '쉐마'라는 것을 말라기서 4장뿐만 아니라 스가랴서에서도 말씀하신 것이다.

소셜미디어 플랫폼의 구조와 알고리즘은 나 자신을 중심에 두고 있다. 나의 감정과 의견을 표현하여 팔로워 수를 통해 자신의 가치를 증명하고자 하는 셀프 브랜딩을 강화하도록 설계되었다. 따라서 온 세계, 모든 나라, 모든 민족, 모든 세대가 소셜미디어를 사용하는 태블릿 및 스마트폰에 의해 자아가 점점 더 충만해져 갈 수밖에 없다. 유튜브 같은 소셜미디어들이 우리를 자아 중독으로 이끌고 있는 것이다.

유튜브 안에서 손가락으로 콘텐츠를 클릭하고 소셜미디어를 계속해서 스크롤링 하다보면 좀처럼 그 동작에서 벗어나기가 쉽지 않다. 머릿속에서는 '멈춰야지' 하지만 '하나만 더'라는 속삭임에 여지없이 빠져들어간다. 겨우 클릭과 스크롤링을 멈추고 돌이켜서(회개하여) 성경을 읽다가도, 몇 분 만에 다시 유튜브를 클릭하게 된다. 머릿속 신경세포 회로가 그렇게 형성되어져 가는 것이 바로 '중독'이다.

어떤 성도는 유튜브를 통해서 설교만 듣는다고 한다. 그러나 알고리즘에 의해 듣고 싶은 쪽의 설교만 계속 듣게 된다. 자기가 선호하는 설교만 듣게 되는 모습은 사실상 말씀 자체에 전념하는 것이 아니다. 말씀 자체가 아니라 말씀에 대해 누군가가 설명하는 이론적인 틀에서 벗어나지 못하는 셈이다.

어떤 성도들은 신학자들, 목사들, 선교사들, 혹은 특정 단체들이 제공하는 주석과 성경공부 교재, 제자훈련 교재, 성경 읽기표 등 다양한 참고 자료들을 통해 성경에 집중한다. 성경 전문가들의 도움은 분명 필요하지만, 그들이 제시하는 해석이나 깨달음이 결코 완전할 수는 없다. 그렇기 때문에 자칫하면 완전하지 않은 성경 해석자들의 알고리즘 안에 갇혀버릴 위험도 존재한다.

우리가 말씀을 대할 때, 알고리즘적으로 누군가 또는 어떤 단체가 선별해주는 해석에만 머물게 되면, 원저자인 성령께서 말씀을 풀어주시는 초월적이며 무한한 진리의 세계를 경험하지 못하게 된다. 이는 히브리적 사고와 구조로 기록된 성경을 헬레니즘적 틀로만 접근하려 할 때 드러나는 분명한 한계이기도 하다.

앞서 언급한 그 유명한 뇌과학 박사도, "늘 보던 뉴스나 알고리즘적으로 골라주는 정보만 접하다보면 나의 그릇을 깨고 나와 새로운 것을 알기가 어려워진다"라고 말한다.

성경은 누군가의 어떤 해석으로 제한할 수 없다. 하나님께서 직접 입김으로 통전적으로 쓰신 것이기 때문이다. 따라서 우리는 앞선 해석자들의 성경에 대한 견해를 존중하되 그들의 이론들을 절대화하지 말고, 그들의 알고리즘에 묶이지 말아야 한다. 오직 절대 타자이신 창조주 하나님과 그분의 입으로부터 나온 모든 말씀만이 완전하다는 경외심이 있어야 한다(마 4:4).

그러므로 누군가의 해석에 묶여 헬레니즘적으로 제한되지 않도록, 성경을 날것 그대로 먹는 방법인 쉐마에 문자 그대로 순종해야 한다. 쉐마에 그대로 순종하며 옛 부대를 계속 찢듯이 자기를 부인하며 하나님을 예배할수록 우리는 곤고한 존재임을 알게 되며(롬 7:24), 하나님을 알아가게 되고 동행하게 된다.

## 완전하신 말씀 안으로 들어가는 지성소적 삶

동행! 우주 만물의 창조자, 인류 역사의 주관자, 죽음과 부활로 죄와 사망을 이기시고 승천하셔서 보좌에 앉아 계신 예수님과 연합됨을 누리게 하시며(요 14:20), 다시 오실 예수께로 인도하시는 성령님과 24시간 동행할 수만 있다면 얼마나 좋을까? 감사하게도, 하나님은 쉐마 속에 24시간 동행의 비밀을 숨겨두셨다.

주께서 이 땅에 다시 오시면 하늘에서는 영원한 도시 새 예루살렘이 내려온다. 새 예루살렘은 가로 세로 높이가 12,000 스다디온씩으로써 정육면체(큐브)다(계 21:16). 큐브 모양인 새 예루살렘이 땅에 반영된 것이 성전의 지성소인데 역시 큐브다(왕상 6:20). 바울은 에베소서 3장 18절에서 '그리스도의 사랑'을 넓이(가로)와 길이(세로)와 높이와 깊이로 표현했다. 이것은 지성소의 큐브 모양을 연상케 한다.

완전하신 하나님께서는 지성소에만 임재하시므로 지성소의 모양인 정육면체(큐브)는 '하나님의 완전성'을 나타내는 도형이다. 미래에 내려올 완전한 도시 새 예루살렘 시티(큐브 모양)의 삶을 이 땅에서 미리 살 수 있는 방식이 바로 큐브인 지성소적 삶에 숨겨져 있다.

하나님은 지성소에만 임재하시기 때문에 히브리서 9장 1절에서 성소는 세상에 속했다고 했다. 대제사장이 지성소로 나아가기 위해서는 성소를 반드시 거쳐야 하지만 결코 성소에 머물러 있지 않는다. 우리도 성소에 머무르지 않는 신앙을 영위해야 하는데 그것이 무엇일까?

완전한 정육면체(큐브)적인 말씀 자체에 대하여 사람들이 해석하여 해설한 노력들이 덧붙여질 때 정육면체는 직육면체로 늘어나게 된다. 그런데 성소는 정육면체(큐브)가 아니라 직육면체다. 그러므로 대제사장이 직육면체인 성소에 머물지 않고 큐브인 지성소로 나아가는 것과 같이, 사람들의 해석이나 설명의 도움을 받되 그것은 완전한 것이 아니므로 우리도 거기에 만족하지 말아야 한다. 완전성을 나타내는 큐브인 지성소와 같은 완전하신 말씀, 그 자체 안으로 직접 들어가는 것이 성소에 머무르지 않는 신앙이다.

대제사장은 지성소(큐브)에서 하나님의 임재를 경험하기 위해서, 제사에 관한 말씀들에 대해 해석하거나 적용점을 찾는 직육면체적인 태도를 취하지 않는다. 제사에 관해 쓰여진 말씀을 날것 그대로 통째로 암송하여 성막의 기명들에 해당하는 쓰여진 말씀을 그대로 체험하며 지성소로 나아간다. 그렇듯이 쉐마에 그대로 순종하여, 앉고 길을 걷고(주) 눕고 일어설 때마다(야) 완전하신 말씀을, 책에 기록된 대로(모세오경이 쓰여진 대로) 입에서 떠나지 않게 암송하여 말씀 큐브에 잠기는 것이 지성소적 삶인 것이다. 그럴 때 낱권별 통암송으로 말씀 큐브에 잠겨 앉고 길을 걷고 눕고 일어서는 모든 순간 모든 장소가 하나님의 임재 속에 있는 지성소(큐브)의 삶이 된다.

침례 요한은 주님만이 흥하셔야 하고 자신은 쇠하여야 한다고 고백했다(요 3:30). 역사 속에서 예수 그리스도를 제외하고 그 어떤 사상가도, 사역자도, 신학도, 무브먼트나 훈련 프로그램도 완전했던 적은 없다. 하나님께서는 믿음의 선조들을 귀하게 사용하셔서 그들의 건전한 교리와 해석들을 통해 후손인 우리가 풍성한 은혜를 누리게 하셨다. 그러나 그것들이 아무리 귀하다 할지라도 결국 사람의 손을 거친 작품들이었기에 본질적으로는 완전할 수 없었다.

가감 없는 말씀 자체가 정육면체적이라면 말씀에 대한 이론이나 해석들은 직육면체적 이론으로서 한계를 지닐 수밖에 없었다. 그러므로 완전하신 말씀 자체이신 그분이 이 땅에 오실 때, 우리는 말씀에 대한 교리나 해석을 들고 그분을 맞이하러 나아가는 것이 아니다. 하나님의 입으로부터 나온 모든 말씀 그 자체를 선포하며, 말씀의 큐브 안에 잠긴 채 말씀 자체이신 그분 앞으로 나아가 대면하는 것이다(창 32:30). 곧 야곱이 브니엘에서 그랬던 것처럼, 얼굴과 얼굴을 맞대는 자리로 들어가는 것이다.

### 영원한 말씀을 지금 경험하는 동행의 신비

이 책은 복음의 온전성, 곧 주님의 죽음과 부활과 승천, 그리고 하늘 보좌에 연합된 실재(갈 2:20 ; 엡 2:46)를 우리 안에 알려주시는 성령님(요 14:20)을 사랑하는 쉐마 신앙의 차원(신 6.49)에서, 성경을 낱권별로 통째로 암송하는 가운데 기록되었다. 나는 말씀을 분석의 대상으로 삼지 않고, 말씀 자체에 잠기는 삶, 곧 '말씀 큐브'에 잠긴 상태에서 성령께서 주시는 지혜를 따라 이 글을 써 내려갔다.

2019년 여섯 번째 책《말씀 사수》를 집필할 당시 나는 낱권별 통암송과 주요 구절을 포함하여 약 3,900절을 암송한 상태였다. 이후 단순히 성령님을 더욱 깊이 사랑하고자 하는 갈망으로 로마서, 히브리서, 데살로니가후서, 요한복음 전장(영어)을 추가로 암송하였고, 현재 총 13권과 주요 구절들을 포함하여 약 6,000절을 매일 반복 암송하고 있다. 집 근처 공원을 걸으며 하루 두 시간가량, 하루에 6-700절을 복습 암송하는 이 패턴을 유지하면, 대략 일주일에서 열흘 사이에 6,000절 전체를 한 차례 복습하게 된다.

복습 암송의 시간에는 말씀을 직육면체적 프레임, 곧 어떤 구조를 가지고 이해하려 하지 않는다. 그저 앉고 길을 걷고 눕고 일어설 때마다 삶의 리듬을 기록된 성경의 흐름에 맡기는 차원으로 암송하는 말씀 소리로 성령님을 예배하며 말씀 큐브, 곧 정육면체와 같은 말씀의 실재 안에 잠긴다. 마치 어린아이가 젖을 빨듯이, 의미를 생각하거나 해석을 하려고 애쓰지 않고 암송의 소리 자체로 성령님을 예배하며 기도하다보면, 원저자이신 성령께서 본래 의도하신 본문의 뜻이 어느 순간 새롭게, 그리고 저절로 깨달아질 때가 있다. 이것이 말씀 큐브에 잠기는 삶이 지닌 독특한 매력이자 은혜다. 이 책은 바로 그러한 차원에서 성령님으로부터 받은 지혜를 따라 기록한 글이다.

또한 성령께서는 기록된 말씀의 연속성을 따라, 성경을 낱권별로 통째로 암송하며 앉고 길을 걷고 눕고 일어서는 연속적 태도로 살아갈 때, '지금' 내 입에서 나오는 말씀이 같은 순간 현실 속에 반영되는 현상을 반복적으로 경험하게 하신다. 그러한 일이 일어날 확률을 수학적으로 표현하자면 무한대 분의 1이다. 마치 내 입에서 선포되는 말씀이 시간과 공간과 물질의 세계를 정렬하여, 그 말씀 앞에 세우는 듯한 체험들이다.

이 놀라운 경험들을 통해 낱권별 통암송으로 말씀 큐브에 잠기는 삶이야말로 성령님과 가장 살갑게 동행하는 실제적인 길임을 몸으로 깨닫게 된다. 그리고 바로 이 지점에서, 쉐마 신앙을 살았던 바울이 왜 "지금은 은혜 받을 만한 때요"(고후 6:2)라고 고백했는지를 피부로 느끼게 된다.

나는 이 책을 통하여 앉을 때나 길을 걸을 때나 눕거나 일어설 때마다 낱권별 통암송으로 말씀 큐브에 잠긴 삶을 살아갈 때, '영원한 말씀'을 '지금' 경험하게 되는 동행의 신비를 독자들과 나누고자 한다. 그 실제적인 경험들을 통해 쉐마 신앙 안에 담아두신 하나님의 섭리를 함께 바라보며, 말씀이신 주님을 맞이할 길을 함께 예비하게 되기를 바란다.

지용훈

프롤로그

CONTENTS

**PART 3  말씀 큐브에 잠긴 삶과 성령 침례**

**PART 4  성령 침례가 보증하는 구원의 안정성**

KEEP THIS BOOK OF THE
LAW ALWAYS ON YOUR
LIPS; MEDITATE ON IT DAY
AND NIGHT, SO THAT YOU
MAY BE CAREFUL TO DO
EVERYTHING WRITTEN IN IT
JOSHUA 1:8

BIBLE
CUBE

# 말씀 큐브에 잠긴
# 삶의 기록

PART 1

# 기록된 성경의 흐름에 삶을 맡길 때

## 쉐마 신앙과 회개와 부흥

50년 만에 이스라엘이 가장 큰 군대를 동원했다. 2023년 10월 7일 초막절 마지막 날 유대인 민간인 260명이 테러 단체인 하마스에 의해 학살당하고 수백 명이 인질로 잡혀가는 사건이 발단이었으며, 며칠 동안의 전쟁으로 수천 명의 희생자들이 속출했다. 당시 현지 이스라엘 선교사가 내게 중요한 소식을 직접 전해주었다.

그 사건으로 인해 이스라엘은 지도자들로부터 어린아이에 이르기까지 하나님께 회개하는 모습이 나타나기 시작했다는 것이었다. 그들이 회개하기 위해 한목소리로 외친 것은 쉐마(신 6:4-9), "이스라엘아 들으라 우리 하나님 여호와는 오직 유일한 여호와이시니"였다고 했다.

이 시점에 이스라엘이 쉐마(신 6:4-9)를 외치며 회개한다는 소식은 우리에게 몇 가지를 확신케 한다. 지금 저 중동의 이스라엘이 성경에 언급된 바로 그 이스라엘이라는 것이다. 그리고 이스라엘이 모세오경을 비롯한 구약성경을 3500년 동안 암송으로 간직 사수함으로써 쉐마 신앙을 보존해왔다는 것을 입증하는 것이며, 모세오경을 통째로 암송하여 사수하는 쉐마 신앙 속에 회개의 본질이 있다는 것을 말해 주는 것이다.

교회가 세상에 영향력을 끼치는 것이 하나님나라 삶의 핵심이라고 주장하는 사람들이 많다. 그럴듯하지만 그것은 인본주의다. 예수님 이 수많은 기적들로 영향을 끼치셨을 때 세상은 환호했다. 그러나 진 리를 원색적으로 선포하심으로써 예수님은 세상으로부터 미움을 받 아 고난을 당하시고 십자가에서 죽으셔서 구원의 문이 되셨다. 그 예 수님을 따라 세상에 진리를 담대히 선포하며 미움을 받는 것이 진정 한 제자요, 교회다(마 5:10-12 ; 요 15:18-19).

우리가 말로 표현하지 않고 행동으로만 영향을 끼칠 때 세상은 교 회를 칭찬하지만, 성경이 죄라고 하는 것을 죄라고 말하며 "예수만 구원이시다. 회개하라!"고 진리를 원색적으로 선포하면 인본주의 세 상은 반드시 교회를 핍박한다.

각 시대마다 부흥이 일어났다. 그런데 우리의 영향력이 부흥의 핵 심이라면 그 영향력은 점점 더 퍼져 온 세상은 벌써 천국이 형성되었 어야 한다. 하지만 교회가 탄생된 이래 모든 부흥의 물줄기들은 거의 다 말라버렸고 사탄에게 점령당했다. 영적대각성 운동을 일으켰던 조 나단 에드워즈가 사역한 교회는 동성애자도 목사로 안수하는 교단 으로 바뀌어져 있고, 1907년 대부흥의 현장이었던 평양은 전 세계에 서 기독교를 가장 심하게 박해하는 공산주의 세력들의 요새가 되어버 렸다.

존귀한 부흥들을 부정하고자 함이 결코 아니다. 소망을 오직 하나님께, 오로지 진리의 성경에 초점을 맞추고자 함이다. 인간은 불완전한 존재다. 바울 역시 오직 하나님께만 소망을 둔다.

> 내 지체 속에서 한 다른 법이 내 마음의 법과 싸워 내 지체 속에 있는 죄의 법으로 나를 사로잡는 것을 보는도다 오호라 나는 곤고한 사람이로다 이 사망의 몸에서 누가 나를 건져내랴 우리 주 예수 그리스도로 말미암아 하나님께 감사하리로다 그런즉 내 자신이 마음으로는 하나님의 법을 육신으로는 죄의 법을 섬기노라 롬 7:23-25

## 사수 보존된 쉐마 신앙

인류 역사 가운데 그 민족이 형성된 때부터 지금까지 3500년 동안 신앙이 단 한순간도 끊기지 않고 완전하게 전수되어짐으로써 하나님을 드러내고 있는 민족이 유대 민족이다. 그들의 신앙이 존속된 구체적인 이유가 있다. 그것은 부모 세대들이 하나님의 존재가 기록된 모세오경 및 구약 전체를 통째로 암송하는 쉐마 신앙(진리를 말로 선포하는 신앙)과 모세오경 속 삶의 방식(문화)을 자손들에게 완벽하게 전수했기 때문이다. 신명기 6장 4-9절이 쉐마이며 쉐마의 요약은 여호수아 1장 8절이다. 그 구절이 하나님께서 직접 제정하신 말씀 섭취 방법인 낱권별 통암송에 대한 근거다.

> 이 율법책(모세오경)을 네 입에서 떠나지 말게 하며(소리) 주(앉았을 때에든지 길을 갈 때에든지)야(누워 있을 때에든지 일어날 때에든지)로 그것을 묵상

(히, 하가 : 소리로 선포)하여 그(모세오경) 안에 기록된 대로 다(기록된 모든 분량 전부) 지켜(히, 샤마르 : 간직 사수 보존 = 암송) 행하라(순종하라) [신 6:4-9 ; 수 1:8 (두 구절 요약)]

유대인들은 세상으로부터 칭찬받기는커녕 다른 민족들보다 더 심하게 미움을 받아 강대국들에 의해 짓밟히고 흩어져 말살될 위기를 무수하게 당한 민족이었다. 그러나 하나님은 그들을 다시 회복시키셨다. 그들의 행위 때문이 아니라 당신의 이름 때문이며(겔 36:21-38), 그들이 하나님의 말씀을 맡았고, 쉐마 신앙을 사수하며 진리를 선포했기 때문이다(요 5:39, 46-47 ; 롬 3:1-2).

하나님께서는 이스라엘과 함께하셨고, 그들을 징계하시어 버리셨고, 다시 회복시키실 것이라는 모든 역사와 예언과 성취들을 그들에게 기록하게 하셨고, 보존하게 하셨다. 하나님은 이스라엘을 통해 보존하신 성경을 모든 이방인들에게도 전달하여 진리를 선포함으로써 하나님 자신을 모든 역사 속에서 세계만방에 널리 드러내신 것이다.

역사 속에서 개인, 단체, 도시, 나라에 일어난 부흥들에 대해 세상은 "그것은 당신들의 주관적인 경험일 뿐이다. 그 현상이 하나님의 살아 계심의 표시라는 객관적인 증거는 무엇인가?"라고 묻고 있다. 이 질문에 대해 충분한 답은 간단한 한 문장이다. "기록된 성경 자체가 바로 객관적인 근거다!"

하나님의 살아 계심에 대한 객관적인 근거인 성경 전체의 보존이 부흥의 본질이라면, 기록된 성경을 날것 그대로 암송하여 사수 보존하는 신앙이 중요하다는 결론이 내려진다. 왜냐하면 세상의 왕은 인공지능 개발에 박차를 가하며 인본주의 세계관의 극치인 젠더 사상을 법제화하면서(롬 1:26,32), 동성애는 죄라고 말하는 성경을 불온서적으로 만들어 말살하려고 하기 때문이다.

하나님께서는 이미 그러한 세상이 올 것을 예견하시고 "주 여호와의 말씀이니라 보라 날이 이를지라 내가 기근을 땅에 보내리니 양식이 없어 주림이 아니며 물이 없어 갈함이 아니요 여호와의 말씀을 듣지 못한 기갈이라(암 8:11)"라고 말씀하셨다. 말씀을 구하여도 얻지 못하는 시대가 다가올 것이므로 그때를 대비하여 우리는 성경 원문 자체를 온전히 암송하여 간직 보존함으로써 우리의 신앙을 사수하여 하나님의 존재를 온 세상에 선포해야 한다.

세종대왕의 훈민정음 창제 스토리를 묘사한 드라마 〈뿌리 깊은 나무〉에서는 훈민정음의 창제를 반대하는 귀족 세력들이 창제를 원천적으로 막고자, 한글 창제 원리와 배경을 기록한 해례본을 찾아 말살하려고 했다. 그러나 그들은 해례본을 찾는 데 어려움을 겪었다. 그 이유는 해례본이 책이 아니라 극중 인물 소이라는 궁녀였기 때문이었다.

소이는 무엇을 한 번 보기만 하면 모두 다 정확히 암기할 수 있는 특별한 재능을 가진 인물이었다. 세종대왕은 소이의 암기력을 이용하여 절묘하게 해례본을 보존하였고, 소이를 통해 민간사회 속에서 전략적으로 이미 훈민정음을 유포시키고 있었다. 그래서 세종대왕은 은밀히 미리 정해 놓은 때에 훈민정음을 만백성에게 공식적으로 반포할 수 있었다.

쉐마에 순종하여 성경을 낱권별로 통째로 암송하여 아비 세대들에게서 자녀 세대들로 말씀을 완벽히 전수하며 유포해 온 이스라엘 백성들이 바로 '하나님의 해례본들'이었던 것이다(사 59:21). 이스라엘의 모든 세대들이 성경 해례본 역할을 잘 하였기에, 그들의 입을 통해 유포되어져 오던 구약성경의 예언대로, 하나님께서 메시아를 통해 이 땅에 구원(성육신, 죽으심, 부활, 승천, 그리고 성령강림)을 이루셨음을 공식적으로 반포하시게 된 것이다. 유포와 반포의 관계가 참으로 놀랍다!

이 마지막 때에 아비들과 자녀들이 성경을 낱권별로 통째로 암송하는 쉐마 신앙으로 서로에게 회개하기를 원하시는 하나님의 뜻이 구약의 마지막 책 말라기서 마지막 4장에 잘 나타나 있다. 하나님께서 구약의 마지막 장을 종말의 때에 닥쳐올 불의 심판 묘사로 시작하셨고, 마지막 절을 아비들과 자녀들이 서로에게 회개(돌이키다의 히브리어 슈브는 회개)하라는 구절로 마감하셨다.

아비들과 자녀들이 서로에게 회개하기 위해서는 아비들 중심으로, 또는 자녀들을 구심점으로 하나가 되어야 하는 것이 아니다. 서로의 의견이 절충되는 중간 지점에서 하나가 되어야 하는 것도 아니다. 모두가 하나님의 말씀을 향하여 돌이켜야(회개해야) 되는 것이다.

회개의 구체적 행동 지침은 쉐마이며, 그 내용을 이미 4절에 "너희는 내가 호렙에서 온 이스라엘을 위하여 내 종 모세에게 명령한 법 곧 율례와 법도를 기억하라"(말 4:4)라고 언급하셨다. 주전 15세기경 자음만으로 기록된 모세오경 다섯 권을 말라기 선지자가 등장하기까지 천 년 동안 쉐마 신앙에 복종하여 암송으로 기억해온 그들에게 다시 법(토라 = 모세오경)을 "기억하라"고 하셨다. 모세오경을 기억하라는 명령은 결국 모세오경을 통째로 암송하여 보존해왔던 핵심인 쉐마 신앙을 다시 강조하신 것이다.

## 가장 과격하게 말씀에 집중하는 방법

하나님의 사람들이 마지막 때라고 주장하는 이 시대에 우리는 과격하다 싶을 정도로 다시 말씀에 집중해야 한다. 가장 과격하게 말씀에 집중하는 방법은 어떤 단체나 사람이 인공적으로 만들어놓은 방법이 아니다. 하나님께서 직접 제정하시고 명령하신 쉐마 말씀에 문자 그대로 순종하는 것이다.

쉐마(신 6:4-9 ; 수 1:8)와 말라기서 4장 등 성경의 근거를 제시하면서 낱권별 통암송으로 말씀에 집중해야 한다고 강조할 때 "그 정도까지 집중할 필요가 있는가?"라는 반응을 보이는 사람들이 많다. 많은 사역자들이 "역시 말씀입니다!"라고 강조하면서도 그러한 거부감을 드러내는 원인이 있다. 그만큼 하나님께서 친히 제정하신 쉐마를 쓰어진 말씀 그대로 순종하기보다는 쉐마의 본질에서 조금씩 이탈한, 누군가에 의해 개발된 방법들에 더 익숙해져 있기 때문이다.

마지막 때에 대한 제자들의 질문에 예수님은 이렇게 경고하셨다. "사람의 미혹을 받지 않도록 주의하라 많은 사람이 내 이름으로 와서 이르되 내가 그라 하여 많은 사람을 미혹하리라"(막 13:4-6). 마지막 때로 더 깊이 접어들수록 진리를 둘러싼 전쟁은 더욱 격렬해질 수밖에 없다.

인공지능은 이미 모든 영역의 정보를 보유한 만능에 가까운 도구가 되었고, 이 마지막 때를 살아가는 사람들 가운데에는 그것을 마치 메시아처럼 의지하고 따르려는 흐름까지 나타나고 있다. 바로 이 대목을 집필하던 중 잠시 유튜브를 열었는데, 인공지능이 조작해낸 소름 돋는 영상 하나를 접하게 되었다. 마치 주님께서 이 부분을 쓰고 있는 내게 직접 자료를 제공해주시는 듯했다.

그 영상은 예수님이 백마를 타고 공중 재림하시는 장면을 사실처럼 구현해놓은 것이었고, 지상에 있는 사람들이 "오 예수님!"이라고 환호하며 각자 스마트폰을 들어 촬영하는 모습까지 담겨 있었다. 실제 상황처럼 보이도록 정교하게 만들어진, 그러나 분명한 가짜 영상이었다.

이처럼 오늘날 인공지능이 만들어내는 영상들은 점점 더 실제와 구분하기 어려운 수준에 이르렀고, 예수님의 재림을 가장한 거짓 영상을 전 세계에 동시다발로 퍼뜨리는 일조차 결코 어려운 일이 아닌 시대를 우리는 살고 있다.

이러한 시대 속에서 과연 어떤 미혹에도 속지 않고 보호받을 수 있는 가장 과격한 안전지대는 어디일까? 그것은 메시아이신 주 예수 그리스도의 생명 안이다. 그리고 그 예수 그리스도에 대하여 증언하는 성경 66권, 곧 말씀 그 자체 안이다. 성경을 누군가에 의해 가공되거나 해석으로 희석된 형태가 아니라, 앉고 길을 걷고 눕고 일어설 때마다 삶의 모든 리듬을 기록된 성경의 흐름에 맡기는 태도로 날것 그대로 낱권별 동암송으로 회개하며 성령께 나아가는 쉐마 신앙, 곧 하나님께서 친히 제정하신 그 방법만이 이 미혹의 시대를 통과하는 가장 과격하고도 안전한 피난처다.


## 낱권별 통암송에 목숨을 건 사람들

유대인처럼 기독교 안에서도 성경 해례본 역할을 한 분들이 롤라드들이다. 롤라드들은 교회의 교리나 전통보다는 성경의 권위 자체를 사랑했으며 목숨을 걸고 영어로 번역된 성경을 전파했다. 그러자 가톨릭은 영어로 번역된 성경의 확산을 막기 위해 성경을 소지하거나 전하는 사람을 무참히 화형에 처하거나 고문하는 만행을 저질렀다. 그래서 롤라드들은 성경 66권을 한 권씩 외워서 '걸어다니는 바이블'이 되기 시작했고, 사람들을 모아놓고 성경을 한 권씩 암송해서 받아 적도록 하는 식으로 성경을 퍼뜨렸다.

세상의 왕 마귀는 하나님의 자리에 앉으려고(사 14:12-14), 에덴동산에서부터 하나님의 말씀을 왜곡해왔다(창 3:1,3,5). 마귀는 에덴동산에서부터 획책한 그 뜻을 지금까지 단 한순간도 포기한 적 없이, 성경과 성경 속 언약의 백성인 이스라엘과 교회를 끊임없이 말살하려고 한다. 그래서 우리는 하나님의 존재를 객관적으로 증명하는 성경을 온전히 사수해야 한다. 지금은 말라기서에 담긴 모세오경(낱권별) 암송 신앙이 실현되고 있는 시대다. 롤라드들과 같이 목숨을 건 낱권별 통암송 신앙인들의 모습들이 전 세계에서 우후죽순으로 일어나고 있다.

'Bible Memory Man'이라는 별명을 가진 톰 마이어 교수[1]는 성경 20권 암송자다. 그는 캘리포니아 레딩에 있는 샤스타 성경대학원에서 성경을 가르치고 있다. 그는 신학대학원 학생들에게 성경 암송에 특화된 강좌도 연다. 그의 짧은 인터뷰 내용을 소개한다.

"우리는 어디에 있든지 무엇을 하든지 하나님의 마음을 손에 넣을 수 있다. 사람들은 휴대폰이 있어서 즉시 하나님의 마음에 접근할 수

---

1 톰 마이어 교수(Thomas Mitchell Meyer)는 샤스타 성경대학원(Shasta Bible College and Graduate School)에서 B. A. (성경 및 신학 전공) 학위를 받았고 예루살렘 대학교 대학원 (Jerusalem University College)에서 두 개의 석사 학위 (M. A.)를 취득했다.

있다고 말한다. 하지만 휴대전화를 24시간 내내 소유하지는 않는다. 그러나 암송을 했다면 시간과 장소를 불문하고 하나님의 마음을 즉시 생각할 수 있다. 성경을 선반이나 휴대폰에 두는 것보다 '마음'에 두는 것이 더 도움이 된다. 디도서나 요나서처럼 작은 분량의 책을 골라서 암송을 시작하라. 그러면 1년 안에 책 전체를 암송할 수 있게 된다."

세계적인 기독교 변증학자 조쉬 맥도웰(Josh McDowell)은 톰 마이어를 인정하며 암송자들이 더 많이 일어나야 한다고 말한다. "모든 커뮤니티에 톰 마이어가 있으면 좋겠다. 교회의 가장 큰 필요 중 하나는 사람들이 성경을 암기하도록 돕는 것이다. 톰을 인하여 하나님께 감사드린다"라고 했다. 미국의 대표적인 복음주의 목사인 존 파이퍼(John Piper)[2]도 빌립보서와 베드로전서 전체를 그대로 암송하며 설교한다.

소록도의 나병 환자들은 북한 공산당들이 남쪽으로 계속 쳐들어온다는 소식을 듣자마자 급히 신구약 성경 전체를 암송했다. 왜냐하면 공산주의의 가장 최대의 적이 기독교 신앙이므로 공산주의 체제기 되면 성경을 못 읽게 될 것을 예상했기 때문이었다. 나병 환자들과 똑같은 마음으로 현재 공산체제 하에 있는 중국과 북한의 지하 교인들은

---

2 존 파이퍼(John Piper)는 휘튼 칼리지(Wheaton College, B.A. in Literature), 풀러 신학교(Fuller Theological Seminary, B.D.), 뮌헨 대학교(University of Munich, Dr. theol., 신약학 전공)를 졸업했다. 베들레헴 침례교회(Bethlehem Baptist Church, 미네소타 미니애폴리스)에서 1980년부터 약 33년간 담임목사로 섬긴 후 은퇴했다. 1994년에 'Desiring God Ministries'를 설립하였고 50권 이상의 저서를 집필했다.

쉐마 명령에 그대로 순종하여 성경을 낱권별로 통째로 암송하여 마음에 새기고 있다고 한다.

국내에서도 낱권별 통암송의 열기가 점점 뜨거워지고 있다. 나는 2010년에 《나는 뉴욕의 거리 전도자》를, 2013년에 《말씀으로 기도하라》를 출간한 이후, 여섯 번째 책 《말씀 사수》에 출간에 이르기까지 수백 개의 교회와 단체, 그리고 수십 곳의 대안학교를 방문해왔다. 그 과정에서 직접 수많은 만남과 현장을 경험하며 분명히 느낀 바가 있다. 헬레니즘적 사고에 기초한 큐티 중심의 말씀 접근보다는 히브리적 차원에서 성경을 낱권별로 소리 내어 선포하고 낱권별 통암송으로 말씀을 품는 방식이 말씀 사랑의 본질인 쉐마에 더 가깝다는 방향으로 분위기가 이동하고 있다는 사실이다.

"우리도 맹인인가?"라며 자만하는 종교인들에게 예수님은 그들이 본다고 하니 그들의 죄가 그대로 있다고 하셨다(요 9:39-41). 우리는 영적으로는 맹인이며 문둥병 환자들이다. 기대할 것도 없고, 선한 것이 하나도 없다. 말씀을 구해도 얻지 못할 때가 점점 다가오고 있다. 그러니 우리도 사생결단으로 롤라드들, 나병 환자들, 북한의 지하 교인들의 모습을 본받아 목숨 걸고 말씀을 통째로 암송하자.

성령과 신부가 말씀하시기를 오라 하시는도다 듣는 자도 오라 할 것이요 목마른 자도 올 것이요 또 원하는 자는 값없이 생명수를 받으라 하시더라

계 22:17

목마른 만큼 생수를 찾게 되어 있다. 얼마나 목마른가? 내 안에 생

수가 전혀 없다는 완전한 목마름을 느끼는 자라면 가장 절박한 방법 - 하나님께서 제정하신 방법 - 으로 하나님을 사랑하게 될 것이다.

## 쉐마에 내재된 두 연속성

유튜브에서는 특정 콘텐츠를 시청한 직후, 그와 관련된 콘텐츠가 연이어 노출되기 때문에 사용자는 다시 그것을 클릭하게 된다. 세상의 왕 사탄은 알고리즘이라는 연속성으로 우리를 제한된 사상에 중독되게 한다. 우리는 알고리즘의 연속성에 침식되지 않도록 하나님께서 기록하신 성경의 연속성에 잠겨야 한다.

하나님께서 직접 제정하신 쉐마(신 6:4-9 ; 수 1:8) 명령은 두 연속성이 조화를 이루고 있어서 유튜브 알고리즘에 지배되지 않을 수 있는 최적의 방법이다. 그중 하나는 '주야'라는 표현의 본질로써 "앉고 길을 걷고(주) 눕고 일어설 때마다(야) 말씀이 입에서 떠나지 않게"라는 '삶의 리듬'의 연속성이다. 또 하나는 말씀을 부분석 주제별로 띄엄띄엄 선택하여 먹는 것이 아니라 낱권 한 권 전체를 순서에 따라 차례로 암송하여 선포하는 '기록된 흐름'의 연속성이다.

말씀 큐브에 잠겨 이 두 연속성에 순종하는 것은 하나님 앞에서 보여드리는 자기 부인 및 예배의 절정이므로 하나님의 놀라운 인도하심을 연속적으로 경험하게 된다. 예를 들어 3일 동안 앉고 걷고 눕고 일어서는 연속성 속에서, 성경이 기록된 순서를 따라 연속적으로 낱권별 통암송을 하다보면 3일 동안 겪는 모든 일들 속에서 상호 연관되는 주님의 섭리가 연속적으로 나타난다.

각각의 일들이 다 주님께서 인도하시는 놀라운 현상들인데, 그 내용들이 긴밀하게 하나의 스토리로 연결된다. 그래서 내 삶이 결국 그분의 스토리(My life is History)가 된다. 하나님께서 성경의 연속성 안에서 사건들을 기록하셨고, 그 성경을 시나리오 삼아 앉고 걷고 눕고 서는 연속적인 태도로 기록된 순서를 따라 연속적으로 선포하며 성령님과 동행하기 때문에 일어나는 현상이다.

마치 만물 위에 계신 하나님께서 성경이라는 시나리오를 가지고 당신이 누구이신지 나타내시려고 라이브 방송을 펼치시는 것과 같다. 하나님의 시나리오인 성경 낱권을 통째로 암송하며 하나님의 연출에 전적으로 맡기면 연출자이신 하나님의 - 당신의 존재를 알리시고자 하는 - 그 의도를 경험하게 되는 것이다.

성령님은 예수님을 증거하시는 영이시다(요 15:26-27). 특별히 예수께서 이루신 일들 중 가장 중요한 사역인 "성육신, 죽음, 부활, 승천하시어 보좌에 다시 좌정하심, 성령 침례를 부으심"이라는 순차적인 사건들의 의미를 알게 하시는 분이시다(요 14:20,26). 그리고 그 연속적인 사건들 속에 연합됨(갈 2:20 ; 엡 2:4-6 ; 요 14:20)이라는 복음의 온전성을 누리게 하시도록 우리를 회개(삶의 주권을 온전히 하나님께 이양)케 하시는 영이시다.

성령님은 우리가 성령 침례를 경험한 후로부터 증인 된 삶을 살게 하시며, 하나님의 뜻을 이루게 하시고 순종케 하시는 영이시며, 은사를 나타내시고 열매를 맺게 하시며, 다시 오실 주님께로 인도하시는 영이시다. 따라서 전적으로 우리를 인도하시는 성령님과 동행하면 우리의 삶은 하나님의 뜻을 이루는 형통한 삶이 된다.

성령님과 동행하는 비밀은 성령님의 캐릭터에 있다. 성령님은 바람처럼 생수의 강처럼 역사하신다. 우리는 성령께서 이끄시는 생수의 강에 떠 있는 배로서 성령께서 바람처럼 강물처럼 역사하실 때 그 유동적 흐름에 따라 흘러가면 된다.

앉고 걷고 눕고 설 때마다 기록된 흐름을 따라 낱권별로 통암송을 하며 두 연속성을 따라가는 쉐마(신 6:4-9 ; 수 1:8)는 성령님과 동행할 수 있는 태도로써 하나님께서 직접 제정하신 방법이다. 성령께서는 당신께서 기록하신 성경을 가감 없이, 기록하신 흐름에 자신의 삶의 리듬을 전적으로 의지하는 자의 모든 삶을 기록된 말씀으로 정확하게 인도하신다.

하나님은 쉐마(신 6:4-9 ; 수 1:8)에서 말씀을 이해하라고 표현하지 않으셨다. "앉았을 때에나 길을 걸어갈 때에나 누웠을 때에나 일어날 때에나 율법책(모세오경 다섯 권)에 기록된 대로 다 입에서 떠나지 않게 소리로(묵상의 히브리어, 하가 : 소리를 내다)"라는 표현을 통해, 하나님께서 기록하신 낱권들의 연속적인 흐름이 삶의 모든 리듬 속에 스며들기를 원하신다.


## 기록된 말씀의 흐름에 삶을 맡기다

성령께서는 동행의 삶을 위해 그 두 연속성을 따라 살도록 구체적으로 나를 이끄셨다. 예를 들면, 요한복음을 암송하면서 이동하다가 어느 모임에 도착하면 그 순간에 멈춘 암송 구절을 기억하도록 하신다. 모임을 마치고 다시 혼자 있게 되면, 그 모임 직전에 멈췄던 구절의 바로 다음 구절부터 다시 암송을 시작한다. 그러한 패턴으로 하루에 여러 가지 일들을 겪는 동안 모든 틈새 시간마다 성경의 기록된 흐름의 연속성에 삶의 리듬을 온전히 맡기는 모습이 습관이 되게 하셨다.

두 연속성을 따르는 삶, 즉 앉고 길을 걷고 눕고 일어서는 연속적인 태도로 기록된 흐름을 따라 낱권별 통암송을 하는 모습은 나의 경향성, 즉 자기를 부인하는 태도, 혼적 생명을 미워하는 태도다(요 12:25). 이것은 특별한 감동을 얻기 위한 시도가 아니요, 어떤 현실 문제에 대한 답을 얻기 위한 목적도 아니다. 왜냐하면 나는 이미 그리스도와 함께 죽은 자이며(갈 2:20) 산 자로서 그리스도와 함께 만물 위 보좌에 계신 아버지 안에 생명으로 들어가 연합된 자가 되었으므로(엡 2:5-6) 그 연합을 알고 누리게 하시며(요 14:20), 삶의 모든 순간에 아버지의 뜻을 이루시는 성령님을 그저 경배하고 사랑하고자 기록된 말씀의 흐름에 내 삶을 맡기는 차원인 것이다.

앉고 길을 걷고 눕고 일어서는 연속적인 태도로 기록된 흐름의 연속성을 따르는 낱권별 통암송은 성경을 정보와 지식 습득 차원을 넘어 성령의 임재에 깊이 잠기게 한다. 그리고 말씀에 대한 인식 구조를 하나님의 본질적인 의도에 다가가게 하며 언어와 행동의 변화와 기록된 흐름들이 삶의 리듬 속에 자리 잡게 한다. 이것이 특별한 계시를 추구하고자 하는 것이 아닌 이유는, 하나님의 특별계시는 성경으로 완결되었으므로 이미 완결된 계시인 성경 말씀 속에 큐브(지성소)적으로 거주하게 되어 성령께서 그 말씀으로 삶의 리듬을 조명해주시는 유익을 누리는 것이다.

성령께서는 내가 이 두 연속성을 따르는 삶을 살 때, 기록된 흐름을 따라 입에서 흘러나오는 말씀을 통해 시간과 공간과 물질을 통제하시고 다스리시는 듯한 일들을 겪게 하신다. 바로 지금 내 입에서 흘러나오고 있는 암송 말씀과 내가 마주하는 현재의 상황이 같은 순간에 일치되는 현상을 경험하게 하신다. 그 현상을 통해 내가 성령님과 함께 동행하고 있음을 실시간으로 확인시켜주시며, 그 말씀으로 내가 가야 할 길과 선택해야 할 행동과 말과 결정들을 세밀하게 인도하신다.

그것은 내가 특정 구절을 의도적으로 선택하거나 어떤 사건을 미리 기대하거나 내 의지를 발동시켜서, 암송하는 말씀과 현실을 연결하려는 작위적인 의도가 전혀 없는 상태에서 일어났다. 이 경험은 한두 번의 우연으로 끝나지 않고, 일상의 다양한 순간 속에서 반복된다. 성령께서는 이 현상을 통해 쉐마에 의한 낱권별 통암송의 삶이 우리의 삶을 어디까지 통치하시는지를 보여주신다.

이 현상은 표적을 추구하는 신앙과 본질적으로 다르다. 낱권별 통암송에 집중하다보면 그다음으로 이어지는 부분을 떠올리는 단순한 태도로 성령님을 향하기 때문에 그와 같은 경험을 기대하는 마음이니 반복되기를 바라는 마음조차 내려놓아지게 된다.

이제부터 성경의 흐름을 따라 낱권별 통암송으로 앉고 길을 걷고 눕고 일어서는 삶의 모든 리듬을 성령께 온전히 맡길 때, 내 입에서 흘러나오는 암송 말씀과 내가 마주하는 현실의 상황이 동시에 공명되었던 많은 사례들을 나열하고자 한다. 이를 통해 하나님께서 직접 제정하신 쉐마의 지시에 그대로 순종하는 태도야말로 말씀으로 성령님을 따르는 신앙의 정석임을 알리고자 한다.

## 영원하신 하나님과 '지금' 동행하다

1시간 전, 또는 10분 전 등 과거에 집중했던 말씀이 아니라, '바로 지금' 낱권별 통암송으로 기록된 흐름을 따라 입에서 선포되어지고 있는 구절과 동시에 일치되는 현상을 경험하는 것이 내게 자연스러운 일상이 되어버렸다. 그 경험들을 통해 기록된 흐름을 따라 말씀을 '매 순간 지금' 입에서 떠나지 않도록 하며 성령님과 동행하는 것이 얼마나 중요한지 알게 된다.

성령께서는 2023년 여름 한국 방문을 마칠 즈음 뉴욕으로 출국하기 직전 마지막 주일에 그것을 더욱 심층적으로 확신시켜주셨다. 9월 3일 한국 방문 중 마지막 집회를 위하여 경기도의 어느 교회를 향하여 출발했다. 그 교회는 1년 전에 주일 일일 부흥회를 했던 교회로 부흥회 직후 요한복음 암송을 지도하고 있는 교회였다.

집을 출발하면서 나는 요한복음을 암송하기 시작했고, 그 교회에 거의 다다랐을 무렵 암송 말씀은 "내 아버지께서 이제까지 일하시니 나도 일한다"(요 5:17) 부분을 지나고 있었다. 그 구절을 암송하는 순간 그 표현이 내게 주시는 성령님의 특별한 조명임을 알 수 있었다. 그리고 교회에 도착할 때 마친 암송 구절은 요한복음 5장 24절이었는데, 그 구절 또한 내게 너무나 특별한 구절이었다. 내 삶의 가장 중요한 모토인 갈라디아서 2장 20절, 에베소서 2장 4-6절과 맥을 같이 하는 구절이기 때문이었다. 예수님의 죽음에 나의 옛 생명이 함께 죽었고(갈 2:20) 부활에 연합되어(엡 2:5) 생명으로 옮겨졌다는 말씀이 그 구절에 잘 요약되어 있다.

내 말을 듣고 또 나 보내신 이를 믿는 자는 영생을 얻었고 심판에 이르지 아니하나니 사망(예수님과 함께 죽음)에서 생명(예수님과 함께 부활함)으로 옮겼느니라 요 5:24

그 구절을 암송하자마자 곧 진행될 집회에서 영광으로 임하실 성령님에 대한 기대감이 생겼다. 그리고 계단을 올라가는데 "은혜의 자리를 사수하라!", "기도의 자리를 사수하라!", "예배의 자리를 사수하라"라는 교회 표어가 눈에 띄었다. '사수'라는 단어가 세 번 기록된 표어를 보는 순간 내 입에서 "할렐루야!" 소리가 터져 나왔다. 두 달 동안 여러 집회와 만남을 준비하면서도 내 여섯 번째 책인 《말씀 사수》를 가방에 챙긴 적이 없었는데, 그 날 그 책을 챙겨 넣고 싶은 마음이 생겼던 것이다.

나는 담임 목사님을 만나자마자 교회로 달려오는 동안 요한복음을 암송하는 가운데 성령께서 주신 감동을 나누기 시작했다. "교회로 운전해 오는 길에 암송한 구절들 중 '내 아버지께서 이제까지 일하시니 나도 일한다'라는 말씀을 특별하게 주시는 것 같았어요." 그러자 담임 목사님께서는 "놀랍습니다. 지 목사님, 그 구절은 제가 요즘 성도님께 집중적으로 정말 많이 강조하고 있었던 구절입니다"라고 말씀하셨다.

"할렐루야! 정말 기이하네요. 그리고 제 삶의 모토 갈라디아서 2장 20절과 맥락적으로 동일한 요한복음 5장 24절을 암송하는 순간에 교회에 도착했어요. 그래서 오늘 성령께서 집회 가운데 역사하실 것을 확신하며 계단을 올라오는데 '사수'라는 단어가 세 번 쓰인 표어를 보고 놀랐어요. 집에서 출발할 때 두 달 동안 어느 집회에 갈 때도 챙기지 않았던 《말씀 사수》를 가방에 넣었거든요. 정말 놀랍네요."

그러자 담임 목사님은, "예. 지 목사님의 《말씀 사수》 책에 감명을 받아 정하게 된 금년 교회 표어입니다." 나는 담임목사님의 말을 듣고 다시 "할렐루야!"라고 하며 그 순간 테이블에 놓인 생수병을 무심코 보았는데, 생수병의 브랜드가 '탐사수'였다.

기록된 흐름을 따라 낱권별 통암송을 하며 어느 집회 장소에 도착할 때, 암송하고 있었던 말씀과 관련된 일들이 동시에 일어나면 그 날의 설교는 그 암송 말씀 선포로 시작된다. 그리고 선포된 암송 말씀은 그 날 설교 주제의 핵심과 연결이 되도록 성령께서 인도하신다. 그렇게 시작된 오전 설교에서 나는 다음과 같은 주제 설교를 할 수 있었다.

"앉고 길을 걷고 눕고 일어설 때마다 낱권별 통암송을 할 때 겪는 나의 신비한 루틴이 있습니다. 누군가를 만나는 순간에, 기록된 흐름을 따라 암송하고 있었던 구절이 그 사람과 나누는 대화의 주제와 일치하는 것입니다. 사실상 우리는 영원하신 하나님과 매순간 '지금' 동행하고 있는 것인데요. 쉐마에 순종하여 낱권별 통암송으로 앉고 길을 걷고 눕고 일어설 때마다 그것을 일상적으로 경험하게 하십니다. 그래서 바울이 '지금'이 하나님의 은혜의 때(Now is the time of God's favor)라고 했습니다(고후 6:2)."

오전 집회는 놀랍게도 그렇게 '지금'이라는 주제로 전개되었다. 예배가 끝난 뒤, 성도님들 그리고 담임 목사님과 함께 식사를 하며 방금 드린 예배의 감동을 나누고 있었다. 그러다 문득, 대화 사이에 짧은 침묵이 흘렀다. 나는 습관처럼 그 짧은 침묵의 순간에도 기록된 흐름을 따라 낱권별 통암송으로 성령님을 예배하고 싶다는 마음이 들었다. 그래서 오전에 교회에 도착하기 전에 멈추어둔 암송 구절을 속으로 떠올렸고, 그다음 이어지는 구절을 아무도 눈치채지 못할 만큼 아주 작은 소리로 암송하기 시작했다.

진실로 진실로 너희에게 이르노니 죽은 자들이 하나님의 아들의 음성을 들을 때가 오나니 곧 이 때라 듣는 자는 살아나리라 요 5:25

Very truly I tell you, a time is coming and has now come when the dead will hear the voice of the Son of God and those who hear will live.

놀랍게도 그 구절 안에는 "has now come", 곧 '지금'이라는 단어가 들어 있었다. 헬라어 원문을 직역하면 "그 때가 바로 지금 왔다"라는 뜻이다. 나는 다시 침묵을 깨고 말을 꺼냈다.

"담임 목사님, 오늘 제가 오전 설교에서 쉐마에 순종하여 기록된 흐름을 따라 낱권별 통암송으로 '지금' 성령님을 예배하는 것이 중요하다고 강조했지요. 방금 저는 조용한 가운데, 교회에 도착할 때 멈췄던 암송 구절의 그다음 절을 아주 작은 소리로 암송했는데요. 그 구절에 '곧 이 때라'는 표현이 나오는데, 원어를 직역하면 '그 때가 바로 지금 왔다'는 의미입니다. 영어 번역에도 'now'가 들어 있네요. 예수님의 음성을 듣는 때는, 늘 계속되는 '지금'인 것 같습니다. 할렐루야!"

설교 시간뿐 아니라 이어지는 점심 식사 시간마저도 기록된 말씀의 흐름으로 인도하시는 성령님을 경험하였다. 오후 집회에서는 나의 의도와 전혀 다르게 성령께서 '성경 장면을 경험하는 예배'로 집회를 이끌어 가셨다. 나는 강대상에 올라 이렇게 선포하기 시작했다.

"복음서는 예수께서 말씀하시고 행하신 일들을 그대로 기록한 실화 대본입니다. 세상의 모든 작품은 대본이 먼저 나오고, 그다음에 연극이나 영화, 드라마가 만들어집니다. 그런데 복음서는 정반대입니다. 예수님이 먼저 말씀하시고 행하신 실제 사건을, 나중에 대본처럼 기록한 것이 바로 사복음서입니다. 예수님은 하늘에 계신 아버지께서 말씀하시고 보여주시는 대로만 말하고 행동하셨습니다. 그래서 예수님의 말과 행동의 원본 대본은 하나님의 입으로부터 나온 말씀입니다 (마 4:4 ; 요 5:19,30). 예수께서 그 말씀에 순종하여 죽으시고 부활하심으로써 우리가 구원을 받았습니다. 그러므로 우리도 성경에 기록된 대로, 예수께서 말씀하신 대로 말해보고, 그분의 걸음을 따라 실제로 움직여본다면, 우리는 예수님을 더욱 깊이 만나게 될 줄 믿습니다."

그렇게 설명한 다음 나는 마가복음 4장 1절 "예수께서 다시 바닷가에서 가르치시니 큰 무리가 모여들거늘"을 암송으로 선포하기 시작했다. 그리고 마지막 표현인 "큰 무리가 모여들거늘"을 계속 반복해서 선포했다. 그 말씀이 현실이 되어, 성도들이 정말 '큰 무리'가 되어 강대상 앞으로 나오기를 바라는 마음에서였다.

처음에는 아무도 움직이지 않았다. 그러다가 열 번쯤 반복했을 때 비로소 대여섯 살쯤 되어 보이는 한 남자아이가, 마치 군인처럼 당당한 걸음으로 앞으로 나왔다. 그 후에도 계속 "큰 무리가 모여들거늘"이라고 선포하자 결국 모든 성도들이 다 앞으로 나왔다.

나는 이어지는 말씀을 계속 암송으로 선포하며, 자연스럽게 '예수님의 역할'을 맡게 되었다. "예수께서 바다에 떠 있는 배에 올라 앉으시고…." 이 구절을 선포하며, 예수님이 배에 올라 앉으시는 장면처럼 강대상 턱에 걸터앉았다. 그리고, "온 무리는 바닷가 육지에 있더라"라고 선포한 뒤, 성도들을 바라보며 말했다.

"여러분이 바로 이 본문에 기록된 '온 무리'입니다. 지금 여러분은 바닷가 육지에 앉아 계신 겁니다." 그런 다음 이어지는 말씀, "이에 예수께서 여러 가지를 비유로 가르치시니, 그 가르치시는 중에 그들에게 이르시되, 들으라 씨를 뿌리는 자가 뿌리러 나가서 뿌릴 새…"를 암송한 뒤 성도들에게 이렇게 말했다.

"제가 서산제일감리교회에서 이와 비슷한 상황을 연출했을 때, 정말 놀라운 일이 일어났습니다. 그때도 저는 '큰 무리가 모여들거늘'이라는 표현만 계속 반복했을 뿐이었는데, 수많은 성도들이 모두 강대상 앞으로 모여들었습니다. 그래서 저는 그 성도들에게 '여러분, 저는 단지 '큰 무리가 모여들거늘'이라는 말씀만 반복했을 뿐인데, 정말 큰 무리가 모여들었습니다. 그렇습니다. 우리가 하나님의 입으로부터 나온 모든 말씀인 성경을 믿음으로 소리 내어 반복 선포하면, 말씀대로 이루어지게 되는 것입니다'라고 말했습니다."

"그때 저는 강대상으로 올라가는 여러 계단 중, 가장 위 계단에 걸터앉아 '들으라 씨를 뿌리는 자가 뿌리러 나가서 뿌릴새'라고 선포하고 있었는데, 그 순간 서너 살쯤 되어 보이는 두 아이가 다가와 제 양무릎에 각각 앉았습니다. 저는 그 자리에서 전율하지 않을 수 없었습니다. 예수께서 갈릴리 바닷가나 들판에서 말씀을 전하실 때, 실제로 어린아이들이 예수님에게 나아와 그렇게 안겼을 것 같았기 때문입니다."

그 이야기를 마친 뒤, 나는 아까 군인처럼 제일 먼저 걸어 나왔던 아이에게 물었다. "너도 와서 무릎에 앉아볼래?" 아이는 조금의 망설임도 없이 내 무릎에 앉았다. 나는 아이에게 물었다. "이름이 뭐니?" 아이의 대답은 짧고 분명했다. "나우요." 그 이름을 듣는 순간, 나는 다시 한번 전율하지 않을 수 없었다. 오전 설교부터 점심시간까지, 그리고 오후 집회에 이르기까지 나는 '지금'이라는 개념을 강조하며 쉐마에 순종하여 낱권별 통암송으로 성령님을 예배하는 삶의 중요성을 계속 말해왔다. 그런데 이 아이의 이름이 "지금"이라는 뜻의 영어 발음과 같은 '나우'라니, 놀라지 않을 수 없었다.

그러나 한편으로는, '그 이름이 정말 영어의 'now', 곧 '지금'이라는 의미일까?' 하는 의문도 들었다. 그럼에도 불구하고 '지금' 쉐마에 순종하여 말씀을 암송하며 살아가는 삶이 성령님과 친밀히 동행하는 삶임을 설파하고 다니는 나에게, 하나님께서 주시는 하나의 확증일지도 모른다는 마음이 들었다. 그래서 나우를 무릎에 앉힌 채 성도들을 향해 물었다. "나우 부모님은 어디 계세요? 이 아이 이름의 뜻이 무엇인가요?" 그러자 한 여 집사님이 손을 들고 말했다. "지 목사님, 그 '나우'가 바로 영어의 'now'가 맞습니다. 원래 시댁 쪽에서 쓰는 돌림자는 '형'이어서, 첫째 아이 이름이 '형우'예요. 그런데 남편이 갑자기 '우'를 돌림자로 하겠다고 하면서, 둘째 이름을 덜컥 '나우'라고 지었습니다. "지금!"이라는 뜻이 좋다면서요. 그때는 제가 하나님을 만나기 전이라 말씀도 잘 몰랐고, 아이 이름도 기도하며 짓지 못했습니다. 그런데 오늘 이 자리를 통해 '나우' 이름에 담긴 영적인 의미를 비로소 알게 된 것 같아 정말 감사합니다."

이와 같이 성경 장면을 직접 체험하는 예배를 드릴 때 성령님은 말씀을 그대로 이루시는 간증 스토리들을 만들어 가신다. 예를 들어 누군가에게 마가복음 5장 속 회당장 야이로 역할을 맡기고 나면 예배 후에는 "제가 그 역할을 맡아야 할 이유가 있었습니다"라는 고백들을 듣게 하셨다.

심지어 혈루증 여인 역할을 갑자기 맡았던 분은 예배 후에 실제로 본인이 혈루증을 앓아 왔다고 하였고, 며칠 후에 혈루증 증상이 실제로 치유되는 기적을 경험하기도 했다. 몇 년 후에 경기도 용인의 어느 교회에서도 혈루증 여인이 등장하는 에피소드로 성경 장면 예배를 드렸는데, 성도 중 한 분이 혈루증 증상을 치료받고 병원에서 완치 판정을 받기도 했다.

이렇듯 성도들과 함께 드리는 특별한 이벤트 차원의 성경 장면 체험 예배에서 말씀이 그대로 이루어지는 경험이 극대화되는 이유가 있다. 그것은, 실제 있었던 사건들이 기록된 성경 말씀을 직접 입술로 선포하며 말씀대로 움직여보는 것을 통해, 성경의 저자가 기록할 당시에 경험한 그 성령님을 동일하게 체험하기 때문이다.

성경 본문을 기록된 흐름 그대로 암송으로 선포하며 성경 장면을 체험하는 예배를 연출할 때, 연출자이시며 원저자이신 하나님의 연출

의도와 저술 의도를 직접 경험하게 되기 때문이다. 그럴 때마다 모든 성경의 내용들을 이미 연출하셨고 저술하신 하나님의 입장에 서게 되어 하나님의 마음에 더 가까이 다가가게 되는 축복을 누리게 되기 때문이다.

## 무지개, 보좌 연합 정체성의 표징

지금 내 입에서 선포되고 있는 말씀이 동시에 현실과 일치하는 현상을 경험하는 것은 초월적인 일이다. 그렇지만 그것은 초월의 위치인 만물 위 보좌에 연합된 존재임을 알게 하시는 성령님(요 14:20)과 낱권별 통암송으로 동행하는 삶의 당연한 결과다. 왜냐하면 율법책을 입에서 떠나지 말게 하며, 주야로 그것을 묵상하여 그 안에 기록된 대로 다 지켜 행하는 자의 길이 평탄하게 될 것이며, 형통할 것이라고 약속하셨기 때문이다(수 1:8). 바로 이 낱권별 통암송 신앙이, 보좌에 연합된 존재임을 알려주시는 성령님과 동행하는 삶의 진수라는 것을 확증시켜주시는 놀라운 기적이 2017년도에 있었다.

1997년도에 예수님의 죽음과 부활과 보좌에 연합된 정체성(갈 2:20 ; 엡 2:4-6)을 알게 하신 성령(요 14:20)께서는 나의 삶에 아주 급진적인 변화들을 이루셨다. 그 즉시 낱권별 암송자와 거리 전도자가 되게 하셨고, 1998년 3월에는 주의 종으로 부르셨으며, 1999년 이스라엘 방문을 통해 세계 선교(유대인과 이방인 선교)의 비전을 주셨고, 2003년도에 이스라엘과 열방 선교를 위해 뉴욕으로 부르셨으며, 2008년부터 본격적으로 뉴욕의 맨해튼과 브루클린에서 이스라엘과 열방을 위한 피켓 전도자로 세우셨다.

그리고 피켓 전도자로서 세계 선교 사역을 시작한 지 1년도 채 안되어 글로벌한 사건들과 연관되는 초자연적인 기적들을 경험하게 하심으로써 뉴욕 선교 사역이 외부에 널리 알려지게 하셨다. 그 덕분에 갑자기 미국 내 여러 도시들, 한국 및 해외 등 세계를 다니며 복음을 전하는 일들이 생겼다.

그러한 흐름 속에서 2017년 1월 16일, 유럽과 이스라엘 선교를 위한 3주간의 여정이 시작되어, 첫 선교지인 터키(튀르키예)를 향하여 날아가는 비행기 안에서 나는 요한계시록을 암송하며 성령님을 예배하고 있었다. 기록된 흐름을 따라 1-3장 암송을 마치고 4장에 접어들어 1,2절을 지나 3절 "앉으신 이의 모양이 벽옥과 홍보석 같고 또 무지개가 있어 보좌에 둘렸는데 그 모양이 녹보석 같더라"를 암송하는 중이었다.

놀랍게도 "무지개가 있어 보좌에 둘렸는데"를 암송하는 바로 그 순간, 비행기 창 밖 수북한 구름 위에 내가 탄 비행기의 그림자가 실물을 따라 미세하게 움직이고 있었고, 비행기 그림자를 동그란 원형 무지개가 둘러싸고 있었다. 내 입에서는 저절로 "할렐루야!"가 터져 나왔고, 그 놀라운 광경을 놓치지 않으려고 급히 사진과 동영상으로 담았다.

낱권별 통암송으로 기록된 흐름을 따르는 중에 암송하고 있는 구절이 실제 상황과 1초의 오차도 없이 일치된 현상들을 많이 체험했는데도, 이번 일은 가장 경이로운 간증거리가 될 것으로 예상되었다. 그 이유는 그리스도와 함께 죽고 부활한 내가 '보좌에 함께 연합된 존재'

임을 알게 된 것이 현재의 낱권별 통암송자와 전도자로 살게 된 가장 중요한 동인(動因)이었기 때문이다.

더욱이 낱권별 통암송으로 기록된 흐름을 따라 "무지개가 있어 보좌에 둘렸는데"를 선포하는 순간, 그 말씀이 바로 현실로 묘사된 것처럼 내가 있던 비행기를 무지개가 둘러싸고 있는 것을 목격했기 때문이었다. 노아 홍수 이후 하나님께서 보여주신 무지개는 다시는 물로 심판하시지 않겠다는 언약(말씀)의 상징이었다(창 9:11-13).

그러므로 내가 탑승하여 앉은 비행기의 그림자를 언약의 무지개가 감싸 견인하는 현상은, 첫째, 무지개가 둘러싸고 있는 보좌에 앉아 계신 주님과 연합되어 있는 나의 정체성에 대한 확증이었고, 둘째, 이 땅에서는 성령께서 나를 낱권별 통암송이라는 언약의 말씀 큐브로 둘러싸서 인도하고 계신다는 증거였던 것이다.

그 후 몇 년 뒤, 성령님은 한국 방문 일정에서 무지개가 보좌에 둘린 구절을 암송하는 중 비행기 그림자를 둘러싼 무지개를 목격한 간증과 관련된 또 하나의 사건으로 나를 인도하셨다. 한국 방문이 시작된 지 한 달쯤 지난 4월 중순경 케뎀이라는 회사 멤버들과 만났을 때 나는 그들에게 비행기를 둘러싼 무지개를 본 간증을 나누었다. 그런데 모임을 마치고 헤어지기 전에 케뎀 대표는 콜롬비아 출장 중에 획득하게 된 것이라며 내게 에메랄드 원석을 선물로 건네주었다.

나는 에메랄드 원석을 선물로 받고 성령님의 경이로운 인도하심에 감사와 찬양을 올려드렸다. "무지개가 있어 보좌에 둘렸는데 그 모양이 녹보석 같더라"(계 4:3)라는 구절에서 녹보석이 바로 에메랄드였던 것이다. 그 에메랄드 선물은 낱권별 통암송으로 보좌에 연합된 정체성을 누리는 나를 칭찬해주시기 위해 성령께서 직접 주시는 격려의 선물 같았다. 사실 그 회사 이름인 '케뎀'도 보좌의 개념과 관련된 의미의 히브리어다. 나의 가르침과 권면에 따라 회사 이름을 케뎀으로 정했던 것이다.

그리고 세월이 한참 흘러 성령께서 또다시 동일한 현상을 겪게 하셨다. 2025년 9월 27일 오후 5시에 나는 델타항공에 몸을 실었다. 아내와 두 딸과 함께 가족여행으로 캐나다 밴프로 향하는 길이었다. 기내에서 가족들과 즐거운 대화를 나누며 나는 틈틈이 비행기 창 밖을 바라보며 베드로전서 암송을 마쳤다.

원래는 이어서 베드로후서를 암송하는 것이 평소 습관이었는데, 이례적으로 무심코 요한계시록을 암송하며 성령님을 예배하고 싶었다. 분명히 나의 자유의지로 된 결정이었으나 그것이 성령님의 주권적 인도하심이었다는 것이 잠시 뒤에 밝혀졌다. 이륙한 지 한 시간쯤 지났을 때였다. 하늘에는 서서히 서양이 드리워지기 시작했는데 구름과 파란 하늘이 맞닿은 부분을 자세히 보니 거기에 정확히 무지개의 빛깔들이 차례로 펼쳐져 있었다. 그런데 무지개를 본 시점이 또다시 "무지개가 있어 보좌에 둘렸는데"를 선포하고 있을 때였다. 할렐루야!


## 성령의 캐릭터 물, 소리, 빛

태초에 하나님이 천지를 창조하시니라 땅이 혼돈하고 공허하며 흑암이 깊음 위에 있고 하나님의 영은 수면(물) 위에 운행하시니라 하나님이 이르시되[말씀(소리)로] 빛이 있으라 하시니 빛이 있었고 창 1:1-3

태초에 강(물)의 캐릭터이신 하나님(영)께서 물 위에 운행하시며 소리를 발하심으로써 처음으로 창조하신 것이 빛이다. 창세기 1장의 첫 세 구절에 등장하는 중요한 키워드인 물, 소리, 빛, 이 세 단어의 관련성은 참으로 놀랍다. 하나님은 원래 영(성령)이신데 예수님은 성령님을 '생수의 강(물)'의 캐릭터로 묘사하셨다(요 7:37-39). 그리고 사탄의 시험을 물리쳐 이기실 때 "기록되었으되 사람이 빵으로만 살 것이 아니요 하나님의 입으로부터 나오는 모든 말씀으로 살 것이라 하였느니라"(마 4:4)라고 하셨다. 예수님은 기록된 신명기 말씀을 소리로 선포하셨고, "하나님의 입으로부터 나오는 모든 말씀"이라는 표현을 통해서 말씀 소리의 중요성을 언급하신 것이다. 그러므로 우리의 삶을 주관하시는 생수의 강(물)이신 성령께서는 말씀 소리로 걷는 자에게 빛으로 역사하신다.

성령님은 2023년 한국 방문 중 3월 17일부터 27일까지 물, 소리, 빛과 관련된 놀라운 역사를 이루셨다. 3월 17일에 용인에 있는 한 교회의 금요 집회를 섬기러 갔을 때의 일이다. 그 교회는 2022년도 가을에 집회를 하게 되면서 처음 알게 된 교회다. 그 교회는 이미 자체적으로 암송을 많이 강조하고 있는 교회였는데, 나의 집회 후에 전 교인이 새롭게 요한복음을 암송하기 시작했다. 나는 금요 집회에서 낱권별 통암송으로 말씀 소리로 걸을 때 생수의 강(물)이신 성령께 이끌려 빛 가운데 걷게 된다는 말씀을 전했다. 그런데 그 교회 이름은 더빛교회였다.

그리고 다음날인 18일, 요한복음을 암송하며 3시간을 운전하여 원주에 도착해서 두 성도님들을 만났다. 두 분도 나로 인하여 요한복음 암송을 시작한 성도님들이었다. 그런데 두 성도님들 중 한 분이 조명(빛) 사업을 시작하려고 하는데 브랜드 이름이 필요하다고 했다. 나는 순간적으로 히브리어 '나하르'가 떠올랐다. 그 뜻은 동사로는 "빛을 내다"이며, 명사로서는 "강(물)"이다. 그 이름을 제시하자 성도님은 낱권별 통암송 소리 신앙으로 생수의 강(물)이신 성령님을 따라 빛 된 삶을 새롭게 살기 시작했으므로, 좋은 이름이라고 생각하여 나하르라는 단어가 포함된 이름을 지을 결심을 하게 되었다.

이튿날 19일의 일정은 광주였다. '광주'는 "빛고을"이며, 집회할 교회 이름은 '예슈아 소리교회'였다. 나는 '빛'과 '소리'라는 주제가 3일 동안 계속 연결되는 것에 놀라며 빛고을로 향하는 기차 안에서 요한복음을 차례대로 암송하고 있었다. 어느덧 나의 암송은 6장 오병이어의 기적 에피소드로 접어들었고 "그들이 배부른 후에 예수께서 제자들에게 이르시되 남은 조각을 거두고 버리는 것이 없게 하라 하시므로 이에 거두니 보리떡 다섯 개로 먹고 남은 조각이 열두 바구니에 찼더라"(요 6:12-13)라는 구절을 암송하는 순간 빛고을 송정역에 도착했다. 그 구절을 암송하는 순간 빛고을에 도착한 것이 성령님의 놀라운 인도하심이었음을 몇십 분 뒤에 알게 되었고, 그 구절과 낱권별 통암송 신앙의 놀라운 연관성 또한 알게 되었다.

빛고을 예슈아 소리교회에 도착하자마자 마음속에 "여호와의 소리가 물 위에 있도다 영광의 하나님이 우렛소리를 내시니 여호와는 많은 물 위에 계시도다"라는 시편 29편 3절이 떠올랐고, 그 순간 무심코 예배실 뒤편에 놓인 헌금 봉투들을 보았는데 보자마자 소름이 돋았다. 바로 거기에 시편 29편 3절이 인쇄되어 있었다.

그래서 담임이신 차 목사님께 "소리에 대한 놀라운 기록인 시편 29편이 예슈아 소리교회라는 이름을 짓게 된 본문 말씀이군요?"라고 여쭸고 차 목사님은 "예 맞습니다!"라고 하셨다. 그런데 차 목사님의 얼굴을 보자마자 갑자기 2020년 초 이스라엘에서 갈릴리 호수(물) 위의 찬란한 빛줄기 현상을 차 목사님과 함께 경험한 기억이 떠올랐다.

차 목사님이 몇 년 동안 이스라엘 선교사로 계셨을 때 2020년 1월에 이스라엘을 방문한 우리 팀의 성지 가이드를 맡아주셨다. 차 목사님의 가이드로 며칠째 갈릴리 지역을 방문 중이었을 때였다. 아침 동이 트자마자 호수를 바라보며 예배를 드리고 있었는데, 강렬한 태양 빛이 호수 표면에 반사되어 수면이 바람에 넘실거리는 만큼 갈릴리 호수는 수많은 빛을 하늘로 반사하고 있었다. 나는 너무 눈이 부셔서 눈을 거의 감다시피 하고 실눈을 뜬 채 호수 표면의 수많은 빛들을 볼 수밖에 없었다.

그런데 실눈을 뜬 내게 놀라운 현상이 포착됐다. 갈릴리 호수 표면에서 반짝거리는 수많은 빛들이 하나도 남김없이 하늘을 향해 빛줄기가 되어 빠른 속도로 생동감 넘치게 솟아오르는 현상이었다. 나는 그 광경이 너무나 경이로워서 계속 보고 있었는데, 잠시 뒤 또 다른 놀라운 현상에 "할렐루야!" 소리가 저절로 나왔다. 하늘을 향해 솟구쳐오르던 수많은 빛들의 방향이 갑자기 바뀌어 하늘로부터 갈릴리 호수 표면을 향해서 쏟아지는 빛줄기가 된 것이었다. 달리는 자동차 바퀴의 휠 부분을 보고 있으면 달리는 방향으로 정상적으로 돌다가 어느 순간에 갑자기 반대 방향으로 도는 것처럼 보이는 현상과 같은 이치였다. 평상시 우리의 육안으로는 관찰되지 않지만, 사실상 태양으로부터 항상 빛줄기가 쏟아지고 있는 것이며 강, 호수, 그리고 바다(물)는 하늘로부터 내려오는 빛을 반사시켜 빛줄기를 하늘로 올려보내고 있는 것이다.

나는 갈릴리 호수에서 그 현상을 보았던 기억이 떠오르자마자 그 현상이, 기차가 빛고을(광주)에 도착하는 순간에 선포한 암송 구절, "그들이 배부른 후에 예수께서 제자들에게 이르시되 남은 조각을 거두고 버리는 것이 없게 하라 하시므로 이에 거두니 보리떡 다섯 개로 먹고 남은 조각이 열두 바구니에 찼더라"(요 6:12-13)와 일맥상통하는 구절이라는 것을 알 수 있었다.

예수께서 기록된 성경을 인용하여 입술로 신포하시며, 사람이 빵으로만 사는 것이 아니라 하나님의 입으로부터 나오는 모든 말씀으로 살 것이라 하셨다(마 4:4). 그리고 아버지께서 말씀하시고 하시는 것을 보지 않고는 아무것도 스스로 할 수 없다고 하셨다(요 5:19, 30). 그러므로 예수님의 모든 삶과 십자가의 죽음의 순종은 하늘 아버지의 입으로부터 나오는 모든 말씀을 하나도 버리지 않으시고 남김없이 하늘에 계신 아버지를 향해 다 올려드린 순종이었다.

따라서 우리도 예수님을 본받아 하나님의 입으로부터 나오는 모든 말씀에 순종해야 한다. 그러나 우리의 힘으로는 절대로 불가능하다.

그러므로 그 삶을 살기 위해서는 마치 태양으로부터 쏟아지는 그 모든 빛을 하나도 남김없이 하늘로 반사하는 갈릴리 호수 표면과 같은 태도를 취하면 된다. 즉, 앉고 길을 걷고 눕고 일어설 때마다 하늘에 계신 하나님의 입으로부터 쏟아진 모든 말씀을 하나도 남김없이 반사하기 위하여, 낱권별 통암송으로 기록된 흐름을 따라 나의 삶의 리듬을 다 하나님께 올려드리는 것이 순종의 비결이다.

어떤 신학자나 사역자나 단체나 교단이 66권 각 성경마다 또는 각 장마다 주제 구절들을 정하거나, 성경을 분석해놓은 자료들은 분명히 유익한 면이 있다. 그러나 연구해놓은 고정된 교리나 해석으로만 성경 본문을 바라보게 되면 그 교리로 제한할 수 없는 성경의 원뜻은 보지 못하게 될 가능성도 있다. 내가 소유하고 있는 나의 신학적 프레임이나 신앙적 고정관념을 강화하는 차원에 머물러 있다면, 내가 가지고 있는 고정관념 이외의 말씀들은 버리게 되는 셈이다.

그런 반면에 기록된 흐름을 따르는 낱권별 통암송 쉐마 신앙은 어떤 구절도 버리지 않겠다는 태도다. 낱권별 통암송은 반복하면 할수록, 누군가의 가르침에 의해 영향을 받아 형성된 나의 신학적 신앙적 프레임 자체를 벗어던지게 되고, 성경의 원저자이신 성령님의 의도에 더욱 가까워지는 효과를 얻는다. 왜냐하면 낱권별 통암송 반복을 통해 그 책 전체의 맥락이 숲으로 경험되어지고 동시에 전체 맥락 안에서 각각 모든 표현들을 하나하나 다 보게 되는 놀라운 효과가 있기 때문이다. 낱권별 통암송은 하나님의 입으로부터 나온 모든 말씀인 성경을 하나도 버리지 않고 남김없이 하나님께 그대로 올려드리는 모습이다.

빛고을에 도착할 때 암송했던 구절이, 갈릴리 호수(물)에서 경험한 것과 연결되어 낱권별 통암송 소리 신앙이 확증되자 나는 주일 예배 설교에서 예슈아 소리교회라는 이름의 중요성과 낱권별 통암송 신앙의 중요성을 신바람나게 전할 수 있었다.

은혜 가운데 광주 '빛고을'의 일정을 마치고 다음날 20일 월요일이 되어, 나는 다시 기차에 몸을 싣고 포항으로 향했다. 늘 그렇듯 기차 안에서 전날 마친 요한복음 암송 구간을 떠올린 뒤, 그다음 구절부터 기록된 흐름을 따라 다시 암송을 이어 갔고, 포항역에 도착했을 때 마친 구절은 "누구든지 목마르거든 내게로 와서 마시라 나를 믿는 자는 성경에 이름과 같이 그 배에서 생수의 강이 흘러나오리라 하시니 이는 그를 믿는 자들이 받을 성령을 가리켜 말씀하신 것이라"(요 7:37-39)였다.

그 말씀은 지난 3일 동안 용인과 원주, 그리고 광주에서 계속해서 '물, 소리, 빛'이라는 동일한 주제로 나를 인도하신 분이 바로 성령님이셨음을 정확하게 확증해주는 내용이었다. 그 구절을 암송하며 포항 땅을 밟고, 나를 마중 나오시기로 한 신학교 학장님을 기다리는 동안에도 나는 암송을 멈추지 않고, 기록된 흐름을 따라 계속해서 요한복음을 선포하며 성령님을 예배했다. 잠시 후 역에 도착하신 학장 목사님을 만나 강의 시간 전까지 교제를 나누었다.

강의 시간이 되자 학장님이 나를 소개하기 위해 강대상으로 올라가셨다. 그런데 학장님께서 강대상에 서자마자 "여호와의 소리가 물 위에 있도다"라고 선포하셨다. 시편 29편 3절이었다. 마치 어제 광주 예슈아 소리교회에서 있었던 일을 이미 알고 계셨던 분처럼, '물 위에 있는 여호와의 소리'를 선포하신 것이다. 그 순간 나는 금요일부터 월요일까지 이어진 모든 일정 속에서 '물, 소리, 빛'이라는 동일한 주제로 나를 이끌고 계신 성령님의 치밀한 인도하심 앞에 놀라움을 금할 수 없었다.

나는 신학생들 앞에서, 기록된 흐름을 따라 낱권별 통암송으로 성령님과 동행하고자 하는 내게 성령께서 이 여정을 얼마나 정교한 연속성으로 엮으셨는지 간증하며 강의를 시작했고, 맡겨진 주제 또한 은혜 가운데 마칠 수 있었다. 강의가 끝나고 잠시 쉬면서도, 나는 자연스럽게 기록된 흐름을 따라 요한복음 암송을 계속 이어 가며 성령님을 예배했다. 어느덧 암송은 요한복음 8장으로 들어섰다. 간음하다 붙잡힌 여인에 대한 이야기가 막 끝난 직후, 예수께서 선포하신 말씀, "나는 세상의 빛이니…"라는 구절을 암송하고 있는 바로 그 순간, 학장님께서 "자, 지 목사님이 나오셔서 두 번째 시간 강의를 진행하시겠습니다"라고 말씀하셨다.

두 번째 강의 역시 방금 암송한 그 '빛'의 구절에 대한 간증으로 시작되었고, 낱권별 통암송을 통하여 성령께서 우리의 길을 평탄케 하시고 형통케 하시는 섭리에 대한 강의를 은혜 가운데 마칠 수 있었다. 이후 이어진 저녁 식사 시간과 휴식 시간에도 신학생들과 교제를 나누었고, 혼자 있는 시간에는 역시 요한복음 암송을 연속적으로 이어 갔다.

이제 암송은 9장으로 접어들었고, 날 때부터 소경 된 자를 고치시는 장면에 이르러 예수께서 하신 말씀, "내가 세상에 있는 동안에는 세상의 빛이로라"(요 9:5)를 암송하고 있는 바로 그 때 학장님이 다시 "지 목사님이 저녁 강의를 시작하시겠습니다"라고 말씀하셨다.

요한복음 곳곳에 '빛'에 대한 표현을 박아두신 성령께서는, 집요할 정도로 중요하고 결정적인 순간마다 그 '빛'의 구절을 암송하게 하시며, 시간과 상황을 정확히 통제하고 섭리하고 계심을 내게 보여주셨다. 그 모든 순간 속에서 나는, 말씀의 기록된 흐름을 따라 걸어가는 삶이 얼마나 실제적이며, 살아 계신 성령님과의 동행인지를 깊이 경험했다.

어느 지역에 도착하는 순간, 어떤 모임이나 사역, 혹은 한 만남이 시작되거나 끝나는 시점, 곧 모든 사건의 '시작'과 '끝'이 되는 경계의 순간들은, 처음과 나중 되시는 하나님과 내가 지금 동행하고 있음을 감지하게 되는 지점들이다. 내 의도도 아니고, 누군가에 의해 잘 가공된 교리적 프레임도 아니고, 성경의 기록된 흐름 그 자체에 낱권별 통암송으로 내 모든 삶의 리듬을 맡기며 암송을 이어가던 중, 장면이 전환되는 그 틈마다 '물, 소리, 빛'이 스며 있는 구절과 마주하게 되었던 현상은, 그 성경을 기록하신 성령님과 동행하고 있음의 확증이었다. 그것은 인간이 만들어낸 해석의 구조 안에서 말씀을 '이해하는' 경험이 아니라, 말씀 그 자체가 삶의 리듬을 이끌고, 사건의 리듬을 주도하며, 살아 계신 성령님과 지금 이 순간 동행하는 실제적인 경험이었다.


## 삶의 리듬을 요한복음 11장에 맡겼을 때

화요일까지 이어진 물, 소리, 빛의 여정 이후 다음날 수요일에 한 가지 소식이 전해졌다.

"지 목사님, 엄마가 주님 품에 안기셨어요. 지난주에 요양원에 오셔서 엄마를 뵙고 가신 것이 우연이 아닌 것 같아요. 감사했습니다. 혹시 입관예배 때 오셔서 예배를 인도해주실 수 있으신가요? 엄마의 육신을 보지 못하게 되는 첫 단계가 입관이라서 제 생각에 제일 중요하다고 생각되어요. 지 목사님이 오셔서 입관예배를 인도해주신다면 엄마가 좋아하실 것 같아요."

정 강도사님으로부터 온 카톡이었다. 소천하신 분은 정 강도사님의 어머니인 에스더 목사님이셨다. 두 모녀는 내가 한국을 방문할 때마다 적어도 한두 번은 만나 식사와 티타임 교제를 통해 신앙을 나누고, 특히 낱권별 통암송 신앙과 전도에 대해 심도 있게 나눔을 갖는 사이였다. 에스더 목사님은 부족한 나의 이야기를 항상 경청해주셨고, 낱권별 통암송 신앙과 뉴욕에서의 선교적 삶에 대해 칭찬을 아끼지 않으셨다.

그런데 약 1년 전, 암 진단을 받고도 의연히 믿음으로 대처하시며 투병하고 계셨다. 그러나 최근 들어 병세가 악화되어 요양원으로 가셨고, 따님이신 정 강도사님을 통해 병환의 진행 상황과 치료 상황들에 대해 소식을 듣고 있었다. 나는 위중하다는 마지막 카톡을 받고 지난주에 요양원으로 에스더 목사님을 찾아갔다. 요양원 병실에 들어서자마자 침대에 누워 계신 에스더 목사님의 얼굴은 이전 모습을 찾아볼 수 없을 정도로 야위어 있었다. 그런데 인사를 하자마자 내 입에서 "예수로 나의 구주 삼고"라는 찬양이 갑자기 터져 나왔다.

찬양을 마치고 에스더 목사님 앞으로 가까이 다가갔는데 목사님은 극도로 쇠잔해진 육체로 내 손을 붙잡고 아주 나지막한 너털웃음을 치며 천천히 "하나님이 다 하셨어요. 모든 것이 하나님의 공로입니다. 내가 한 것은 하나도 없어요"라고 말씀하셨다. 나는 갑자기 에스더 목사님의 고백이 하나님의 음성으로 치환되어 들리는 것 같아 벌떡 일어나 에스더 목사님 앞에서 "명심하겠습니다"라고 반응했다. 에스더 목사님의 마지막 한 마디는 "기뻐요!"였다. 결국 그것이 이 땅에서 에스더 목사님과의 마지막 만남이었다. 닷새 뒤 소천 소식과 함께 입관예배 인도를 부탁받은 것이다.

나는 목요일 2시 입관예배 시점에 선약이 있었다. 그러나 선약이 되어 있던 단체에 정중히 양해를 구하고 목요일 2시에 맞춰서 삼성서울병원 장례식장으로 출발했다. 운전하는 차 안에서 나는 기록된 흐름을 따라 요한복음을 계속해서 암송하고 있었다. 어느덧 10장을 지나 죽은 나사로를 살리시는 요한복음 11장으로 접어들었을 때 나는 유가족들에게 부활의 소망을 선포케 하라는 성령님의 조명을 받았다.

그리고 장례식장에 도착하여 차를 주차하고 빈소에 도착하는 순간까지 계속 암송을 이어갔다. 에스더 목사님의 빈소에 들어가면서 선포한 말씀은 놀랍게도 "이 말씀을 하시고 큰 소리로 나사로야 나오라 부르시니"(요 11:43)였다. 나는 유가족들과 인사하면서도 방금 전 빈소로 들어서는 순간에 "나사로야 나오라"라고 선포하신 예수님의 말씀이 실제로 내 귀에 쟁쟁하게 울리는 것 같은 느낌을 지울 수가 없었다. 육체의 죽음이 에스더 목사님을 가두어둘 수 없다는 진리를 입관예배 때 선포하도록 요한복음 낱권별 통암송의 속도와 모든 상황을 정확하게 인도하신 성령님을 찬양하지 않을 수 없었다.

나는 며칠 전부터, 또는 몇 시간 전부터 입관예배에 맞춰서 요한복음 11장 암송에 접어들도록 암송의 속도를 애써서 조절하지 않았다. 그리고 병원에 도착하여 차를 주차하고 빈소에 당도할 때 "나사로야 나오라"라는 구절을 암송하는 순간에 도달하려고 의도한 바도 전혀 없다. 암송의 진행 속도와 차의 속도와 걸음걸이의 속도와 벌어진 모든 상황은 모두 믿음 안에서 자유의지로 된 선택이지만, 성령께서는 나의 모든 자유의지적 움직임을 다 감지하시고 통치하시며, 미래에 맞닥뜨려지는 상황과 암송하고 있는 구절을 의미적으로 정확하게 일치시키신 것이다.

"나사로야 나오라"라고 외치신 구절을 암송하자마자 빈소로 들어서서 정 강도사님을 비롯한 유가족들과 인사를 나눌 때 빈소에서 귀에 익은 곡조가 울려 퍼졌다. 바로 지난주에 요양원에 계신 에스더 목사님을 찾아뵈었을 때 갑자기 내 입에서 터져 나온 그 찬양곡이었다. 맏딸인 정 강도사님은 "목사님께서 지난주에 어머니 앞에서 불러주신 '예수로 나의 구주삼고'라는 찬송은 어머니가 제일 좋아하시는 찬송가였어요. 그래서 그 곡을 계속 재생시키고 있어요"라고 했다.

정 강도사님은 "2시에 입관예배를 시작한다고 알려드렸는데, 2시에 입관 절차가 시작되고, 입관 절차가 끝나면 3시쯤 입관예배를 드리게 될 것 같아요"라고 양해를 구하셨다. 잠시 후 장례위원이 빈소로 찾아와 입관 절차가 시작된다고 알렸다. 직계 가족은 입관실로 오시되 입관 절차 중 유가족들에게 위로가 필요하니, 혹시 목사님이 계시면 함께해달라고 요청하여 나는 "예, 제가 함께 들어가겠습니다"라고 했다.

그런데 이 또한 성령님의 놀라운 인도하심이라는 것을 잠시 뒤에 알게 되었다. 성령님은 입관 절차를 한 번도 직접 본 적이 없는 내게 그 과정을 처음으로 목격하도록 하심으로써, 낱권별 통암송으로 기록된 흐름을 따라 앉고 길을 걸을 때 입에서 흘러나오고 있는 바로 그 말씀으로 우리를 정확하게 인도하시는 섭리에 대한 본보기를 많은 성도들에게 알리시고자 하셨다는 것을 알게 된 것이다.

입관실에 들어서자 에스더 목사님의 얼굴은 천으로 가려져 있었다. 그 모습을 본 삼남매는 오열하기 시작했다. 장례위원은 삼남매와 친지들에게 말했다. "이제 고인을 관 안으로 모실 텐데, 가족들은 이제 고인을 마지막으로 만져보실 수 있습니다. 마지막으로 차가운 고인의 몸에 여러분들의 따뜻한 온기를 전해보세요." 그러자 삼남매를 비롯한 가족들은 에스더 목사님의 몸을 만지며 통곡했고, 모든 작별 인사를 마치자 장례위원은 에스더 목사님의 수족을 베로 동여매기 시작했다.

나는 시신의 수족이 동여매지는 것을 난생처음 보며 소스라치게 놀랐다. 왜냐하면 장례식장에 도착하여 처음 빈소에 들어설 때 기록된 흐름을 따라 암송했던 구절이 "나사로야 나오라!"였고, 입관실에 들어서면서 바로 그다음 구절인 "죽은 자가 수족을 베로 동인 채로 나오는데 그 얼굴은 수건에 싸였더라 예수께서 이르시되 풀어놓아 다니게 하라 하시니라"(요 11:44)를 암송했기 때문이었다.

수족이 동여매지고 관에 들어가는 어머니의 모습을 본 삼남매들은 슬픔이 극에 달했지만, 나는 낱권별 통암송으로 성령님을 예배하는 쉐마의 삶을 통하여, 중요한 순간마다 입에서 흘러나오고 있는 바로 그 말씀을 통하여, 그들을 어떻게 위로하기를 원하시는지 성령님의 의중을 알 수 있었기에, 천국 환송과 관련된 찬송가를 부르며 영생의 근원이신 하나님을 찬양하고 가족들을 위로할 수 있었다.

나는 입관실에서도 말씀의 기록된 흐름을 따라 정확히 동행해주신 성령님에 대한 확신을 가지고 빈소로 돌아와 입관예배를 인도하기 시작했다. 신앙고백과 찬양과 대표기도가 끝나고 설교 시간이 되어, 나는 장례식장을 향하여 오는 길부터 방금 전 입관식 때까지 성령께서 기록된 흐름을 따라 성경 말씀으로 인도하신 모든 과정을 유가족들에게 전할 수 있었다.

"여러분! 저는 쉐마에 순종하여 앉고 길을 걷고 눕고 설 때마다 계속해서 낱권별 통암송으로 기록된 흐름을 따라 성령님을 예배하며 살고 있는데요. 저의 경향성이나 의도와 전혀 상관없이, 입에서 흘러나오고 있는 암송 구절과 일치되는 내용의 상황들을 동시에 바로 그 현장에서 경험하게 됨으로써 성령님의 놀라운 인도하심을 경험하고 있습니다.

그런데 며칠 전부터 암송하던 성경이 요한복음이었는데요. 오늘 제가 존경하는 에스더 목사님의 입관예배를 인도하러 운전하며 오는 길에 어느덧 11장에 접어들게 되면서 성령께서 오늘 입관예배 때 선포할 주제를 주셨습니다. 잘 아시는 대로 요한복음 11장은 예수님이 나사로를 살리시는 장면이지요. 주님은 그의 누이들에게 '내가 부활이요 생명이니 나를 믿는 자는 죽어도 살겠고 무릇 살아서 나를 믿는 자는 영원히 죽지 아니하리니'라고 하셨습니다. 그래서 저는 오늘 유가족들에게 이미 이루어진 예수님의 부활과 아울러 에스더 목사님의 부활을 믿음으로 선포합니다.

장례식장에 차를 주차하고 빈소에 들어서는 순간까지 저는 계속 11장 암송을 이어서 하고 있었는데요. 빈소에 들어올 때 암송하게 된 구절이 마침 '나사로야 나오라'라는 부분이었습니다. 할렐루야! 그리고 더욱더 놀라운 성령님의 인도하심이 이어졌습니다. 저는 입관 절차를 처음 목격하게 되었는데, 에스더 목사님을 베로 동여매는 순간에 유가족분들은 심히 통곡하셨지요.

그런데 놀랍게도 입관실에 들어갈 때 암송한 구절이 '나사로야 나오라'의 다음 구절인 '죽은 자가 수족을 베로 동인 채로 나오는데 그 얼굴은 수건에 싸였더라 예수께서 이르시되 풀어놓아 다니게 하라 하시니라'(요 11:44)였던 것입니다. 아마도 에스더 목사님의 수족이 베로 동여매지는 모습을 마지막으로 보고 나서 그 모습을 마음에 담아두고 오래 슬퍼할 것을 아신 성령께서 저의 낱권별 통암송의 흐름을 정확히 그런 흐름으로 인도하시고 저를 입관식에 참여케 하셔서 가족들에게 부활의 소망을 주시고자 하셨나봅니다.

여러분! 수십 년 전에 사망이 에스더 목사님을 동여매고 있었겠지요. 그러나 에스더 목사님이 예수님을 구주로 모셔들이셨던 바로 그때 예수님은 에스더 목사님을 풀어놓아 다니게 하셨고, 오늘날까지 그 신앙을 지키게 하셨습니다. 몇 분 전에 우리는 에스더 목사님의 몸이 베로 동여매지는 모습을 보았지만, 그것은 에스더 목사님의 참모습이 아닙니다. 에스더 목사님의 옛 생명은 이미 그리스도와 함께 죽으셨고(갈 2:20), 영이 새롭게 살아 풀어놓아져 다니시다가 이제 육체의 짐을 벗고 새 영이 하늘 보좌로 올려져서(엡 2:5-6) 여러 믿음의 선진들과 함께 기쁨을 누리고 계십니다.

예수님은 부활이 없다고 우기는 사두개인들에게 '나는 아브라함의 하나님이요 이삭의 하나님이요 야곱의 하나님이로라' 하시며 '하나님은 죽은 자의 하나님이 아니요 산 자의 하나님이시라'라고(막 12:26-27) 하시면서 육체는 죽어서 흙이 된 아브라함, 이삭, 야곱이 산 자라고 하셨습니다. 유가족 여러분! 이것은 사실이며 진리입니다. 에스더 목사님은 산 자이십니다. 성령께서는 에스더 목사님이 산 자로서 구름같이 둘러싼 수많은 증인들, 그리고 온전케 된 의인의 영들 앞에 도달해 있는 것이라고 하십니다(히 12:1,22-23). 지금 에스더 목사님은 육체의 짐을 벗고 기쁨으로 자유롭게 보좌에 앉으신 주님을 바라보며 예배하고 계십니다. 우리가 함께 기뻐하기를 에스더 목사님께서 원하실 것입니다."

# 낱권별 통암송을 체험한 현장들

## 낱권별 통암송, 하나님이 친히 제정하신 방식

내가 쉐마에 기초한 낱권별 통암송을 강조하다보니, 혹자는 나를 마치 하나님의 의를 이루는 신앙의 '행위'를 강조하는 사람으로 오해하기도 한다. 그러나 낱권별 통암송을 강조하는 이유는 행함으로 의로움에 이르려는 차원이 아니다. 오히려 그 모든 가능성을 철저히 부정하는 차원, '회개'로서 강조하는 것이다.

사도 바울이 "내 지체 속에서 한 다른 법이 내 마음의 법과 싸워 내 지체 속에 있는 죄의 법으로 나를 사로잡는 것을 보는도다"(롬 7:23)라고 말한 것처럼 우리는 어떠한 행위로도, 어떠한 결단으로도, 어떠한 훈련으로도 의로워질 수 없는 존재이며 하나님의 의 앞에 나아갈 수 없는 존재다. 율법의 행위로 의롭다 하심을 얻을 육체가 없기에(롬 3:20), 어떤 행위로도 거룩하고 의로우신 하나님 앞에 설 수 있는 자가 없다.

그러한 존재적 절망 가운데 빠진 우리에게 하나님께서는 거룩하고 의로우신 하나님 앞에 설 수 있는 유일한 선물을 주셨다. 그것이 바로 하나님의 말씀인 '성경'이다. 그런데 주의해야 할 점이 있다. 말씀을 붙잡는 태도에 있어서도 율법적 노력이 들어갈 수 있다는 것을 염두에 두어야 한다는 것이다.

낱권별 통암송을, 한 구절도 빠짐없이 암송해야 하고, 많은 분량을 외워야 하며, 정확히 암송해야 하나님께서 기뻐 받으신다는 식의 율법적 강조로 이해하는 것은 잘못이다. 아무리 낱권별 통암송을 한다 할지라도, 그것이 율법적 행위의 차원으로 나아간다면 하나님께서 받으실 수 없는 것이 된다. 말씀을 의지하여 하나님께 나아갈 때 하나님께서 받으실 만한 자기 부인적 회개의 태도로 말씀을 붙잡는다면 사실상 한 구절이라도 충분하다. 회개의 차원으로 말씀을 의지하는 것이 급선무다. 그것이 복음이다.

낱권별 통암송은 하나님의 은총을 얻어내기 위한 우리의 의지적 '행위'가 아니라 오히려 하나님의 은총의 빛을 받기 위해 자기를 부인하는 '회개의 태도'다. 우리가 하나님의 은총을 덧입기 위해 의지할 수 있는 것은 오직 말씀뿐이다. 하지만 말씀을 지식의 차원에서, 이해와 해석의 차원에서, 다시 말해 혼적인 차원에서만 섭취할 경우, 그것은 결코 자기 부인적 회개로 이어질 수 없다.

바로 이 지점에서 하나님께서 쉐마로서의 낱권별 통암송을 직접 제정하신 의미가 분명해진다. 앉고 길을 걷고 눕고 일어설 때마다 쉐마에 순종하는 낱권별 통암송(신 6:4-9 ; 수 1:8)은 인간의 논리와 해석을 최대한 배제한 채 말씀을 '날것 그대로' 받아들이며, 기록된 흐름에 나의 삶의 리듬을 온전히 맡기는 방식이다. 말씀이 하나님이시므로 말씀(하나님)에 대한 해석자가 되려 하기 이전에 먼저 하나님의 궁휼을 구하는 자로 서야 하고, 말씀을 파악하고 판단하려 하기 이전에 먼저 가감 없이 기록된 흐름 안에 온전히 잠기는 자로 하나님 앞에 서야 하는 것이다. 그렇게 기록된 한 권 전체 안에 나를 잠기게 할 때, 말씀은 인간의 해석을 넘어 원저자이신 성령님의 뜻 안으로 우리를 이끈다.

낱권별 통암송은 선한 행위를 통해 하나님께 나아가고자 함이 아니라, 오히려 자기 부인을 더욱 심화시키는 것이다. 그것은 하나님께 무엇을 보여드리기 위한 수단이 아니라, 아무것도 내세울 것 없는 자리로 자기를 낮추는 회개의 방식이다. 낱권별 통암송이 자기를 부인하는 회개 차원에서 하나님의 은총을 간구하는 최고의 방법이라고 강조하는 이유는, 이것이 인간이 고안해낸 영적 훈련이 아니라 하나님께서 친히 당신께 나아오도록 직접 제정하신 방식, 쉐마 그 자체이기 때문이다.

이러한 차원에서 나는 지난 장에서 실제로 내가 경험한 역대급 간증들을 비교적 상세히 나누었다. 그리고 이번 장에서는 그에 비해 다소 간략할 수 있으나, 하나님의 사역과 일상 가운데서 나타났던 비슷한 맥락의 간증들을 모아봤다. 앉고 길을 걷고 눕고 일어설 때마다 낱권별 통암송으로 나를 부인하고 회개하고 성령님을 예배하며 나의 삶의 리듬을 기록된 흐름에 맡길 때, 성령께서 내 입에서 흘러나오는 말씀을 현실에 동시에 반영하시는 다양한 간증들을 풍성히 나누고자 한다.

우리가 '앉았을 때'라는 제한된 시공간에서만 아니라 '길을 걸을 때'에도 기록된 말씀의 흐름을 따라 낱권별 통암송으로 선포할 때, 매순간 자기 부인적 회개가 이루어지고 성령께서 그 말씀을 따라 실제 삶을 성취해 가신다. 성령님과 동행하는 실제의 삶이 무엇인지 함께 바라보기를 바란다.


## 말씀 큐브 안에서 선포되는 말씀이 주님의 격려다

2022년 8월 4일 오전 11시, 나는 룻선교회에서 말씀을 증거하기 위해 방배동으로 향했다. 차 안에서 그 날의 기록된 흐름을 따라 낱권별 통암송으로 로마서를 계속 암송하며 말씀 큐브에 잠겼고, 룻선교회에 도착할 때 멈춘 구절은 로마서 16장 3절 "너희는 그리스도 예수 안에서 나의 동역자들인 브리스가와 아굴라에게 문안하라"였다. 예배가 시작되고 말씀을 전할 시간이 되어 강대상에 올라 이렇게 전했다.

"제가 이곳에 도착할 때 멈춘 암송 구절이 바로 브리스가와 아굴라가 나오는 로마서 16장 3절이었습니다. 장막 만드는 비즈니스로 바울의 선교를 도왔던 브리스가와 아굴라 부부와 같이 룻선교회가 전 세계에 흩어져서 바울과 같이 복음을 전하는 선교사님들을 물질과 기도로 귀하게 섬기시는 것 같습니다."

예배 후 룻선교회 회장 권사님이 오셔서 "맞습니다. 룻선교회에는 부부로 섬기는 분들이 많은데, 특별히 오늘 부부 동반 참석자가 가장 많았습니다. 그런데 목사님께서 브리스가와 아굴라로 축복해주셔서 놀랐습니다."

## 말씀 큐브 안에서 선포되는 말씀이 전도로 이어지다

2022년 7월 25일, 한국 방문 중 영적으로 긴밀히 교제하는 김 목사님 가족을 만나러 가는 길에 히브리서를 암송하며 말씀 큐브에 잠겼다. 안산에 도착하여 작고 조용한 식당에 들어가 식사하며 담소를 나누고 있었다. 약 20분 뒤, 손님 4명이 들어와 바로 옆 테이블에서 낮술을 마시며 큰 소리로 욕설이 섞인 대화를 하기 시작했다. 그중 한 사람이 "죽으면 끝이야!"라고 말하는 소리가 귀에 들어왔다. 전도자인 나는 그 말을 접촉점으로 전도의 기회를 엿보기로 다짐했고, 식사를 마친 후 전도지를 꺼내 들고 그들에게 다가갔다. 그런데 오히려 그들이 먼저 "아이고! 저희가 너무 크게 떠들었지요. 죄송합니다!"라고 말하는 것이었다.

나는 곧바로 "아닙니다, 괜찮습니다. 하하! 사실 저도 10년 동안 술독에 빠져 살았어요. 그런데 어느 날 하나님께서 저를 찾아오셨고, 저는 회개하고 예수님을 믿고 나서 삶이 완전히 바뀌어 지금은 미국에서 선교사로 활동하고 있습니다. 그런데요, 선생님! 사람이 한 번 죽는 것은 정해진 일이지만 죽음이 끝은 아닙니다. 죽음 뒤에는 심판이 있습니다. 회개하고 예수님을 믿어 죽음 뒤의 삶을 준비하시기 바랍니다"라고 선포한 다음 앉아 있는 모든 이들에게 복음이 선명하게 쓰여진 전도지를 나누어주었다.

그 후 김 목사님 가족과 다음 모임 장소에 도착하여 화장실에 들렀다. 혼자 있는 동안 기록된 성경의 흐름에 삶의 리듬을 맞추려고, 안산으로 오는 동안 암송했던 히브리서 말씀의 흐름을 다시 상기시켜 보니 김 목사님 가족을 만나기 직전 암송했던 말씀이 바로 "한 번 죽는 것은 사람에게 정해진 것이요 그 후에는 심판이 있으리니"(히 9:27)였다. 할렐루야!


## 말씀 큐브 안에서 선포되는 말씀이 영적인 녹을 제거하다

2020년 11월 한국 방문 중, 어느 기도의 집 리모델링 작업에 동참했을 때의 일이다. 리모델링을 주관하는 이 권사님이 "지 목사님은 입구에 있는 녹슨 부분들을 제거하세요. 먼저 저기 1인용 텐트에 들어가 작업복으로 갈아입으시고 거기서 기도하고 나오시면 좋겠습니다"라고 내게 말했다.

나는 이 권사님의 말씀대로 텐트에 들어가 옷을 갈아입고 있는데 성령님의 강한 임재를 느꼈다. 옷을 갈아입고 밖으로 나와 녹을 제거하려고 하는데, 다시 텐트 안으로 들어가 암송으로 선포하며 기도하고 싶은 마음이 들었다. 그래서 성령에 관한 구절들을 마태복음부터 선포하며 말씀 큐브에 잠기기 시작했다.

텐트 밖에서는 권사님과 집사님들이 페인트칠을 하며 찬양곡을 크게 틀어놓고 콧노래로 찬양하며 신바람 나게 작업을 하고 계셨는데, 어느덧 성령 구절 암송 선포 기도는 복음서를 다 훑은 다음 사도행전에 접어들었다. 그리고 사도행전 6장에 이르러 "형제들아 너희 가운데서 성령과 지혜가 충만하여 칭찬 받는 사람 일곱을 택하라 우리가 이 일을 그들에게 맡기고 우리는 오로지 기도하는 일과 말씀 사역에 힘쓰리라 하니"라는 부분을 암송하는 바로 그 순간, 밖에서 이 권사님이 "지 목사님은 녹슨 부분을 제거하는 것보다, 텐트 안에서 계속해서 말씀 암송 선포로 기도하세요. 하하하!"라고 하셨다.

이 권사님은 밖에서 찬양곡을 크게 틀어놓고 찬양을 따라 부르며 페인트 칠 작업에 열중하고 계셨기 때문에 텐트 안에서 내가 선포하는 말씀의 내용이 무엇인지 알지 못하는 상태였다. 그럼에도 불구하고 내가 선포하고 있는 구절과 일치하는 내용의 말씀을 동시에 표현하셨던 것이다.

말씀 큐브에 잠기는 낱권별 통암송에서 기록된 흐름을 따라 선포하고 있는 중에 입에서 흘러나오고 있는 말씀이 현실과 동시에 일치되는 것은, 사람의 인위적인 개입이 완전히 배제된 것이다. 의도적인 행동이 전혀 배제된 채 성경이 기록되는 흐름에 역사하셨던 성령께서 동일하게 역사하시는 현상이다. 그야말로 낱권별 통암송으로 기록된 흐름을 따라 선포하는 삶은 영적 녹이 제거되며 내가 기도의 집으로 정결하게 세워지는 삶인 것이다.


## 말씀 큐브 안에서 선포되는 말씀이 새로운 깨달음을 불러오다

2018년 2월 26일, 어느 유명인과 함께 말씀을 소리 내어 선포하고 암송하는 신앙의 중요성에 대해 서로 나누었다. 여의도에서 그 연예인과 감동적인 만남을 가진 후 김포공항으로 이동하며 그날의 암송 순서에 따라서 갈라디아서를 1장부터 암송하기 시작했다.

그리고 김포공항에 도착했을 때는 갈라디아서 5장 암송이 진행되고 있었고, 제주도행 체크인을 하고 나서 게이트 앞에 앉아 스마트폰을 찾기 위해 가방에 손을 넣어 이리저리 휘젓다가 갑자기 느낌이 좋지 않아 손을 꺼내 보니 피가 나고 있었다. 아침에 여행 준비를 하면서 가방에 챙겨 넣은 면도날에 손가락이 베인 것이다.

급히 지혈을 하고 있는데, 내 머리는 자동으로 직전에 암송하고 있던 구절을 떠올리고 있었다. 그 구절이 "너희를 어지럽게 하는 자들은 스스로 베어버리기를 원하노라"(갈 5:12)였다. 그 구절을 암송하자마자 스스로 손을 베어버린 사고로 인해 의로워지기 위해 할례를 강조하는 율법주의자들은 마치 스스로 자해하는 삶을 사는 것이라는 것이 자연스럽게 깨달아졌다.


## 말씀 큐브 안에서 선포되는 말씀이 만남을 이끌다

2025년을 이틀 남겨둔 12월 30일, 나는 다시 크로체론 공원으로 향했다. 걷기와 조깅, 그리고 암송 예배를 드리기 위해서였다. 전날 히브리서 암송을 마쳤기 때문에 그날은 데살로니가전서와 데살로니가후서 암송을 시작하는 날이었다. 당시 나는 일반적인 순서가 아닌 역순으로 낱권 암송을 진행하고 있었다.

데살로니가전서와 후서 암송을 마친 뒤 나는 한 번 더 반복할지 잠시 고민했지만 갈라디아서, 에베소서, 빌립보서, 골로새서(십자가 서신들)를 하나의 흐름으로 이어서 암송하고 싶은 마음이 강하게 들었다. 그래서 다음 차례였던 골로새서 대신 갈라디아서를 선택해 1장 1절부터 시작하여 1장을 마치고, 2장 11절 "게바가 안디옥에 이르렀을 때에"를 암송하고 있을 때 집에 도착했다.

문을 열고 집에 들어서자마자 한 지인에게서 카카오톡 문자로 "게

바라는 분이 지 목사님을 뵙기 원하시는데 연결해드려도 될까요?"라는 메시지가 들어와 있는 것을 확인했다. 나는 '게바'라는 이름을 듣는 순간 속으로 "할렐루야"를 외치며 그것이 하나님의 뜻인 줄 확신하고 "예. 물론이죠!"라고 즉시 흔쾌히 답을 드렸다.

기록된 흐름을 따라 낱권별 통암송으로 말씀이 입에서 떠나지 않게 삶의 리듬을 맡길 때, 하나님은 말씀에 대한 깨달음만 주시는 것이 아니라, 삶의 일정한 시점과 자리에서 하나님의 정확한 뜻을 알고, 그 뜻대로 결정하게 하시는 성령님이심을 경험하는 순간이었다.

## 말씀 큐브 안에서 선포되는 말씀으로 치유하다

2022년 한국 방문 중인 8월 24일, 나는 태어나서 처음으로 종합건강검진을 받게 되었다. 자원해서 받고 싶은 마음은 없었지만, 친척이 종합건강검진 티켓을 선물로 주서서 받게 되었다. 검진 결과 몇 군데 정밀 진단이 필요하다는 소견이 나왔고, 그중 우측 눈에 녹내장 징후가 있다는 말을 들었다. 약 2년 전 안경점에서 안경사도 내 눈을 살펴보며 우측 눈에 녹내장 증세가 있으니 안과에 가보라고 한 적이 있었기 때문에 적잖이 근심이 몰려왔다.

한국 방문을 마치고 뉴욕으로 돌아온 후 안과에 정밀 진단 예약을 했다. 예약 날짜인 10월 10일에 나는 기록된 흐름을 따른 낱권별 통암송 순서에 따라 로마서를 암송하며 말씀 큐브에 잠겨 성령님을 예배하다가 예약 시간에 맞춰 안과에했다. 여러 검진을 받는 동안 틈틈이 로마서 암송을 이어가고 있었다. 의사는 "오른쪽 눈에 신경이 끊어져 보이는 것 같아 좀 더 살펴봐야겠네요"라고 했다. 나는 그 순간에도 로마서를 암송하며 마음을 지키고 있었고, 마침내 로마서 8장 후반부에 이르렀다.

내가 확신하노니 사망이나 생명이나 천사들이나 권세자들이나 현재 일이나 장래 일이나 능력이나 높음이나 깊음이나 다른 어떤 피조물이라도 우리를 우리 주 그리스도 예수 안에 있는 하나님의 사랑에서 끊을 수 없으리라 롬 8:38-39

나는 마음속으로 "주님, 의사가 오른쪽 눈에 신경이 끊어진 것 같다고 합니다. 그러나 눈의 신경이 끊어진 것과는 상관없이, 어떤 것도 나의 생명을 그리스도의 사랑에서 끊을 수 없음에 감사드립니다"라고 기도하며 이 구절을 반복적으로 암송했다. 몇 분 후 의사는 "녹내장 증세도 없고, 신경이 끊어져 보였지만 더 자세히 보니 전혀 이상이 없네요"라며 최종 정밀 진단 결과를 말해주었다. 말씀 큐브 속 암송과 주님을 향한 확신의 기도로 눈을 지켜주신 하나님의 섭리를 체험한 순간이었다.

## 말씀 큐브 안에서 선포되는 말씀으로 동행을 확증받다

2022년 6월 28일, 뉴저지에서 열리는 지인의 결혼식(언약식)에 참석하는 날이다. 나는 그날도 여느 때와 다름없이 루틴대로 아침에 잠자리에서 일어나는 순간부터 기록된 흐름에 따라 요한복음을 암송하며 삶의 리듬을 요한복음 속 예수님의 삶의 리듬에 맞추기 시작했다.

앉아 있을 때나 거실과 방, 화장실과 부엌을 오갈 때에도 말씀 소리는 멈추지 않았고, 집을 나서며 운전대를 잡은 뒤에는 요한복음 12장으로 진입하여 차례로 암송하며 성령님을 예배했다. 시속 약 55마일로 달리며 조지 워싱턴 브리지를 건너 뉴저지에 진입할 즈음, 요한복음 14장에 들어섰고, 14장 20절을 암송하는 그 순간, 차창 밖으로 'New ark'라는 초록색 표지판이 눈에 들어왔다(New ark, 새 언약궤 또는 새 방주라는 뜻이다). 예레미야서 31장 31-33절에서 말하는 새 언약은 돌에 새겨지는 말씀이 아니라 마음에 새겨지는 말씀이므로 새 언약의 핵심은 '성령님'이시며, 요한복음 14장 20절은 성령께서 임하시는 날 성도가 깨닫게 될 새 언약의 핵심 구절이다.

> 그날에는 내가 아버지 안에, 너희가 내 안에, 내가 너희 안에 있는 것을 너희가 알리라 요 14:20

언약식에 참석하러 가는 길에서, 1997년도에 내 삶을 송두리째 바꾸어놓은 새 언약의 말씀을 암송하던 바로 그때, '새 언약궤'라는 단어가 눈에 들어오는 순간, 성령의 강한 임재와 함께 성령께서 비추시는 내적 조명이 있었다.

"너는 나와 언약을 맺은 자녀다. 너는 나와 함께 죽었고, 살았고, 보좌에서 나와 연합되어 있음을 잘 누리고 있다. 그 누림의 차원에서 말씀의 소리로 나와 함께 길을 잘 걷고 있다. 내가 그 길이며 동시에 그 진리다. 진리의 소리로 진리의 길을 걷는 너를 기뻐하노라."

## 말씀 큐브 안에서 선포되는 말씀으로 사람을 세우다

2022년 4월 텍사스 여정을 마치고 뉴욕으로 돌아온 후, 4월 말부터 한 가정을 짧은 기간 동안 세 차례나 연속으로 방문하게 되었다. 첫 번째 방문 중 모임의 끝 무렵에 누가복음 2장 25-33절, 시므온의 신앙에 대한 말씀이 갑자기 마음에 떠올랐다. 시므온은 그리스도를 보기 전에는 죽지 아니하리라 하는 성령의 지시를 받았고, 마침내 아기 예수를 그리스도로 알아본 후 놀라운 선포를 하고 하나님의 품에 안긴 사람이다. 나는 그 말씀을 영어로 선포하며 그 가정을 '시므온의 집'으로 선포했다. 그러자 아내 되시는 분이 놀라운 고백을 나누었다.

"목사님이 누가복음 2장 시므온 말씀을 선포하실 때 깜짝 놀랐습니다. 지금 저희에게 주시는 레마의 말씀입니다. 이미 오래전에 성령께서 저희 집을 기도의 집으로 세우실 때, 바로 이 시므온의 신앙에 대한 부분을 영어로 확신시켜주셨거든요. 그런데 그 말씀을 그대로 영어로 선포하시니 너무 놀랍습니다. 할렐루야!"

며칠 뒤 두 번째로 '시므온의 집'을 방문하는 날이 되었다. 나는 평소 습관대로 공원에 나가 그날의 복습 암송 순서인 마가복음을 마쳤고, 이어서 요한복음을 기록된 흐름대로 암송하며 성령님을 예배하는 가운데 그 집으로 향했다. 그 집 문 앞에 도착하는 순간 선포한 암송 구절은 "데리고 예수께로 오니 예수께서 보시고 이르시되 네가 요한의 아들 시몬이니 장차 게바라 하리라 하시니라 (게바는 번역하면 베드로라)"(요 1:42)였다.

시므온과 어원이 같은 시몬이라는 이름이 등장하는 말씀을 암송하며 시므온의 집 앞에 도착한 것이다. 나는 성령께 감사드리며 문을 열고 들어서자마자 현관에서 그 분들에게 "며칠 전에는 시므온의 집으로 지명하시더니, 오늘은 시몬을 게바, 곧 반석으로 세우신다는 말씀을 주시는 것 같습니다"라고 선포했다.

며칠 뒤 세 번째 방문하는 날이 되었다. 집 근처 커닝햄 공원에서 요한복음을 기록된 흐름대로 암송하며 20장까지 마친 뒤 집으로 돌아와 차를 타고 이동하며 요한복음 21장을 암송하고 있었다. 그리고 '시몬의 집' 앞에 도착하는 바로 그 순간, 내 입에서 흘러나오던 구절은 "그들이 조반 먹은 후에 예수께서 시몬 베드로에게 이르시되 요한의 아들 시몬아 네가 이 사람들보다 나를 더 사랑하느냐 하시니"(요 21:15)였다. 또다시 시몬에 대한 말씀이 선포되는 순간, 시몬의 집에 도착한 것이다. 나는 문을 열고 들어가 신발을 벗기도 전에 그 댁 부부에게 그대로 선포했다. "예수님께서 물으십니다. '시몬아, 네가 이 사람들보다 나를 더 사랑하느냐?'"

낱권을 통째로 암송하며 기록된 흐름을 따라 그 시점에 선포되는 말씀은 그 말씀이 기록될 당시 역사하셨던 동일한 성령께서 지금도 동일하게 역사하시는 말씀임을 경험하게 한다. 그 가정은 성경이 기록될 당시 역사하셨던 성령님으로부터, 세 번 연속 '시몬'으로 세워지는 말씀을 받게 된 것이다.


## 말씀 큐브 안에서 피조물에게 나타나는 하나님의 아들들

2022년 4월 2일 토요일, 유대인 전도 사역을 위해 차를 운전해 브루클린으로 향했다. 이동하는 동안 성령 구절들을 모두 암송했고, 유대인 전도 사역을 마친 후 집으로 돌아오는 길에 그다음 암송 순서에 따라 창세기 1장에서 9장 7절까지의 암송을 시작했다. 도로를 달리며 창세기 1장 1절부터 차례대로 암송하며 계속 말씀 큐브에 잠겨 다음 구절을 선포하고 있었다.

> 하나님이 이르시되 우리의 형상을 따라 우리의 모양대로 우리가 사람을 만들고 그들로 바다의 물고기와 하늘의 새와 가축과 온 땅과 땅에 기는 모든 것을 다스리게 하자 하시고 창 1:26

이 구절 속에 있는 표현, '새'를 소리 내어 선포하는 그 순간이었다. 무심코 시선이 도로 오른쪽 갓길로 향했는데, 그곳에 죽은 새 한 마리가 보였다. 성경 안에 '새'가 등장하는 구절은 많지 않다. 설령 새가 등장하는 구절을 의도적으로 찾으려 해도 시간이 걸리고, 더욱이 죽은 새를 일부러 찾아다녀도 쉽게 발견하기 어렵다.

그런데 낱권별 통암송의 패턴에 따라 창세기 1장을 암송하던 중, 시속 50마일이라는 결코 느리지 않은 속도로 달리면서 '새'라는 단어를 선포하는 정확한 순간에 죽은 새가 눈에 들어온 것이다. 참새 한 마리도 하나님의 허락 없이는 떨어지지 않는다. '새'라는 단어가 들어 있는 구절을 선포하는 순간, 공중에서 떨어져 죽은 새를 보게 된 것은 결코 우연이 아니었다.

그것은 한없이 부족하고 연약한 나의 자유의지적 선택과 결정과 행동을 다 지켜보시는 하나님께서 기록된 말씀의 흐름에 삶의 모든 리듬을 맡기며 하나님을 예배하는 삶이 일상에서 얼마나 세밀하게 반영되는지, 그것이 얼마나 복된 동행인지를 알려주시는 주권적 역사였던 것이다.


## 말씀 큐브 안에서 주의 이름으로 구하고 받게 되다

2022년 4월 1일, 커닝햄 공원에서 기록된 흐름을 따른 낱권별 통암송 패턴에 따라 요한복음을 복습 암송하며 말씀 큐브에 잠겨 있었다. 요한복음 14장에 도달했을 때 이례적으로 15장으로 바로 넘어가지 않고 14장을 한 번 더 반복하고 싶은 마음이 들었다. 그런데 나의 자유의지적 결정이 하나님의 섭리 안에 있었다는 것을 금방 알게 되었다.

요한복음 14장을 연속으로 암송하고 나서 평소처럼 한국에 계신 부모님께 전화를 걸어 영상 통화를 했다. 그때 어머니께서 "아들아, 어젯밤 꿈에 하나님께서 말씀을 주시더라. '내 이름으로 무엇이든지 내게 구하면 내가 행하리라'(요 14:14)라는 말씀을 주셨어"라고 하셨다.

요한복음 14장을 두 번 암송하고 싶었던 것은 분명 나의 소원이었고, 나의 자유의지로 내린 선택이었다. 그러나 그것조차 하나님의 주권적인 섭리 안에 있었던 것이다. 성령께서 요한복음 14장을 연속으로 두 번 암송하게 하신 직후 어머니를 통해 꿈에서 받은 동일한 말씀을 듣게 하심으로써, 낱권별 통암송이 곧 주 예수 그리스도의 이름으로 아버지께 드리는 기도임을 요한복음 14장 14절을 통해 확증해주신 것이다.

## 말씀 큐브 안에서 맘몬을 향해 선포하다

2021년 10월 31일 주일 오후, 여느 때와 다름없이 온 세계 열방, 곧 이방인 전도를 위해 뉴욕 맨해튼 월스트리트를 향해 길을 나섰다. 그날의 낱권별 통암송 순서에 따라 나는 야고보서를 영어로 암송하며 말씀 큐브에 잠기기 시작했다. 퀸즈를 출발해서 어느덧 맨해튼에 진입했고, 전 세계 금융의 중심이라 불리는 월스트리트 근처에 다다랐다. 그때 FRB, 곧 미 연방준비은행 앞에 주차 공간이 비어 있는 것을 보게 되어 그곳에 차를 세웠다. 그 순간은 실로 절묘한 타이밍이었다. 금융의 중심이자 맘몬의 상징과도 같은 건물 앞에 주차하는 바로 그 순간, 내 입에서는 맘몬을 향한 야고보 사도의 외침, 야고보서 5장이 선포되고 있었다.

> 들으라 부한 자들아 너희에게 임할 고생으로 말미암아 울고 통곡하라 너희 재물은 썩었고 너희 옷은 좀먹었으며 너희 금과 은은 녹이 슬었으니 이 녹이 너희에게 증거가 되며 불 같이 너희 살을 먹으리라 너희가 말세에 재물을 쌓았도다 약 5:1-3

## 말씀 큐브 안에서 그 길이시며 길을 만드시는 분을 만나다

2021년 6월 14일, 그날도 여느 때처럼 커닝햄 공원에 도착해 잔디 서클을 돌기 시작했다. 일곱 바퀴를 도는 동안 바울서신 네 권, 곧 갈라디아서, 에베소서, 빌립보서, 골로새서를 복습 암송한 후, 요한복음을 1장부터 이어서 암송하고 있었는데, 어디선가 귀에 매우 익은 선율이 들려왔다. 그 소리는 약 5미터쯤 앞서 걸어가던 남미 사람들이 들고 있던 이동식 스피커에서 나오고 있었다. 그 곡은 다름 아닌 찬양곡 'Way Maker'였다. 그 찬양이 너무 반가워 나는 그들에게 말을 걸지 않을 수 없었다. 나중에 알게 되었는데, 그 사람의 이름은 이모(Emo)였다.

지용훈 : 와우! 'Way Maker'군요.

Emo : 예, 맞습니다. 할렐루야!

지용훈 : 시나크(Sinach)가 성령님으로부터 한국을 위한 감동을 받고 그곡을 만들었다는 것을 아십니까?

Emo : 그래요? 몰랐어요. 놀랍네요.

지용훈 : 그 곡을 들을 때마다 우리 한국을 위해서 기도해주시면 좋겠어요.

Emo : 아! 알겠습니다.

지용훈 : 지금 잠깐 기도해주실 수 있을까요?"

Emo : 우리 교회 담임목사님께 기도를 부탁하면 좋겠네요. 지금 교회가 모여 있는 쪽으로 걸어가는 중이에요.

그들은 남미 가이아나 출신 이민자들이었고, 뉴헤븐펠로우십교회 성도들이었다. 담임 목사님의 이름은 알버트(Albert)였다. 나는 알버트 목사님과 잠시 교제를 나누며, 맨해튼과 브루클린에서 열방의 민족들과 유대인들을 대상으로 거리 전도를 하고 있다는 이야기를 나누었다. 알버트 목사님은 그 자리에서 한국을 위해, 그리고 거리 전도 사역과 나의 가정을 위해 간절히 기도해주셨다. 짧은 만남이었지만 성령 안에서 깊은 교제가 이루어지는 시간이었다.

그들과 헤어진 후, 나는 다시 트랙을 돌기 시작했다. 그리고 그들을 만나며 멈추게 되었던 지점에서, 기록된 암송의 흐름을 따라 바로 다음 구절부터 다시 암송을 이어갔다. 그때 내 입에서 흘러나온 말씀은 "이르되 나는 선지자 이사야의 말과 같이 주의 길을 곧게 하라고 광야에서 외치는 자의 소리로라 하니라"(요 1:23)였다. 바로 그 직전에 들었던 찬양 'Way Maker', 곧 "길을 만드시는 분"이라는 노래의 주제와 내가 이어서 암송하게 된 말씀의 내용이 정확히 맞물리는 순간이었다.

그때 나는 낱권별 통암송으로 기록된 말씀의 흐름을 따라 길을 걸으며 삶의 리듬을 성령께 맡기는 것은 단순한 신앙 훈련이 아니라 주의 길을 예비하는 실제적인 삶의 방식이라는 사실을 깨달을 수밖에 없었다. 낱권별 통암송으로 말씀 큐브에 잠긴 채 걷는 이 길 위에서, 주님은 여전히 길을 만들고 계셨다.


## 말씀 큐브 시스템으로 살다

나는 길을 걸으며 낱권별 통암송을 하면서, 내가 암송하고 있는 말씀의 소리와 연관된 어떤 현상이나 사건을 의식적으로 찾거나 두리번거리며 살피지 않는다. 앞서 소개한 간증들 역시 어떤 의도나 방식을 가지고 포착해낸 결과가 아니다. 그저 베드로 사도께서 권면하신 것처럼 갓난아이와 같이 순전한 말씀의 젖을 사모하는 마음으로 성령님만 의식하며 순종한 것이다.

낱권별 통암송에 깊이 집중하며 성령님을 예배하다보면, 기록된 흐름을 따라가야 하므로 '그다음 구절은 무엇이지?'라는 생각이 꼬리를 물고 이어지며, 다른 잡생각들이 자연스럽게 차단되고 오직 성령님만 의식하게 된다. 그렇게 낱권별 통암송 안에서 문득 어떤 사건이나 장면을 경험하고 난 뒤, 그 순간 내 입에서 흘러나오고 있던 말씀이 무엇이었는지를 돌아보게 된다. 그리고 그제야 비로소 말씀과 현실의 일치와 반영을 발견하게 된 경우들이 바로 여기 기록된 간증들이다.

이 간증들은 실제로 경험한 수많은 사례들 가운데 일부에 불과하다. 또한 이 간증들 속에는 어떤 숭고해 보이거나 과감해 보이는 결단도 없다. 다만 나의 삶을 하나님의 뜻 가운데로 인도하시는 성령님을 예배하기 위해 쉐마에 그대로 순종하여 낱권별 통암송으로 기록된 성경의 흐름 속에 삶의 리듬을 맡기고자 하는 하나의 선택이 있었을 뿐이다. 이렇듯 쉐마에 순종하는 것은 말씀을 접하는 사람의 의도나 어떤 인위적인 노력이나 자유 의지도 배제된 모습으로 성령님을 의지하기 위한 자기 부인이다.

어떤 시간이나 공간에도 제한되지 않고 말씀을 접할 수 있는 말씀 큐브 시스템은 이 땅을 살 때 지속적으로 매순간 '하늘'을 누릴 수 있고 '하나님의 영원성'을 누릴 수 있는 시스템이다. 쉐마에 의한 낱권별 통암송으로 기록된 흐름을 따라 앉고 길을 걷고 눕고 일어서는 것은 사역의 도구가 아니라, 동행해주시는 하나님을 인식하게 하는 은혜의 통로다.

하나님께서는 직접 제정하신 쉐마에 그대로 순종하는 삶이 이 땅에서 하늘을 누리는 동행의 본질이라는 것을 평범한 일상 속에서도 계속 확증해주신다. 그래서 나는 오늘도, 가감 없이 날것 그대로 성경책이 기록된 만큼 기록된 흐름을 따라 걸으며 성령님을 예배하고 있다.

KEEP THIS BOOK OF THE
LAW ALWAYS ON YOUR
LIPS; MEDITATE ON IT DAY
AND NIGHT, SO THAT YOU
MAY BE CAREFUL TO DO
EVERYTHING WRITTEN IN IT
JOSHUA 1:8

BIBLE
CUBE

# 말씀 큐브에 잠긴 삶, 쉐마의 복음 원리

PART 2

# 03 말씀 큐브에 잠긴 삶이 동행이다

### 말씀의 본질과 섭취의 우선순위

베드로는 그의 첫 번째 편지에서 '살아 있고 항상 있는 하나님의 말씀으로 거듭남'을 표현했다.

> 너희가 거듭난 것은 썩어질 씨로 된 것이 아니요 썩지 아니할 씨로 된 것이니 살아 있고 항상 있는 하나님의 말씀으로 되었느니라 그러므로 모든 육체는 풀과 같고 그 모든 영광은 풀의 꽃과 같으니 풀은 마르고 꽃은 떨어지되 오직 주의 말씀은 세세토록 있도다 하였으니 너희에게 전한 복음이 곧 이 말씀이니라 벧전 1:23-25

베드로는 성령 침례를 경험한 뒤, 성령님에 의해 성령 침례에 대한 예수님의 말씀이 다시 생각이 났고 그 의미에 대해 알게 되었다(요 14:26). 베드로는 예수님께서 "물과 성령으로 거듭나야 하나님의 나라에 들어간다"(요 3:5), "말씀이 영이다"(요 6:63)라고 하신 말씀이 생각나서, 성령으로 거듭났다는 동일한 의미로 영존하시는 말씀으로 거듭났다고 표현한 것이다.

이것을 이해했다면, 장, 절, 숫자를 기입하지 않고 써 내려간 베드로의 의도를 따라가볼 때 그의 강조점을 확연히 알게 된다. 베드로는 뒤이어서 "갓난 아기들 같이 순전하고 신령한 젖을 사모하라"(벧전 2:2)라고 하면서 영존하시는 말씀을 섭취하는 태도에 대해서 정확히 표현했다. 베드로는 자신의 직접적인 경험에 비추어 권면하고 있는 것이다.

베드로는 사도행전 2장에서 성령 침례(성령으로 거듭남)를 경험하자마자 자신의 실패 원인이 무엇인지 정확히 알게 되었다. 복음서 속에서 예수님을 부인했던 실패의 원인은 성령 침례를 직접 경험하지 못했기 때문에 성령께서 가르쳐주시는 차원으로 말씀을 먹은 것이 아니라 자신의 열심과 신념에 의해 지식적으로 먹었기 때문이라는 것을 알게 되었다.

요한복음 6장 63절은 "말은 영이요 생명"임을 말하고, 요한복음 1장 1절은 하나님 자신이 곧 말씀이심을 선포한다. 말씀은 단순한 지식이나 정보가 아니다. 인격이신 하나님 자신의 현현(顯現)이며 자기 계시이다. 지성을 사용하여 오직 이해와 분석으로 말씀을 섭취하여 깨달으려고 하는 태도는 하나님의 뜻과 어긋날 위험이 있다는 것이다.

성경공부나 신학적 연구 자체를 부정하거나 경시하는 주장이 결코 아니다. 문제의 핵심은 신학자나 목회자나 일반 성도 등 누구를 막론하고 영이신 말씀을 대하는 태도의 질서와 우선순위에 있다. 성령으로 거듭남, 곧 성령 침례를 경험하기 이전의 상태에서 말씀을 자신의 지식적 프레임과 자신의 고정 신념의 차원으로만 접근하는 사람들이 있다.

그러나 하나님은 영이시며 동시에 말씀이시다. 따라서 말씀은 반드시 성령께서 열어주시는 차원에서 먼저 받아들여져야 한다. 그 이후에 비로소 바르게 이해되고 연구될 수 있다. 이 질서가 무너질 때 말씀은 생명이 아니라 도구가 된다. 그럴 경우, 그 말씀은 생명으로 섭취하기보다, 베드로의 사례처럼 하나님의 일에 도리어 방해가 되는 결과에 이를 수 있다.

그 뼈저린 경험 이후 베드로는 유대인으로서 앉고 길을 걷고 눕고 일어설 때마다 모세오경을 낱권별로 통암송을 하며 말씀 큐브에 잠겨 성령님을 예배하는 태도가 갓난아이가 어머니의 젖을 빠는 것과 같다는 것이다. 얄팍한 인간의 지식과 신념으로 말씀을 먹는 것이 아니라, 갓난아이가 어미젖의 성분에 대해 궁금해하지 않고 입술로 젖을 빨며 단순히 어머니와 하나됨을 누리는 것처럼 입술로 말씀을 소리 내어 선포하며 먹는 것이 영존하시는 말씀을 섭취하는 태도라고 강조한 것이다.

이 주장을 뒷받침하는 단어가 "신령한 젖"이라는 표현이다(벧전 2:2). '신령한 젖'이라는 표현에서 '신령한'에 해당하는 헬라어는 '로기코스'인데, '로고스'에서 유래된 단어이므로 "신령한 젖"이라는 번역보다는 "말씀의 젖"이 더 원어에 가까운 번역이라는 것이 그 이론을 뒷받침한다.

"모든 성경은 하나님의 감동으로 되었다"(딤후 3:16)는 구절 속에서 "감동"에 해당하는 헬라어는 '뉴스토스'로 "입김"이라는 뜻이다. 성경은 단순한 문자가 아니라 지금도 살아서 역사하시는 하나님의 말씀이다. 간음한 여인을 붙잡아 와서 예수님을 고소하려고 시험하는 자들에게 예수님은 두 번이나 몸을 굽혀 땅에 글씨를 쓰셨다. 그때 예수님을 시험하려는 자들은 그 글씨를 자신들을 진동케 하시는 소리로 듣고 양심에 가책을 느껴 그 자리를 떠나갔다(요 8:1-11).

기록된 성경 자체가 하나님께서 입김으로 직접 쓰신 말씀이므로, 기록된 성경을 앉고 길을 걷고 눕고 일어설 때마다 어린아이 같은 태도로 입김으로 선포하며 성령님과 동행할 때 살아 운동력이 있는 말씀을 경험하게 되는 것이다.

1997년도에 성령께서 내게 성령 침례를 경험하게 하신 뒤로 지금까지, 갓난아이와 같은 태도로 앉았을 때뿐만 아니라 길을 걸어갈 때에도, 눕고, 일어설 때에도 낱권들을 통째로 암송하며 말씀 큐브에 잠기게 하시어 기록된 성경의 흐름에 삶의 리듬을 맞추게 하신다. 쉐마에 문자 그대로 순종하여 입에서 소리 내고 있는 바로 그 말씀을 동시에 경험하게 되는 현상을 빈번히 만나게 하신다. 그리고 현실과 동시에 일치된 그 말씀을 통해 하나님의 구체적인 인도하심을 받게 되며, 자기중심성이 점점 사라지며, 성령님과 더욱 친밀한 동행이 이루어진다.

그런 일들이 어떻게 일상적으로 자주 일어나게 되는지 그 영적 원리를 다루어보고자 한다.


## 하나님의 입으로부터 나오는 모든 말씀으로 사신 예수님

동행의 완전한 모델은 예수님이시다. 예수님은 하나님의 입으로부터 나오는 모든 말씀으로 사셨다. 우리가 아무리 성경을 읽고 쓰고 암송하고 공부해도 하나님의 입으로부터 나오는 모든 말씀을 먹는 차원은 아닐 수 있다. 하나님의 입으로부터 나오는 말씀을 먹지 않으면 성경 읽기, 공부, 암송, 신학도 지식적 유희에 머물게 되고, 율법적 삶에 매이게 되고, 자기중심적 신앙에 머물게 되고, 말씀을 남을 정죄하는 도구로 사용하게 된다.

하나님께서 쉐마(신 6:4-9)를 여호수아서 1장 8절에서 요약해주실 때 "입에서 떠나지 말게 하고", "그것을 묵상(히, 하가 : 묵상하다, 소리로 선포하다)하여"라고 강조하신 것은 매우 중요한 표현이다. 우리의 신앙은 생각이 아니라 '입'에서 결정된다. 생각을 이기는 것이 입술의 선포다. 입으로 시인하여 구원에 이르게 된다.

나는 종종 설교 때 "기록되었으되 사람이 빵으로만 살 것이 아니요 하나님의?" 하고 멈춰본다. 그러면 성도들은 즉시 자신 있게 "말씀으로!"라고 대답한다. 내가 다시 "하나님의?" 하고 멈추면 다시 한번 "말씀으로!"라고 대답한다. 똑같이 여러 번 반복해도 여지없이 "말씀으로!"라고 대답한다. 모든 성도들이 그렇게 대답하는 이유는 나름대로 잘 알고 있는 표현이라고 확신하고 있기 때문이다.

그때 나는 성도들에게 "그냥 말씀으로!"가 아닙니다. "하나님의 입으로부터 나오는 모든 말씀으로 입니다"라고 표현한다. 그러면 성도들은 '어? 과연 그런가?'라는 표정을 지으며 성경책을 펼쳐 보려고 한다. 그때 나는 말한다. "성경을 찾아보지 않아도 됩니다. 제가 정확히 암송해서 선포했습니다. 성경을 더하거나 빼지 말라고 하나님께서 말씀하셨지요. 그것이 암송을 해야 하는 이유 중 하나입니다. 말씀을 대충 알고 있으면 말씀을 대충 살아내게 됩니다."

돌을 빵으로 만들어보라는 마귀의 첫 번째 유혹에 대하여 예수께서는 "기록되었으되"라고 하시며 신명기 8장 3절 말씀을 직접 선포하심으로 마귀의 유혹을 물리치셨다. 예수께서는 마귀를 향해 인용하여 선포하신 그 말씀으로 우리 신앙의 핵심을 강조하신 것이다.

> 예수께서 대답하여 이르시되 기록되었으되 사람이 떡으로만 살 것이 아니요 하나님의 입으로부터 나오는 모든 말씀으로 살 것이라 하였느니라 하시니 마 4:4

그냥 기록된 성경에 집중하는 것이 아니다. 몇 년 전, 몇 주일 전, 며칠 전, 몇 시긴 전, 몇 분 전, 몇 초 전에 읽었던 말씀이 아니라 '바로 지금' 하나님의 입에서 나오는 모든 말씀에 집중해야 한다. 하늘 보좌에 계신 하나님의 입으로부터 직접 나오는 말씀에 집중할 수 있도록 하나님께서는 쉐마를 명령하셨다(신 6:4-9 ; 수 1:8).

예수님은 만물 위 보좌에 계신 아버지와 하나이셨다. 예수님께서 "아무것도 스스로 할 수 없다"고 하셨고(요 5:19,30), "지금 하나님께 들은 진리를 말한다"고 하셨다(요 8:40). 그러므로 "기록되었으되 사람이 빵으로만 살 것이 아니요 하나님의 입으로부터 나오는 모든 말씀으로 살 것이라" 하신 것은 스스로 그냥 성경을 인용하신 것이 아니라 바로 그 당시로서의 '지금', 아버지의 입으로부터 나오는 소리를 듣고 인용하신 것이다. 그것은 성령님의 역할로 인한 결과였다. 아버지로부터 듣는 것을 말씀하시는 성령이시므로(요 16:13) 성령께서 아버지께 들은 말씀을 아들에게 말씀하신 것이다.

한편, 마귀는 예수님을 첫 번째 유혹할 때 "네가 하나님의 아들이라면 돌을 빵으로 만들어보라"고 했고, 그 유혹에 대하여 예수님이 "기록되었으되"라고 하시며 마귀를 대적하시자 두 번째로 유혹할 때는 예수님을 그대로 흉내내어 "기록되었으되"라고 하며 시편 91편 11-12절 말씀을 인용했다. 예수님은 아버지께로부터 나오는 말씀을 들으시고 성경을 인용하신 것이지만, 마귀는 하나님과 상관없이 자신이 알고 있는 성경 지식을 인용한 것이다. 여기에 중요한 교훈이 있다.

완전치 못한 우리는 하나님의 입으로부터 나오는 말씀을 듣지 않고 그냥 자신의 성경 지식으로 말씀을 인용하며 상대에게 무엇을 요구하는 경우가 있다. 그런데 자칫하면 그것은 죄와 사망의 법을 따르는 모습이 될 수 있다. 바울은 "이는 그리스도 예수 안에 있는 생명의 성령의 법(말씀)이 죄와 사망의 법(말씀)에서 너를 해방하였음이라"(롬 8:2)라고 했다.

'말씀 자체가 생명인데 어찌 죄와 사망의 말씀이 있을까?'라고 의문이 드는 사람들이 있을 것이다. 죄와 사망의 법이라는 의미는 단순히 죄를 짓는다는 의미보다 더 깊은 뜻이 있다. 하나님의 입에서 나오는 말씀에 순종하는 것이 아니라 자신이 주체가 되어 말씀을 행하려고 하는 태도가 될 때 죄와 사망의 법을 따르는 행동이 되는 것이다. 마귀는 자신이 그랬던 것처럼 우리가 성령님을 통하지 않고 스스로 말씀을 준행하도록 부추기는 전략으로 율법적 삶, 즉 죄와 사망의 법에 묶어놓으려고 한다.

바울은 그리스도를 만나기 전에 자신이 율법의 의로는 흠이 없는 자였다고 자부했다(빌 3:6). 하지만 법(토라, 말씀)에 능통하고 하나님을 사랑했던 결과로 그는 오히려 하나님의 사랑의 열매인 교회를 핍박했다(롬 10:3). 그러나 바울은 회개하고 성령으로 거듭난 뒤에 놀라운 고백을 했다. 그는 그리스도를 만나기 전에 말씀을 준행함으로써 흠이 없어 보였던 삶은, 오히려 자신이 주체가 되어 말씀을 행하려는 율법적 차원이었으며, 죄와 사망의 법(토라)을 따르는 삶이었다고 말했다. 그리고 이방인들과 똑같이 본질상 진노의 자녀였다고 고백했다(엡 2:2-3).

우리는 나름대로 말씀을 머리로 깨닫고 나서 "그 말씀에 순종하게 하소서. 주님보다 앞서지 않게 하소서!"라고 기도한다. 그러나 정작 깨달은 말씀에 순종하지 못하고, 다시금 주님보다 앞서 나가게 되는 자신을 발견한다. 그 이유 중 하나는 말씀이 일시적으로 사고의 전환을 일으키기는 했지만 우리의 행동과 습관이 아직까지 남아 있기 때문이다. 행동과 습관이 바뀌지 않은 까닭이 있다. 나의 사고를 일시적으로 전환시킨 그 말씀이 심령 깊숙이 새겨지고 뿌리내릴 만큼 충분한 시간이 주어지지 않았기 때문에 여전히 이전에 자아와 오래된 습관이 앞서게 되는 것이다.

따라서 나의 생각을 전환시키시는 그 말씀을 가감 없이 낱권별 통암송으로 기록된 성경의 흐름에 삶의 리듬을 맡기며 말씀 큐브에 잠겨 나의 삶을 주장하실 성령님께 예배할 때 친밀함이 깊어질수록 성령께서 주의 말씀을 분별하게 하시고, 그 말씀이 앞서는 삶이 나타나기 시작한다.

예수께서 "내가 곧 그 길(the way)이요 그 진리(the truth)요 그 생명 (the life)이니"(요 14:6)라고 하셨다. 그러므로 그 길과 그 진리 되신 예수님을 좀 더 실감나게 경험하려면, 앉았을 때뿐만 아니라 길을 걸으면서도 그 진리의 말씀을 소리 내어 선포해야 한다. 그러면 내가 선포하는 진리의 말씀이 나보다 앞서게 되어 그 말씀이 내가 걷는 그 길이 되고, 내가 그 진리 안에 잠겨서 걷게 된다. 그러면 성령님이 내 입에서 흘러나오는 말씀 소리를 바로 지금 아버지의 입에서 나오는 음성으로 들려주시게 되어 주님보다 앞서지 않게 된다.

## 초등학생도 할 수 있는 동행의 비밀

동행은 하나님의 뜻대로 살고자 하는 성도들이 가장 소망하는 삶이다. 동행의 방법에 대하여 많은 분들이 심오하게 설명한다. 그러나 하나님께서는 초등학교 1학년 학생도 알아듣고 순종할 수 있는 수준으로 쉽게 "앉고 걷고 눕고 일어설 때마다 말씀이 입에서 떠나지 않게!"라고 명령하셨다. 심오함은 단순함과 직결된다. 그리고 그 단순함은 하나님의 말씀에 표현된 그대로 가감 없이 순종하는 것이다.

동행의 비밀은 한마디로 말씀이 입에서 떠나지 않게 소리를 내며, 말씀이신 하나님과 함께 걷는 것이다. 그렇게 단언하는 이유는 간단명료하다. 하나님은 말씀이시며, 말씀 소리로 세상을 창조하셨으며, 동행이라는 히브리어의 의미가 그렇기 때문이다. 그리고 선택하신 백성들의 가장 중요한 정체성인 쉐마(신 6:4-9) 속에도 동행을 그렇게 명령하셨기 때문이다.

'동행'에 해당하는 히브리어는 '할라크', '얄라크'인데 그 뜻이 아주 간단하다. "가다(go), 오다(come), 걷다(walk)"이다. 용례를 살펴보면 "동산에서 거니시는(창 3:8, 할라크), "에녹이 하나님과 동행하더니"(창 5:24, 할라크), "그(노아)는 하나님과 동행하였으며(창 6:9, 할라크), 길을 갈 때에든지(신 6:7, 얄라크)"이다.

하나님께서는 하나님을 사랑하는 방법으로 쉐마(신 6:4-9) 속에서 "말씀을 새기라"고 명령하셨다. "말씀을 새기라"고 하신 다음 아주 구체적인 행동 지침까지 정확히 명령하셨다.

집에 앉았을 때에든지 길을 갈 때에든지 누워 있을 때에든지 일어날 때에든지 이 말씀을 강론할 것이며 신 6:7

강론에 해당하는 히브리어도 '다바르'인데 "말하다"이다. 앉고 길을 걸어갈 때 눕고 일어날 때, 즉 시간과 장소에 관계없이 말씀을 소리로 말하려면 말씀을 암송할 수밖에 없다. 하나님께서는 이 쉐마를 여호수아서 1장 8절 속에 더욱 구체적으로 요약해주셨다.

이 율법책을 네 입에서 떠나지 말게 하며 주야로 그것을 묵상하여 그 안에 기록된 대로 다 지켜 행하라 수 1:8

여기서 '율법책'은 두 단어 토라(율법)와 쎄페르(책)로써 정확히 모세오경, 다섯 권의 책 전체를 말한다. 따라서 "이 율법책을… 그 안에 기록된 대로 다…"를 더욱더 정확히 표현하면, "이 율법책(모세오경 다섯 권)을… 그 안에 기록된 대로 다(기록된 만큼 정확히 모두 다)"가 된다. 이 것이 말씀 큐브에 잠기는 낱권별 암송의 근거가 되는 표현이다.

"입에서 떠나지 말게"라는 표현은 말씀을 반드시 '입술소리'로 새겨야 한다는 명령이며, "묵상하여" 역시 말씀을 '소리'로 선포해야 한다는 명령이다. 말씀을 주야로 소리로 선포해야 한다는 것은 말씀이 책에 기록된 대로 다 입에서 떠나지 않게 길을 걸을 때에도, 누웠을 때에도, 일어날 때에도 소리로 선포해야 하는데, 그러기 위해서는 암송할 도리밖에 없으므로 사실상 하나님께서 말씀 큐브 신앙인 낱권별 통암송을 명령하신 것이다.

동행의 삶, 즉 말씀대로 순종하는 것이 어려운 이유는 "앉고 길을 걷고 눕고 설 때마다 모든 말씀을 다 소리로 새기라"는 쉐마 명령부터 순종하지 않기 때문이다. 한글로 '행하다'로 번역된 원어는 두 종류다. "순종"을 뜻하는 히브리어와 헬라어(히, 아싸 ; 헬, 포이에오, 히파쿠오)가 "행하다"로 번역되었고, "걷다"를 뜻하는 히브리어와 헬라어(히, 할라크 ; 헬, 페리파테오) 역시 "행하다"로 번역되었다. 앉고 길을 걷고 눕고 설 때마다 말씀을 소리 내어 새겼던 유대인 저자들이 말씀과 관련된 차원으로 "걷다"라는 단어를 사용했다면 그것은 쉐마 신앙을 말하고자 한 것이다.

시편 119편 1절은 "여호와의 율법을 따라 행하는 자가 복이 있음이여"라고 번역되었는데(원어에 '길'이라는 단어가 있다), "행하다"의 원어가 '할라크'로서 "걷다"이다. 원어에 충실히 다시 번역하면, "여호와의 율법책에 기록된 대로 그것이 입에서 떠나지 않게 길을 걷는 자가 완전한 자로서 복이 있다"라는 뜻으로 쉐마를 강조하는 것이다.

바울이 "아버지의 영광으로 말미암아 그리스도를 죽은 자 가운데서 살리심과 같이 우리로 또한 새 생명 가운데서 행하게(헬, 페리파테오 : 걷게) 하려 함이라"고 했다(롬 6:4). 새 생명(영)을 소유한 자는 쉐마 신앙에 의해 기록된 대로 말씀 소리로 걸으며 성령과 동행한다는 것이다.

"성령을 따라 행하라 그리하면 육체의 욕심을 이루지 아니하리라"(갈 5:16, 이 구절의 원어에도 '길'이라는 단어가 있다). '행하라'(헬, 페리파테오)가 "걷다"이다. "성령을 따라 쉐마 신앙인 말씀 소리로 길을 걷는 자가 육체의 욕심을 이루지 않게 된다"는 뜻으로 역시 쉐마 신앙을 강조한 것이다. "우리가 성령으로 살면 또한 성령으로 행할지니"(갈 5:25). 여기서 '행하다'(헬, 페리파테오) 역시 "걷다"이다. 바울은 "성령으로 살아난 자는 성령과 함께 걷는다"라고 재차 강조하고 있다.

로마서 8장 4절에 "영을 따라 행하는 우리에게 율법의 요구가 이루어지게 하려 하심이니라"라고 했는데 여기의 "행하는"(헬, 페리파테오)도 "걷다"이다. 성령께서는 말씀 소리로 함께 걷는 우리가(왕권을 주님께 온전히 드린 자라면) 그리스도와 함께 십자가에 못 박혀 죽은 존재임을 알게 하시며, 복음 안에서 자아를 부인하게 하시며, 성령님과 동행하게 하신다.

동행의 어원을 살펴보고 나니, 하나님을 사랑하는 방법으로 앉았을 때나 길을 걸어갈 때나 누웠을 때나 일어날 때나 말씀을 새기라고 하신 명령이 얼마나 감사한 명령인지 알 수 있다. 보이지 않는 하나님과 구체적으로 동행할 수 있는 방법으로 말씀을 새기라고 하셨기 때문이다.

## 쉐마를 사수한 이스라엘을 통한 교훈

아들 예수께서 하나님의 입으로부터 나오는 모든 말씀으로 아버지와 완벽하게 동행하신 배경에는 이스라엘 민족의 쉐마 신앙 전통, 즉 말씀 큐브에 잠긴 신앙이 있음을 간과할 수 없다. 정통한 문헌들에 의하면 예수님도 네 살 때부터 토라와 시가서, 선지서 등을 암송하셨다고 한다. 그리고 열세 살이 되어서 토라에 대한 전문 교육을 받기 시작했다고 전해진다. 그것은 누가복음 2장에 근거한다.

> 그의 부모가 해마다 유월절이 되면 예루살렘으로 가더니 예수께서 열두 살 되었을 때에 그들이 이 절기의 관례를 따라 올라갔다가 눅 2:41-42

예수님이 열두 살 되던 해 유월절에 예루살렘에 올라가신 특별한 이유가 있었다. 유대인들은 4살 때부터 12-13세까지 모세오경 전체를 다 암송하여 '바르미츠바'라는 의식을 거행하는데, 예수께서 바로 그 예식을 위해서 올라가셨다는 것이다. 예수님이 공생애 동안 수많은 상황 가운데서 구약성경을 즉석에서 수시로 인용하신 것은 모세오경 및 구약성경을 통째로 암송하고 계셨다는 것을 의미한다.

하나님께서 유대인들을 선택하셨으며 그들에게 성경 말씀을 맡기셨다. 그들은 낱권별로 모세오경 전체를 암송하여 간직 사수 보존하여 모든 세대와 이방인들에게 전달했다. 모든 성경 말씀 소리를 완벽하게 전수하도록 암송하게 하신 하나님의 전략은 탁월하였다.

주전 15세기에 형성된 모세오경과 그 후에 기록된 시가서와 선지서들은 모두 자음만으로 기록되어지도록 하셨다. 따라서 주후 7세기경 맛소라 학파에 의해 모음 기호가 만들어지기 전까지, 모음 규칙이 없는 상태에서 구약의 자음 소리들을 계속해서 다음 세대들에게 전달하기 위해서는 낱권별로 통째로 다 암송시켜야만 했던 것이다. 그 명령이 바로 쉐마(신 6:4-9 ; 수 1:8) 명령이었다.

이 쉐마를 강조하면 어떤 이는 "이스라엘이 율법을 받고 쉐마대로 살려고 했어도 결국 그들 역시 율법을 행하지 못하고 하나님을 떠나 우상을 숭배하여 심판을 받지 않았습니까? 왜 실패한 그들의 삶의 방식인 쉐마를 문자 그대로 강조하십니까?"라고 묻는다.

이 질문은 복음이 무엇인지 알지 못하는 데서 나온 것이다. 하나님께서 율법(모세오경)을 이스라엘에게 주신 궁극적인 목적은 모든 율법을 온전히 다 행하라고 요구하기 위한 것이 아니었다. 율법의 행위로는 의롭다 하심을 얻을 육체가 하나도 없음을 모든 인류, 곧 유대인과 이방인 모두가 깨닫게 하기 위함이었으며(롬 2:12-15, 3:10,20), 율법의 행위가 아니라 모든 믿는 자에게 미치며 차별이 없는 하나님의 의, 곧 예수 그리스도께서 율법에 기록되어 있음을 알게 하시고 믿게 하시기 위함이었다(롬 3:21-22). 그래서 그 율법 속에 선포된 그리스도(요 5:39) 앞에 회개하게 하시고, 하나님의 은혜인 새 언약, 곧 성령 침례를 부어주시려는 것이었다.

이스라엘은 율법을 받고도 실패할 수밖에 없는 존재였다. 신명기 31장 16-19절과 예레미야서 31장 31-33절을 비롯한 여러 구절들을 살펴보면, 율법과 새 언약(그리스도와 성령)에 대한 하나님의 놀라운 섭리를 쉽게 깨닫게 된다.

하나님께서는 모세에게 신명기를 통하여, 무려 서른 장(1-30장)에

걸쳐서 이스라엘 백성이 가나안 땅에 들어가면 지켜 행해야 할 계명들을 다시 상기시키게 하셨다. 그런데 모세가 이 모든 말씀을 전한 직후, 31장 16-19절에서 하나님은 이렇게 말씀하신다.

> 이 백성은 그 땅으로 들어가 음란히 그 땅의 이방 신들을 따르며 일어날 것이요 나를 버리고 내가 그들과 맺은 언약을 어길 것이라 … 그러므로 이제 너희는 이 노래를 써서 이스라엘 자손들에게 가르쳐 그들의 입으로 부르게 하여 이 노래로 나를 위하여 이스라엘 자손들에게 증거가 되게 하라
> 신 31:16-19

여기서 하나님은 단지 "계명을 지키면 복을 받고, 지키지 않으면 저주를 받는다"라는 내용만 노래로 만들어 가르치라고 하신 것이 아니다. 아무리 율법과 계명을 받고, 또다시 강조를 받아도, 그들이 결국 가나안 땅에 들어가서 순종하지 못하고 음란히 우상을 숭배하며 언약을 어길 것이라는 사실까지 포함하여 노래로 가르치라고 하신 것이다.

이는 인간이 전적으로 타락한 존재로서 어떤 행위로도 의로워질 수 없음을 알게 하시고, 이미 율법 속의 가죽옷을 통해 선포된(창 3:21) 새 언약이신 '그리스도와 성령'께로 인도하시기 위함이었다. 그래서 하나님께서는 예레미야를 통하여, 모세 때 돌에 새겨주신 언약이 아니라 마음에 새겨질 말씀, 곧 성령에 대한 언약인 새 언약을 분명히 선포하셨다.

여호와의 말씀이니라 보라 날이 이르리니 내가 이스라엘 집과 유다 집에 새 언약을 맺으리라 이 언약은 내가 그들의 조상들의 손을 잡고 애굽 땅에서 인도하여 내던 날에 맺은 것과 같지 아니할 것은 내가 그들의 남편이 되었어도 그들이 내 언약을 깨뜨렸음이라 여호와의 말씀이니라 그러나 그 날 후에 내가 이스라엘 집과 맺을 언약은 이러하니 곧 내가 나의 법을 그들의 속에 두며 그들의 마음에 기록하여 나는 그들의 하나님이 되고 그들은 내 백성이 될 것이라 여호와의 말씀이니라 렘 31:31-33

이스라엘이 진정으로 하나님의 백성이 되는 길은 율법 앞에서 행위로는 결코 의로워질 수 없음을 깨닫고, 율법 속에 선포된 그리스도 앞에서 주권을 온전히 하나님께 드리는 회개를 통하여 성령의 침례를 받는 데 있다. 하나님의 뜻은 우리의 의지와 노력이 아니라, 오직 생명의 성령으로 말미암아 율법을 온전히 행하게 하시는 데 있다(롬 8:1-2). 그래서 하나님은 율법 속에 '그리스도와 성령'을 계시하셔서, 회개하여 성령으로 거듭난 자로 하여금 쉐마에 순종하여 성령을 좇아 길을 걷게 하시고, 이로써 율법의 요구를 이루게 하신다(롬 8:4).

우리는 실패한 이스라엘을 모델로 삼을 필요가 없다. 율법 속에 계시된 그리스도에 대한 말씀 앞에서 회개와 믿음으로 그리스도를 만나 믿음에 성공한 조상들을 모델로 삼으면 된다. 그들이 바로 성경의 저자들이다. 그들은 율법 속에 계시된 그리스도를 향한 믿음(히 11:26)으로 하나님과 동행하는 방법인 쉐마에 철저히 순종하였고, 성경을 통째로, 낱권별로 암송하며 살아간 사람들이었다.

또한 비록 실패한 이스라엘이 수천 년 동안 이방 나라들에 의해 짓밟히고 전 세계로 흩어지고 마른 뼈가 되어 멸절될 위기에 있었으나 다시 회복되어 국가를 건설했을 뿐 아니라, 모든 영역에서 타의 추종을 불허하는 우수한 민족이 된 원인이 있다. 그것은 하나님께서 맡기신 말씀인 구약 전체를 온전히 간직하고 사수하고 보존하여 전달에 성공했기 때문이다.

> 네가 네 하나님 여호와의 말씀을 삼가 듣고 내가 오늘 네게 명령하는 그의 모든 명령을 지켜 행하면 네 하나님 여호와께서 너를 세계 모든 민족 위에 뛰어나게 하실 것이라 신 28:1

이 구절 속에 있는 '지켜'라는 표현이 결정적인 열쇠다. 하나님의 예언대로(신 31:16-19) 이스라엘 백성들은 계명에 온전히 순종하지 않아 버림을 받았고 이방 나라들에 의해 삼켜졌다. 계명을 '지켜 행하면' 모든 민족 위에 뛰어나게 하실 것이라고 했는데, 그들은 행하지(순종하지) 않았음에도 불구하고 현재 모든 민족 위에 뛰어난 민족이 되어 있는 것은 이상한 결과다.

이것을 푸는 열쇠가 바로 "지켜 행하라" 속에 있는 '지켜'라는 표현이다. "지켜"의 '샤마르'는 간직 사수 보존의 의미로서 이 단어를 순종의 의미로 이해할 것이 아니라 정확히 '암송'과 직접 관련이 있는 단어로 보는 것이다.

이스라엘이 비록 계명에 온전히 순종하지 못했지만 하나님께서 그들을 모든 민족 위에 뛰어나게 하신 이유는, 낱권별 통암송으로 말씀 큐브에 잠겨서 성경을 간직 사수 보존하는(지키는) 데 온전히 성공하여 성경의 하나님이 유일하신 창조주, 구원자, 심판주이심을 입증했기 때문이다. 그들이 성경을 온전히 지켜왔기 때문에 성경이 정확 무오한 하나님의 말씀이라는 사실과 성경이 말하는 유일한 진리이신 주 예수 그리스도께서 온 세계 열방에 전파된 것이다. 그래서 성경을 온전히 지키는 중요한 역할을 한 그들을 하나님께서 모든 민족 위에 뛰어나게 하심으로 신명기 28장 1절을 신실하게 성취하신 것이다.

본질로 돌아가자. 요즘 이구동성으로 다음 세대를 살리자는 표어를 내걸고 여러 대안들을 찾아 나서는 모습들이 많다. 대안을 찾는 이유는 원안(본질)을 잃어버렸기 때문이다.

유대인들이 하나님의 말씀을 한 세대에서 다음 세대로 이어지도록 지금까지 지켜서(간직 사수 보존 전달하여) 모든 민족 위에 뛰어난 민족이 된 원리가 바로 신명기 6장 4-9절 쉐마 신앙이며 말씀 큐브에 잠긴 삶이었다. 그들은 아비 세대들부터 구약 전체의 내용을 앉고 길을 걷고 눕고 설 때마다 새겼으며, 다음 세대들에게 모세오경 전체를 통으로 새기는 암송의 방법도 철저하게 가르쳤다. 이것이 6절의 "네 자녀들에게 부지런히 가르치며"의 진정한 의미다.

여호와께서 이르시되 내가 그들과 세운 나의 언약이 이러하니 곧 네 위에 있는 나의 영과 네 입에 둔 나의 말이 이제부터 영원하도록 네 입에서와 네 후손의 입에서와 네 후손의 후손의 입에서 떠나지 아니하리라 하시니라 여호와의 말씀이니라 사 59:21

## 산 제사와 영적 예배는 쉐마다

로마서 전체 구조에 대한 획일적인 가르침과 로마서 12장 1-2절의 산 제사 및 영적 예배에 대한 천편일률적인 이론들 때문에 그 두 구절 속에서 쉐마 신앙을 강조하는 바울의 심정이 묻혀 있다. 바울은 로마서 전체 구조 안에서 그 두 구절을 통하여, 복음을 만난 자가 복음에 합당한 순종의 삶을 살기 위해서는 헬레니즘적 세상 패턴을 따라 말씀을 접하는 것이 아니라 쉐마 신앙이 중요하다는 것을 명백히 강조하고 있다.

바울이 두 구절 속에서 쉐마를 강조하고 있음을 발견하게 된 것은 성령님의 크신 은총이었다. 원저자 바울이 장, 절의 구분 없이 써 내려간 흐름을 따라 나 역시 장, 절들의 숫자와 관계없이 로마서 전체를 통째로 수시로 암송하는 가운데 성령께서 그것을 깨닫게 하신 것이다.

바울이 로마서를 기록한 중요한 이유 중 하나는 로마교회의 분쟁을 해결하기 위한 것이었다. 로마교회 분쟁의 가장 큰 원인은 교회 구성원들의 민족적 배경의 차이였다. 로마교회는 유대인 그리스도인들과 다수의 이방인(헬라인) 그리스도인들이 섞여 있었으므로(롬 1:5-6,13, 11:13), 하나님의 언약, 율법, 복음, 그리고 성도의 삶의 의무에 대해 유대인들과 이방인들 사이에는 서로 다른 신학적 확신들이 있었다.

그 차이 가운데 특히 두드러진 것은, 유대인들과 헬라파 유대인들 사이에 존재하던 지식 습득 방식의 근본적인 차이였다. 유대인들은 하나님 중심적이며 통전적이며 직관적인 히브리적 관점을 가지고 있는 반면에, 헬라인들은 인간 이성 중심 및 이해 분석 중심의 헬라적 관점을 가지고 있었으므로 성경 말씀을 대하는 태도에 있어서도 그 격차가 컸던 것이다.

따라서 쉐마 신앙으로 히브리적 관점의 삶을 살아온 유대인 바울은 로마서 1장부터 11장까지 하나님께서 은총으로 우리를 회개와 믿음으로 이끄시는 구원의 교리를 충분히 설명한 후, 곧바로 12장 1-2절을 통해 말씀을 대하는 방식, 곧 성도의 말씀에 대한 태도를 권면한다. 그런데 이는 구원의 교리에서 곧바로 삶의 행위로 전환된 것이 아니다. 구원을 이루게 한 이 성경 말씀을 어떻게 받아들일 것인가에 대한 매우 본질적인 요청이다.

그 권면의 핵심을 분명히 드러내는 두 가지 표현이 바로 "영적 예배"와 곧바로 등장하는 "이 세대를 본받지 말고"라는 표현이다. 여기서 "영적인"이라고 번역된 헬라어는 '로기켄'이며, 이는 '로기코스'에서 유래한 말로 그 어원은 분명히 '로고스'다. 그러므로 이 표현을 단순히 "영적인 예배"라고 옮기기보다는 "말씀의 예배"로 번역하는 것이 저자인 바울의 의중에 훨씬 더 부합한다.

바울에게 있어서 '말씀의 예배'란 지식적 추구를 의미하지 않는다. 하나님은 말씀이시며(요 1:1), 성경 말씀은 지식적 정보이기 이전에 영이요 생명이기 때문이다(요 6:63). 그것은 두말할 나위 없이 모세오경을 통째로 암송하며, 앉을 때나 길을 걸어갈 때나 누울 때나 일어날 때나 하나님의 입으로부터 나온 모든 말씀을(마 4:4) 입술로 선포하는 예배, 말 그대로 말씀 소리로 드리는 예배인 쉐마 신앙 그 자체였다. 말씀의 소리로 삶 전체를 하나님께 올려 드리는 쉐마의 삶이 곧 예배였던 것이다.

물론 일부 해석자들은 "영적 예배"를 짐승을 드리는 제사나 외형적 의식을 넘어선 내면적인 예배로 이해하며, 이 구절을 구약 제사 체계와의 단절을 강조하는 표현으로 읽기도 한다. 그러나 이러한 해석은 바울이 사용한 "로기켄"이라는 단어의 언어적 뿌리와 그가 서 있는 히브리적 신앙 토양을 충분히 반영하지 못한 관점이다. '로기켄'을 "말씀의 예배"로 번역하지 않고 "영적 예배"로 옮기게 된 배경에는, 기록된 하나님의 말씀을 삶의 모든 순간에 소리 내어 선포하는 것이 곧 예배라는 히브리적 개념을 충분히 이해하지 못한 헬레니즘적 기독교 사상가들의 영향이 자리하고 있다. 그 결과 말씀은 주로 지적으로 해석하고 사유하고 깨닫는 대상으로 축소되었던 것이다.

'영적인 예배'를 '말씀의 예배'로 다시 제대로 이해하고 나서, 장과 절을 나누지 않은 바울의 저술의 흐름 속에서 로마서 12장 1절과 2절을 분리하지 않고 하나의 연결된 개념으로 받아들여야 한다. 그럴 때 비로소 "이 세대를 본받지 말고"라는 표현 속에 담긴 바울의 의도를 온전히 파악할 수 있게 된다.

바울은 구원의 교리에 대한 방대한 논증(롬 1-11장)을 마치자마자 날권별 암송 소리로 말씀을 선포하는 예배인 쉐마 신앙을 강조하고 곧바로 이어서 "이 세대를 본받지 말고"라고 말했다. 바로 이 점이 중요하다.

"이 세대를 본받지 말고"라는 표현 역시 원어를 직역하면 "세상의 패턴을 따르지 말고"라는 의미다. 이는 단순히 세속적 윤리나 도덕적 타락을 경계하라는 권면을 넘어선다. 바로 그러한 행동의 뿌리가 될 수 있는, 말씀을 대하고 섭취하는 방식 자체에 대한 근본적인 문제 제

기다.

바울은 세상 지식을 섭렵하듯 이성적이고 분석 중심적인 헬레니즘적 방식으로 말씀을 '이해하려고 드는' 이방인 그리스도인들의 태도를 지적하며, 자신의 신앙의 뿌리이자 하나님께서 직접 제정하신 말씀 섭취의 방식인 쉐마 신앙으로 그들을 초청하고 있는 것이다.

그는 앉아 있을 때뿐만 아니라 길을 걷고 눕고 일어설 때에도 율법책이 입에서 떠나지 않게 말씀의 소리로 예배하며 하나님과 동행하는 것이 로마서 12장 1-2절의 핵심이며, 이것이 곧 구원에 합당한 삶, 곧 로마서 12장 6절부터 16장까지 이어지는 모든 윤리적 권면의 토대라는 점을 헬라적 사고 구조를 가진 그리스도인들에게 강조한다. 로마서 12장 1-2절이 비록 분량은 짧지만, 하나님의 백성의 가장 중요한 정체성인 쉐마 신앙을 권면하는 결정적인 본문인 것이다.

이런 관점에서 볼 때, 로마서 강해에서 흔히 인정되어 온 전체 구조에 대해서도 재평가가 필요하다는 결론에 이르게 된다. 로마서의 거의 모든 강해자들은 로마서를 크게 두 부분으로 나누어, 1-11장은 죄인인 유대인과 이방인이 어떻게 하나님의 구원의 섭리 안에서 믿음으로 의롭다 하심을 받고 성화와 연합에 이르는지를 다루고, 12-16장은 그리스도인의 실천 윤리, 곧 구원받은 자가 어떻게 살아야 하는지 다루어 행함으로 삶의 예배에서 성공해야 한다고 설명해왔다. 그 결과 로마서 12장 1절의 '산 제사'와 '영적 예배'를 순종으로 드리는 삶의 예배, 곧 윤리적 실천으로 해석해왔다.

'로기켄'을 "영적인 예배"로 번역하고, '산 제사'를 "순종의 삶"으로 해석하여 윤리적 행동을 강조하는 해석이 나름의 의미를 지닐 수는 있다. 그러나 그것은 하나님께서 제정하신 쉐마 신앙을 문자 그대로 살아보지 않은 상태에서 이루어진 번역이며 해석이다. 실상 이는 로마서 12장 1절의 '영적 예배'(헬, 로기코스 라트레이아), 곧 말씀의 예배를 쉐마 신앙으로 이해하지 못한 데서 비롯된 결과다.

나는 쉐마 신앙에 그대로 순종하여 성경 낱권들을 통째로 암송하는 삶을 살아왔다. 그러다보니 쉐마 신앙을 몸으로 살아낸 바울이 로마서를 기록할 때 품었을 마음을 자연스럽게 알아차리게 되었다. 바울은 구약의 구조를 로마서 전체에 그대로 반영하고 있었다. 구약 전체의 구조를 설명하는 여러 유형 중 하나는, 약 50회 이상 반복되는 "지켜 행하라"라는 명령 구조다.

하나님께서는 "내 계명을 지켜 행하면 복이 임하고, 지켜 행하지 않으면 저주가 임한다"라고 말씀하셨다. 여기서 "지켜"에 해당하는 히브리어는 '샤마르'로, "간직하다", "사수하다", "파수하다", "보존하다"라는 의미를 지니며, 이는 앉고 길을 걷고 눕고 일어설 때마다 율법책이 입에서 떠나지 않게 하라는 쉐마 신앙의 실천을 가리킨다. 이어지는 "행하라"에 해당하는 히브리어 '아싸'가 순종, 곧 삶의 실천을 의미한다. 하나님께서는 언제나 윤리적 실천에 앞서 말씀을 지키는 (간직하는) 쉐마 신앙을 먼저 요구하셨다.

바울은 이 구조를 로마서에 그대로 적용한 것이다. 즉, 대부분의 강해자들이 로마서를 1-11장과 12-16장으로 두 부분으로 나누는 것과 달리, 바울은 로마서를 세 부분으로 구성한다. 1-11장은 하나님의 구원, 12장 1-2절은 구원의 말씀을 지키는(암송으로 간직 사수 보존하는) 쉐마 신앙, 그리고 그 나머지 부분이 쉐마 위에 세워진 그리스도인의 윤리적 삶이다.

우리는 마지막 때에 세상의 어떤 작은 누룩에도 미혹되지 않고 하나님과 동행하기 위해 "이 세대를 본받지 말아야" 한다. 진정으로 구원받은 백성이라면 행동 양식에서 세상의 패턴을 따르지 않는 것은 지극히 당연하다. 그러나 행동은 생각의 결과이며, 열매는 나무의 상태에 따라 자연스럽게 맺히는 것이다.

그러므로 행동이 변화되기 위해서는 먼저 회개로 말미암아 옛 생명이 죽고 새 생명으로 살아나 성령으로 거듭나는(성령 침례를 경험하는) 은총을 받아야 하고, 그다음에는 내 힘과 지혜로 무엇을 '하려는 노력'보다 영이요 생명이요 영적 양식인 말씀을 어떻게 먹느냐 하는 문제부터 헬레니즘적 패턴을 거부해야 한다. 앉아 있을 때뿐만 아니라 길을 걷고 눕고 일어설 때에도 말씀의 예배를 드리는 쉐마 신앙이 우선되어야 하는 이유가 여기에 있다. 영의 양식을 섭취하는 방식에서부터 세상 나라의 패턴을 따르지 않을 때 주의 나라의 자녀로 자라나며 포도나무 되신 예수님께 붙은 가지로서 저절로 순종의 열매가 맺히게 된다.

나는 포도나무요 너희는 가지라 그가 내 안에, 내가 그 안에 거하면 사람이 열매를 많이 맺나니 요 15:5

회개로 그리스도 안에 들어가 그리스도께서 그 안에 사시게 된 자는 이미 포도나무에 붙은 가지가 되었으며, 열매를 맺는 정체성을 소유한 존재다. 그러므로 말씀이신 주님께 붙은 가지로서 영적 영양분인 말씀을 먹는 방식 또한 헬레니즘적 패턴이 아니라 쉐마 신앙의 패턴이어야 한다. 앉고 길을 걷고 눕고 일어설 때마다 율법책이 입에서 떠나지 않게 소리로 선포하며 성령님을 예배하는 것은 가지 된 자가 가장 먼저 취해야 할 태도인 것이다.

바울은 데살로니가전서 5장 16-18절을 통해서도 쉐마 신앙이 하나님의 뜻임을 분명히 밝힌다. "항상 기뻐하라 쉬지 말고 기도하라 범사에 감사하라 이것이 그리스도 예수 안에서 너희를 향하신 하나님의 뜻이니라." 여기서 "쉬지 말고 기도하라"는 말은 앉고 길을 걷고 눕고 일어설 때마다 율법책이 입에서 떠나지 않게 말씀을 소리로 기도하라는 쉐마 명령이다. 하나님은 말씀이시기에 말씀의 소리로, 주야로 하나님을 예배할 때 항상 기뻐하게 되고 범사에 감사하게 된다는 뜻이다.

바울은 데살로니가전서 3장 10절에서 "주야로 심히 간구함은"이라고 말하는데, 이는 앉고 길을 걷는 주간과 눕고 일어나는 야간에 모두 말씀을 입에서 떠나지 않게 하며 데살로니가교회를 위해 도고했다는 의미다. 이 구절은 5장 16-18절의 "쉬지 말고 기도하라"는 권면이 쉐마 신앙을 가리킨다는 점을 분명히 뒷받침한다. 동일한 저자가 기록한 데살로니가전서 5장 16-18절의 구조와 로마서 12장 1-2절의 구조가 동일한 것이다.

로마서 12장 1-2절은 몸을 산 제사로 드리며 말씀의 예배, 곧 입술로 말씀을 선포하는 쉐마 예배의 패턴을 따르고 세상의 패턴을 따르지 말아야 하고, 그것이 하나님의 선하시고 기뻐하시고 온전하신 뜻이라고 말한다. 데살로니가전서 5장 16-18절 역시 "쉬지 말고 기도하라", 곧 쉐마 예배의 패턴을 따르라고 말하며, 이것이 그리스도 예수 안에서 우리를 향한 하나님의 뜻이라고 선언한 것이다.

로마서 12장 1절의 '산 제사'와 '영적 예배'를 단순히 윤리적 순종의 삶으로 환원하는 획일적인 가르침 속에 가려져버린 바울의 핵심 강조점인 쉐마 신앙은 이제 반드시 회복되어야 한다.


## 오직 성령 안에서의 쉐마 신앙

아담으로부터 예수께서 이 땅에 오시기 전까지 살았던 사람들, 예수께서 죽으시고 부활 승천하셔서 보좌에 앉으셨으며 성령으로 강림하셔서 교회를 탄생시키신 이후의 사람들 모두 '메시아에 대한 말씀' 앞에서 회개하고 믿음으로 구원을 받아야 하나님께서 인정하시는 순종의 삶을 살 수 있다. '오실 메시아'를 바라보던 시대이든, '이미 오신 메시아'를 증언하는 시대이든, 구원의 방식은 동일하다. 회개와 믿음, 그리고 순종의 삶이 모두 하나님의 은총이다.

아담이 죄를 범한 직후 하나님께서는 죄의 원흉인 뱀의 머리를 깨뜨리기 위하여 메시아, 곧 그리스도를 여자의 후손으로 보내실 것을 곧바로 선포하셨다(창 3:15). 이어서 짐승을 잡아 그 가죽옷으로 아담과 하와의 수치를 덮어주심으로써, 장차 세상 죄를 지고 죽으실 하나님의 어린 양에 대한 복음을 구체적으로 계시하셨다(창 3:21). 아담은 이 가죽옷 속에 담긴 메시아의 복음을 자손들에게 전했고, 아벨은 양의 첫 새끼와 그 기름으로 제사를 드림으로써 앞으로 오실 그리스도에 대한 말씀 앞에서 회개하고 믿으며 순종했으며 하나님께서는 아벨과 그의 제물을 의로 여기셨다(히 11:4).

이렇게 미래에 오실 그리스도를 향한 아벨의 믿음과 순종의 삶은 셋과 에노스, 에녹과 노아, 아브라함과 이삭과 야곱, 모세와 다윗, 그리고 선지자들과 성경의 저자들에게로 흘러갔다(히 11장). 그들은 하나님의 카이로스의 때에 오실 그리스도에 대한 복음을 성경에 기록했다. 경건한 유대인들은 모세오경과 시가서와 선지서의 중심 메시지가 오실 그리스도에 대한 것임을 알고 있었으며, 예수께서도 그 모든 기록이 자신을 증언하는 것임을 친히 확증하셨다.

빌립이 나다나엘을 찾아 이르되 모세가 율법에 기록하였고 여러 선지자가 기록한 그이를 우리가 만났으니 요셉의 아들 나사렛 예수니라 요 1:45

너희가 성경에서 영생을 얻는 줄 생각하고 성경을 연구하거니와 이 성경이 곧 내게 대하여 증언하는 것이니라 … 모세를 믿었더라면 또 나를 믿었으리니 이는 그가 내게 대하여 기록하였음이라 요 5:39,46

바울은 사울이었을 때 쉐마에 순종하여 모세오경을 암송하고 통달했음에도 불구하고, 그는 그 모든 말씀이 그리스도에 대한 것임을 존재적으로 깨닫지 못했다. 그는 하나님의 의를 세운답시고 그리스도께서 세우신 교회를 핍박했으며, 자기 의를 이루는 데 열심을 내면서 하나님의 의에 복종하지 않았다(롬 3:21-22, 10:3). 이는 그가 성령으로 거듭나지 않았기 때문이다. 아무리 말씀을 많이 알고 암송하고 있어도, 하나님의 입으로부터 나오는 모든 말씀으로 섭취하지 못한 상태였던 것이다.

그러나 그는 다메섹으로 가는 길에서 은총으로 먼저 찾아오신 그리스도를 만나 회개했고, 믿음을 선물로 받아 성령으로 거듭남, 곧 성령 침례를 경험했다(행 9:1-20). 성령으로 거듭난 바울은 그제서야 하나님의 의와 사랑은 인간의 노력으로 이루어지는 것이 아니라, 성령으로 거듭나 하나님과 하나로 연합될 때만 가능하다는 사실을 고백하게 되었다(갈 2:20 ; 엡 2:5-6). 이제 그는 자신의 의가 아니라 성령을 통해 하나님의 입으로부터 나오는 말씀을 먹는 새로운 피조물로 살아가며, "성령을 좇아 길을 걸어라 그리하면 육체의 욕심을 이루지 아니하리라"(갈 5:16, 히브리어 신약성경 저자 직역)라고 권면했다. 이는 성령을 통해 쉐마를 실천하며 순종하는 삶에 대한 강조였다.

어떻게 하면 우리도 바울과 같이 성령 안에서 하나님의 입으로부터 나오는 모든 말씀으로 살 수 있을까? 첫째, 삶의 주권을 주께 온전히 내어드리는 회개를 통해 거듭남과 성령 침례를 실제로 경험하여, 아버지와 존재적으로 하나가 되어야 한다. 예수님이 아버지와 완전히 하나 되셨기 때문에 하나님의 입으로부터 나오는 모든 말씀으로 사셨듯이, 우리 역시 하나님 아버지와의 존재적 연합이 우선이다.

그러나 죄인인 우리가 어떤 노력을 기울인다 해도 거룩하신 하나님과 하나가 될 수 없다. 하나님께서 십자가의 은혜로 먼저 찾아와주셔야 한다. 그 은총 앞에서 삶의 주권을 완전히 내어드리는 회개와 함께 복음이신 예수님을 주인으로 모셔들일 때, 우리는 그리스도와 함께 죽고 함께 살아나 그리스도 안에서 하늘에 계신 아버지, 곧 성령 안으로 들어가게 된다(요 3:3-5, 엡 2:5-6). 그 하나 됨을 알게 하시고 누리게 하시는 분이 성령이시다(요 14:20). 성령으로 거듭나(성령 침례를 경험하여) 성령께서 충만히 내주하셔야만, 우리는 성령을 통해 아버지의 입으로부터 나오는 모든 말씀으로 살아갈 수 있다. 이것은 단지 성경을 많이 공부하고 묵상하거나 통째로 암송한다고 해서 자동으로 이루어지는 차원이 아니다.

둘째, 예수님은 "아들이 아버지께서 하시는 일을 보지 않고는 아무것도 스스로 할 수 없나니"(요 5:19)라고 말씀하셨다. 예수님은 아버지께서 말씀하시는 것을 들으시는 성령을 통해 항상 말씀하시고 행동하셨다(요 16:13).

그러므로 우리 역시 아무것도 스스로 할 수 없다는 태도를 가지고, 오직 하늘에 계신 아버지의 뜻을 들려주시고 보여주시는 성령님만을 전적으로 의지해야 한다. 쉐마에 순종하여 앉아 있을 때뿐 아니라 길을 걸을 때에도, 눕고 일어설 때에도, 삶의 리듬을 기록된 성경의 흐름에 맡기는 차원으로 낱권별 통암송으로 성령을 의지하고 환영하고 늘 모셔들여야 한다. 이것이 성령 안에서 실천되는 쉐마 신앙이며 순종의 삶이다.

# 04 성령을 따르기 위한 실제적인 액션 플랜

## 성령 안에서 쉐마를 사수하는 자세

오직 하나님의 입으로부터 나오는 모든 말씀으로 살아가기 위해서는 성령님 안에서 쉐마 신앙을 사수해야 한다. 그렇다면 구체적으로 어떤 자세를 취해야 성령님 안에서 쉐마 신앙을 영위할 수 있을까?

첫째, 히브리 관점으로 말씀을 섭취해야 한다. 하나님께서 종말의 때를 묘사하시면서 시온의 자식들을 일으키셔서 헬라 자식을 치게 하겠다고 말씀하셨다(슥 9:13). 이 구절의 의미들 중 하나는 히브리적 관점의 회복이다. 시온의 자식들에 속하는 성경의 저자들은 히브리적 관점의 핵심인 하늘 보좌에 계신 초월자 하나님의 입으로부터 나오는 말씀을 받아 성경을 기록했다.

히브리적인 것은 하나님 중심적이며 초월적이며 통전적이며 직감적이며 동적이다. 그러므로 하나님의 입으로부터 나오는 모든 말씀을 히브리적으로 섭취하려면 초월적이며 통전적이며 동적인 차원에서 말씀을 먹는 방법인 '쉐마'를 그대로 따라야 한다.

단순히 성경 읽기와 쓰기, 묵상(큐티), 성경 공부, 성경 암송, 성경 통독을 의미하는 것이 아니다. 성경 글씨는 단순한 글씨가 아니라 당시에 하나님의 입에서 나왔던 말씀이다. 그러므로 앉았을 때뿐만 아니라 길을 걸어갈 때에도 누웠다가 일어날 때에도 기록된 성경의 흐름을 따라 삶의 리듬을 온전히 맡기는 낱권별 통암송으로 말씀 큐브에 잠겨서 하나님과 동행하는 쉐마의 삶이 히브리적으로 말씀을 먹는 가장 중요한 기초다. 히브리인들이 히브리적 관점을 가질 수 있었던 가장 중요한 기초가 모세오경 및 구약 전체를 융합적이며 통합적으로 암송하는 데서부터 기인한 것이었기 때문이다.

둘째, 히브리적 관점과 대립하는 헬라적 관점으로 말씀을 대하는 태도를 내려놓아야 한다. 성경을 헬라적인 태도로 접하는 것으로는 초월자 하나님을 경험하고 아는 데 한계가 있다. 시간과 공간과 물질을 초월하는 하늘 보좌에 계신 하나님의 입으로부터 나오는 말씀을 먹으려고 하고, 원저자의 히브리적 의도를 만나려면 부분적인 선택으로 말씀을 골라 먹기, 성경 글씨를 눈으로 보는 태도, 분석 중심, 이성적 이해 중심, 말씀 읽기가 시간과 공간에 얽매이는 차원 등 모든 헬라적 태도 중심의 삶에서 벗어나야 한다.

예수께서 "내가 너희에게 이른 말(레마, 소리의 의미가 포함된 단어)은 영이요 생명이라"라고 하셨다(요 6:63). 그러나 인간의 마음(생각)은 만물보다 거짓되고 부패했다(렘 17:9). 따라서 하나님의 입으로부터 나오는 모든 말씀을 영으로 먹기 위해서는 부패한 머리로 분석하고 이해하려 하기보다 우리의 머리(이성)가 먼저 하나님의 말씀 안에 잠겨야 한다.

작은 빈 그릇에 물을 채우는 차원이 아니라 빈 그릇 자체가 강에 잠기는 것과 같이, 구원받은 자녀들은 예수님의 죽음, 부활, 승천에 연합되어, 보좌에 계신 아버지(성령, 말씀) 안에 잠기게 되었다. 그러므로 앉았을 때뿐만 아니라 길을 걸어갈 때에도, 누웠을 때나 일어날 때에도 영이신 말씀이 입에서 떠나지 않도록 낱권별 통암송으로 기록된 흐름을 따라 삶의 리듬을 맡기며 말씀 큐브에 잠기게 해야 한다.

요즘 히브리적 관점에 대한 관심이 점점 높아지는 추세다. 그러나 안타까운 것이 있다. 많은 목회자들, 사역자들, 성경학자들 및 성도들이 히브리적 관점에 대한 지식을 소유한 것만으로 자신의 신앙이 히브리 관점으로 세워졌다고 착각한다.

만약 개인의 영성을 위한 말씀과 기도의 삶에서 말씀을 접하는 태도가 부분적 선택으로 말씀을 골라먹기, 성경 글씨를 눈으로 보는 태도, 분석 중심, 이성적 이해 중심, 말씀 읽기가 시간과 공간에 얽매이는 차원, 즉 헬라적 관점으로 일관하고 있다면, 히브리적 관섬에 대해 탁월하게 알고 강의를 한다 하더라도 그 영성 자체는 헬라적인 셈이다.

그러한 오류가 생기는 중요한 원인 중 하나가 '묵상'이라는 단어에 있다. "묵상"으로 번역된 히브리어 '하가'는 "소리를 내다", "선포하다", "으르렁대다", "승리의 소리"라는 히브리적 관점과 관련된 뜻인데, "소리 없이(묵) 생각한다(상)"라고 헬레니즘적으로 잘못 번역된 탓이다.

셋째, 장, 절, 숫자의 매임에서 벗어나야 한다. 헬라적 개념이 성경에 직접적으로 반영되어 큰 영향을 끼치고 있는 것이 바로 장, 절이 숫자로 나뉘어져 있는 점이다. 나는 29년 동안 장, 절, 숫자를 염두에 두지 않고 성경 낱권별로 암송하며 성령님을 예배하면서 원저자가

장, 절로 나누지 않고 통전적으로 써내려가면서 강조하는 중요한 의도들을 자연스럽게 알게 된 부분이 많았다. 그 경험을 통해 장, 절로 나뉘어진 숫자 구조가 원저자의 의도들을 보지 못하게 하는 심각성이 있다는 것을 성령께서 자연스럽게 알게 하셨다. 동일한 주장의 견해를 간추려 소개한다.

"대부분의 성경 책(66권을 뜻함)이 하나의 단위로 읽도록 완전한 문서로 쓰였기 때문이다. 성경 저자들은 개개의 문장과 단락을 더 큰 문서의 일부분으로 구성하고 편집했다. 문장과 단락은 더 큰 문학 작품의 개별 단위가 된다. 그래서 해석자는 이들을 그 책의 전체적 논리와 연결지어 이해해야 한다. … 아이러니하게도 일반적으로는 도움이 되는 성경의 장, 절 구분이 성경 해석의 과정에는 장애물의 하나가 되고 있다. 성경의 장, 절 구분은 원본에 없었다는 점을 기억해야 한다.

주후 9-10세기경에 이르러 유대 맛소라 학파의 히브리 성경에 절 구분이 나타나기 시작했다. 브루스는 '현재 우리 시대에까지 전해 내려왔고 히브리 원본과 대부분의 번역본에서 발견되는 구약성경의 표준적 절 구분은 주후 900년경 벤 아셀 계통의 맛소라에 의해 확정되었다'고 말한다. 또 그는 반면에 장 구분은 훨씬 후대의 것으로 1244년에 대추기경 위고 드 상토 카로에 의해서 처음 이루어졌다고 덧붙인다. 다른 사람들은 장 구분을 1228년에 파리대학 교수요 후에 캔터베리 대주교가 된 스티븐 랭턴에 의해 이루어진 것으로 간주한다. 3세기 후인 1560년에 파리의 한 인쇄업자요 출판업자인 로버트 에티엔이 그의 헬라어 신약성경 제4판에서 현재의 절 구분을 첨가했다. 에티엔의 1555년 라틴어 벌게이트 판이 현대의 장과 절 구분 모두를 사용한 최초의 성경이 되었다. 제네바 성경은 현대의 장, 절 구분을 모두 사용한 최초의 영어성경이었다.

비록 이러한 구분의 원래 의도는 좋은 것이었지만, 성경을 대충 보기만 해도 많은 경우 장, 절 구분이 문제가 있다는 것을 알 수 있다. 문장 가운데서 새로운 절이 시작되거나 장 구분이 때때로 한 단락의 사고를 단절하기도 한다. 장, 절 구분이 성경을 빠르게 찾는 데 도움이 되는 것이 사실이지만, 불행히도 개개의 절을 독립된 사고의 단위로 격상시키는 잘못된 관행을 퍼뜨렸다. 독자들은 마치 웹사이트에서 식당 평가 하나를 무작위로 찾아 읽듯이 각 절을 진리의 완전한 표현인 것처럼 읽으려는 유혹을 받는다. 그러면 앞뒤에 오는 것들과는 연관이 없게 되어 성경의 콘텍스트와 관련이 없는 것으로 간주된다. … 각 절이 진리를 자율적으로 표현하는 독립된 사고 단위라고 여기는 것은 전혀 정당하지 않다. 성경의 진술을 그것이 나오는 더 큰 단위의 한 부분으로 이해해야 한다. 개별 구질을 콘텍스트에서 분리하면 저자가 전혀 의도하지 않은 의미를 가질 수 있다."3

이와 같은 주장과 함께 실제직인 방법으로 싱경을 한 장씩 읽시 말고 각 권을 앉은자리에서 한 번에 읽으라고 권하기도 한다. 내가 낱권별 통암송을 강조하는 것과 같은 맥락이다. 하지만 각 권을 앉아서 읽을 때 한 번에 다 읽으라고 하는 권면은 쉐마의 강조점(앉았을 때뿐만 아니라 길을 걸어갈 때에도, 누웠다가 일어날 때에도)에서 사분의 일에 해당하는 표현이다. 히브리적 맥락으로 하나님의 입에서 나오는 모

---

3 《성경해석학 총론》(생명의말씀사) 410-412p 내용 요약

든 말씀을 먹기 위해서는 앉아서 각 권을 단번에 다 읽을 뿐 아니라 길을 걸어가면서도, 누웠다가 일어나면서도 각 권을 단번에 읽어야 한다. 따라서 쉐마의 나머지 명령에 그대로 순종하기 위해서는 성경을 각 권별로 암송해야 한다는 결론에 이른다.

## 빅데이터 경험으로 알고리즘이 벗겨지는 말씀 큐브의 삶

'튜브'(Tube)는 포괄적으로 "관", "통"을 뜻한다. 특히 치약 같은 재료들을 넣어 짜내서 쓰는 용기, 자동차 및 자전거 타이어 속 바람을 채우는 고무관, 물놀이용 고무관 등을 뜻한다. 미국 영어에서는 텔레비전의 별칭으로 튜브가 사용된다. '유튜브'는 세계 최대 비디오 플랫폼으로 누구나 동영상을 올리고 시청할 수 있는 구글사의 웹사이트다.

'유튜브'(YouTube)는 사용자를 말하는 'You'와 미국 영어에서 텔레비전을 뜻하는 'Tube'의 합성어라고 한다. 인터넷에서 유튜브라는 명칭의 어감은 "당신을 위한 튜브(텔레비전)", "당신이 곧 튜브(텔레비전)"라고 설명한다.

요즘 남녀노소를 불문하고 자신들이 원하는 모든 정보를 다 얻을 수 있는 유튜브에 흠뻑 잠겨 있다. 유튜브 시스템은 유저(user, 이용자들)의 성향을 다 분석하고 파악하고 있다. 유튜브 초기 화면에서 하나의 영상을 클릭하면 선택한 영상이 실행되는 동안 관련된 영상들이 알고리즘에 의해 순서대로 튜브(관)을 형성한다. 튜브를 형성하고 있는 컨텐츠들은 그 유저의 성향을 반영함으로써 유저가 어떤 사람인지를 나타낸다. 그러므로 "You Tube"(당신이 튜브입니다)가 실현된 것이다. 결국 유튜브를 통해 육신의 정욕, 안목의 정욕 이생의 자랑을 즐기며 자아의 늪에 깊이 잠기게 되는 결과를 초래하게 된다.

그리스도인들에게 유튜브 시청을 경계하라고 권면을 하면 어떤 사람들은 "저는 유튜브에서 설교를 많이 듣고 있어서 유익하게 사용하고 있습니다"라고 자신 있게 대답한다. 그러나 유튜브 알고리즘 시스템은 사용자 취향의 컨텐츠들이 먼저 눈에 띄도록 하여 그가 좋아하는 설교만 골라먹도록 작동하기 때문에 듣고 싶은 것만 듣고, 보고 싶은 것만 보게 되어 자신의 편협된 신앙이 점점 더 강화될 가능성이 많다.

또한 유튜브에 올려진 설교들 중에는 이단적이며 불건전한 컨텐츠들도 많다. 자신이 즐겨 듣는 설교들이 건전해서 이단들의 컨텐츠와 연결될 가능성이 없다고 단언해서는 안 된다. 이단들은 정통 신앙인들을 유혹하기 위해서 신앙인들에게 인기 있는 주제를 자극적인 제목(썸네일)으로 제작하여 유튜브에 배포하고, 유튜브 알고리즘은 내가 즐겨 듣는 설교의 핵심 단어들과 이단들이 제작한 제목들을 연결하여 내 유튜브 계정에 눈에 잘 띄게 배치하기 때문이다.

알고리즘 시스템은 우리가 성경 말씀을 어떻게 읽고 섭취해야 하는가에 대한 반면교사 역할을 한다. 유튜브에서 알고리즘이 작동하듯이 자아의 알고리즘이 작동하여 성경 말씀을 접할 때도 자신의 신앙 관점을 강화시키는 차원으로만 말씀을 골라 먹게 될 여지가 있다.

각 교단과 단체들과 여러 주석가들이 정립해놓은 유익한 자료들은 성도들의 신앙생활에 도움이 된다. 그러나 사람들에 의해 교리화되고 정형화되어진 가르침에만 갇혀 있으면 성경을 선택적으로만 수용하게 되어, 성경의 원저자가 전체 맥락적으로 기록해 내려간 의도를 모른 채 신앙생활을 지속하게 될 여지가 크다. 그렇다면 그것은 하나님의 영광스러운 임재의 장소인 지성소(정육면체 큐브)에 들어가지 않고, 성막의 마당이나 직육면체인 성소를 밟는 것으로만 만족하는 모습이다.

성경 66권의 모든 기초는 모세오경(토라)이다. 토라를 삶에 반영한 사람들의 이야기가 시가서이며, 토라를 떠난 백성들을 향하여 토라로 돌아오라고 외치는 것이 선지서다. 그리고 토라가 예수님이심을 말하는 것이 복음서들이며, 모든 열방에 토라(예수 그리스도, 구약)가 전파된 사건들의 수록이 사도행전이며, 토라의 해석과 적용이 신약의 서신서들이다. 따라서 성경 66권의 공통분모가 토라(모세오경 및 예수 그리스도)이므로 각 권들이 서로 자체적으로 보완, 보충 및 해석의 역할을 한다. 그러므로 앉고 길을 걷고 눕고 설 때마다 성경 66권의 낱권들 자체를 통째로 암송하여 말씀 큐브에 잠길 때, 성령님께서는 상호 보완 보충 해석적 역할을 하는 절들을 연결시켜서 알게 하신다. 그 결과, 누군가에 의해 인위적으로 알고리즘화되었던 신학적 고정관념들이 벗겨지며 성경의 원저자이신 하나님의 온전하신 뜻 가운데로 점점 더 깊이 들어가게 된다.

신학자들이나 목회자들이 한 구절을 연구할 때 66권의 낱권들 속에서 그 구절과 관련된 표현들을 찾아내어 서로 연관시키는 작업을 하는 데에 오랜 시간을 투자한다. 그런데 여러 시간을 사용하여 얻는 이 빅데이터 결과가 한순간에 이루어질 수도 있다.

나는 앉고 길을 걷고 눕고 일어설 때마다 기록된 흐름을 따라 낱권을 통째로 암송하는 중에 성경 구절들을 분석하거나 의도적으로 연결시키려고 노력하지 않는다. 그럼에도 불구하고 어느 순간에 낱권 13권 및 기타 구절들을 포함, 약 6천 구절이 암송되어 데이터베이스로 구축되어 있는 뇌 속에서 빅데이터 현상이 순간적으로 일어나는 것을 실제로 체험하고 있다.

어떤 단어나 어느 구절을 암송하는 순간에 그 구절과 관련된 여러 구절들이 번개처럼 떠오르고 그 구절들이 서로 상호 보완 통합되어지고 분석되어지는 현상이 자주 일어난다. 마치 인공지능에게 질문하고 엔터키를 치는 순간에 관련된 정보들이 한꺼번에 펼쳐지는 것과 같은 현상이다. 확신하건대 뇌 속에서 일어나는 이 현상은 창조주께서 성경을 낱권별로 암송하도록 우리의 뇌를 창조하신 창조의 원형을 그대로 경험하게 되는 모습이다. 하나님의 명령대로 쉐마에 순종하여 앉고 길을 걷고 눕고 일어설 때마다 낱권들을 기록된 흐름을 따라 통째로 암송하여 반복을 거듭한다면 누구나 경험할 수 있는 현상이나.

단순히 입술로 낱권별 통암송을 반복하며 말씀 큐브에 잠겨 성령님을 예배하기만 하는데도 뇌 속에서 빅데이터 현상이 나타날 때, 어떤 교단이나 신학자나 전문가들의 고정된 신학사상의 알고리즘을 자연스럽게 벗어나게 되어, 원저자이신 성령님의 의도 안으로 자연스럽게 진입하게 된다. 그 현상들을 경험할 때마다 하나님께서 이스라엘 백성들에게 모세오경을 암송하는 쉐마 신앙으로 입에서 떠나지 않게 하가(소리로 선포)하고, 지키라(간직 사수 보존하라)고 명령하신 그 이유를 절실히 체감하게 된다.

## 디지털적 말씀 섭취를 벗어나 말씀 큐브 신앙으로

나는 어느 카페에서 진동학 박사를 만나 소리와 진동의 세계에 대해서 요긴한 대화를 나누었다. 나는 1992년에 회심하고 주님과 본격적인 교제가 시작된 뒤 1997년부터 말씀을 소리 내어 선포하며 성령님을 따라 걷는 삶을 살게 되었고, 소리(성악) 전공자로서 소리에 대한 남다른 체험들이 많았다. 따라서 소리와 진동의 세계에 대하여 깊은 공감대를 형성할 수 있었다.

나는 진동학 박사에게 앉고 길을 걷고 눕고 일어서는 연속성의 태도로 삶의 모든 리듬을 맡기는 차원으로 기록된 성경의 연속성을 따라 낱권별 통암송을 하며 말씀 소리로 성령님을 예배할 때, 성령께서 놀라운 연속성으로 인도해주셨던 간증들을 했다.

"하나님께서는 이스라엘 백성들을 모델로 앉고 길을 걷고 눕고 일어서는 연속성의 태도로 성경이 기록된 연속성을 따라 낱권별 통암송으로 말씀 큐브에 잠기라고 하셨습니다. 암송 신앙에 대한 당위성은 쉐마 명령 속의 "앉고"라는 표현과 "길을 걷고 눕고 설 때마다"라는 표현의 차이를 보면 쉽게 알 수 있습니다. 제한된 시공간에 앉았을 때는 성경책을 펼쳐놓고 눈으로 성경 글씨에 집중하며 말씀을 새길 수 있지만, 길을 걷고 눕고 일어날 때도 말씀을 새기려면 암송하지 않으면 불가능합니다."

그러자 진동학 박사는 나의 간증과 일맥상통하는 진동의 연속성에 관한 과학적 내용을 말하기 시작했다.

"지 목사님의 이야기를 듣고 디지털 사운드가 생각났어요. 현대인들은 디지털 사운드의 범람으로 마음과 몸이 많이 다치고 있습니다.

디지털 사운드의 특징은 자연스러운 파장의 상하좌우를 깎고, 일부분을 잘라내고, 서로 이어 붙이는 것입니다. 자연스러운 진동을 인공적으로 디지털화 해서 듣게 되니 자연의 몸과 마음이 상하는 것이지요.

사인 함수 그래프도 생각이 나는군요. 사인 함수 그래프의 곡선이 원점으로부터 시작하여 오른쪽으로 진행하면서 X축과 만나는 지점들은 띄엄띄엄 형성된 지점들이죠. 기록된 하나님의 말씀을 날 것 전체 그대로 연속적으로 읽지 않고 부분적으로 골라서 읽고, 이모저모로 해석하여 상하좌우로 깎은 교리의 체계로 읽고, 제한된 공간과 시간 속에서만 띄엄띄엄 듣기만 한다는 것은 말씀을 디지털적으로 먹고 있는 셈입니다. 그것은 엄밀히 말해서 하나님의 말씀을 왜곡되게 잘못 듣고 있는 것이라고 볼 수 있습니다."

진동학 박사가 사인 함수 그래프를 도구로 설명했을 때 나는 갑자기 '아마르'라는 단어가 떠올라 진동학 박사에게 말했다.

"하나님께서 창세기 1장 3절에서 말씀 소리로 빛을 창조하셨을 때 그 '빛의 창조'는 단순한 가시광선을 말하는 것이 아닙니다. '말씀'이신 하나님께서 "이르시되"라고 진동하심으로써 파장(진동)을 가진 모든 만물을 만드셨다는 의미라고 배웠습니다. 히브리서 1장 3절에 "능력의 말씀으로 만물을 붙드시며"는 창세기 1장 3절과 연결이 되는 표현입니다. 하나님께서는 말씀 소리(진동)로 온 만물을 지으셨고, 지으신 만물을 여전히 말씀으로 붙들고 계신 것입니다.

"이르시되"에 해당하는 히브리어는 '아마르'인데, 이 단어는 "말하다"라는 뜻이면서 동시에 "생각하다"라는 의미로도 쓰입니다. 그래서 히브리인들은 하나님의 말씀을 말소리로 선포하는 것이 하나님을 생각하는 것이라고 이해하고 있기 때문에 하나님을 생각하기 위해서 앉고 길을 걷고 눕고 일어서는 연속적인 태도로 기록된 흐름의 연속성을 따라 낱권별 통암송으로 말씀을 입에서 떠나지 않게 소리를 내고 있는 것이라고 합니다."

이 대화를 나누며 자연스럽게 나의 시선이 카페 창 밖으로 보이는 건너편 건물을 향하고 있을 때 나는 소름이 돋았다. 바로 그 건물에 "AMAR"(아마르)가 쓰여 있었던 것이다. 절묘한 순간 아마르를 발견하게 하신 것은 디지털적 성경 읽기를 벗어나 낱권별 통암송 쉐마 신앙으로 살아야 한다는 것을 진동학 박사에게 강조한 것에 대해 성령님이 확증해주신 선물 같은 현상이었다.

2025년 5월 16일 뉴욕 롱아일랜드의 어느 성도님 댁에서 작은 모임이 있었다. 나는 그 모임에 말씀을 전하러 가기 위해 집을 출발하면서 삶의 리듬을 맡기는 차원으로 기록된 흐름을 따라 요한복음을 영어 버전으로 8장부터 암송하기 시작했고 모임 장소에 도착했을 때 10장 34절에서 암송의 흐름이 멈췄다. 그 모임에서 나는 하나님께서 직접 제정하신 동행의 방법인 쉐마 신앙에 대해, "앉고 길을 걷고 눕고 일어설 때마다"라는 시간의 연속성과, "기록된 흐름을 따라 낱권 전체를 차례로 암송하는 말씀 본문 재료의 연속성"의 조화라는 차원으로 말씀을 전했고, 잠시 휴식 시간이 되어 화장실에 들어갔는데, 말씀 본문 재료의 연속성 차원에서 모임 장소에 도착할 때 암송했던 구절 다음으로 이어지는 표현이 내 입에서 자연스럽게 암송으로 흘러나왔다.

그런데 놀랍게도 바로 그 표현이 내가 한 시간 동안 설명했던 내용을 확증시켜주시는 말씀이었다. "The Scripture cannot be broken"(요 10:35). 한글성경은 "성경은 폐하지 못하나니"라고 번역되어 있지만, 직역하면 "성경은 조각조각 깨뜨릴 수 없다"이다. 'The Scripture'는 비록 단수지만 조각난 하나의 구절이나 장을 말하는 것이 아니라 기록된 구약 말씀 전체를 가리키는 집합적 표현이다. 오늘 이 시대에는 신약까지 포함한 66권 전체로 확장시켜 반영해도 신학적으로 무리가 없다.

우리는 보통 이 표현에 대하여 "성경은 폐하지 못한다", "변개될 수 없다", "성경은 영구히 유효하다", "성경의 진리는 흔들릴 수 없다"라는 차원의 포괄적인 의미로 이해하는 편이다. 하지만 세부적인 의미로는, 성경의 각 권들이 치밀하게 이어지는 전체적인 맥락 안에서 기록되었으며, 장, 절의 숫자 개념으로도 나눌 수 없고, 신학적 해석을 가미하여 주요 구절들만 따로 부각시켜 디지털적으로 십취해서는 안 된다는 뜻도 있다.

이 구절에 대한 세부적인 의미의 발견이 더욱 뜻깊었던 이유는 앉고 길을 걷고 눕고 일이시는 시간의 연속성과 말씀 본문 재료의 연속성의 조화에 대한 강의를 앉은자리에서 마치자마자 일어서면서 두 연속성을 실천하는 차원으로 암송하게 된 구절이었기 때문이다. 두 연속성의 조화라는 컨텍스트(상황)에서 성령께서 그 텍스트(본문 구절)의 세밀한 의미를 밝혀주신 것이다.

## 낱권별 통암송, 복습의 위력

암송을 시도하는 사람들 중에 하루, 이틀, 사흘 또는 일주일에 한 절씩만 하기로 결심하고 실행에 옮기지만 누적되는 구절들을 정확하게 복습하는 것에 관심이 없는 경우도 많다. 누적되는 구절들을 다 암송할 필요는 없고, 그날의 구절에만 집중해도 무방하다고 생각하는 경향이 있기 때문이다. 그것은 하나님께서 우리의 뇌를 거의 무한대의 용량으로 창조하셨으며, 낱권별로 통째로 다 암송할 수 있도록 우리의 뇌를 창조하신 하나님을 무시하는 것이다. 물론 그날 암송할 구절에만 집중하는 것은 암송을 전혀 하지 않는 것보다는 훨씬 좋은 영적 훈련임에 틀림이 없다. 하지만 그것은 그날에 할당된 구절을 암송하는 데만 집중할 때 생기는 문제점을 간과한 것이다.

요한복음 전체 암송을 예로 들어보자. 어떤 성도들은 각 장들에 대해 암송을 완성하면서 바로 다음 장들을 완성하는 동안 이전에 암송한 장들에 대한 기억이 희미해지는 상태로 21장까지 암송하고 나서 요한복음 전체 암송을 완성했다고 생각한다. 그러나 그것은 완성된 것이 아니다. 만약에 그 상태에 머물러 철저한 복습 암송을 소홀히 하면, 정확한 표현들이 희미해지는 만큼 의도치 않게 살짝 왜곡된 의미로 자기 삶에 반영하기도 하고, 다른 사람에게 정확하지 않은 표현으로 권면하게 될 가능성도 많다. 그가 설교자인 경우에는 설교할 때 본의 아니게 왜곡되게 표현함으로써 하나님의 의도를 잘못 전달하게 될 수도 있다.

요한복음 전체를 1차적으로 다 암송하고 난 뒤 그다음으로 중요한 단계는 처음부터 끝까지 모든 누적 암송 부분들을 책을 전혀 보지 않고도 암송할 수 있도록 철저히 복습 암송을 하는 것이다. 그 단계까지 도달하지 못하면 요한복음 전체 암송의 놀라운 섭리를 진정으로 경험하지 못한다. 처음부터 끝까지 성경을 보지 않고 정확히 암송할 수 있도록 시도하고 그것을 완성한 뒤에 전체 암송을 반복하다보면, 반복이 거듭될수록 원저자이신 성령님께서 요한복음을 기록하신 섭리와 임재 안으로 계속해서 깊이 잠기게 되는 놀라운 경험을 하게 된다.

2025년 9월 말에 캐나다 밴프로 가족 여행을 갔을 때였다. 그곳은 죽기 전에 꼭 한 번 가봐야 할 곳이라고도 잘 알려진 곳이다. 눈 앞에 펼쳐지는 경이로운 자연을 놓칠세라 나는 휴대폰으로 계속 사진을 찍었다. 그런데 막상 찍혀진 사진을 보니 실제 눈으로 본 장엄한 모습이 제대로 담기지 않아 실망감이 컸다.

우리가 눈부신 풍경을 보고 있을 때 눈이 한 곳만 응시하는 것 같아도, 사실은 동시에 시야각(수평 180도, 수직 120도) 안에 들어오는 전체를 보고 있는 것이다. 우리의 눈은 높이와 깊이와 폭이 있는 3차원의 공간을 큐브(완전성을 뜻하는 정육면체)적으로 감지하며 움직이는 사물과 현상을 목격하고 있는 것이며, 시간의 흐름 속에서 파악하고 있는 것이다.

그러므로 응시하고 있는 어느 한 부분이 찬란한 것은 시야각 안에 들어온 전체의 큐브적 아름다움이라는 배경 안에 있기 때문이다. 즉, 전체 배경을 배제하고 나면 그 한 부분도 진정한 아름다움을 뽐내지 못하는 셈이다.

사진은 시야각 안에 입력된 전체를 담아낸 것이 아니라 눈이 응시하는 그 부분만을 띄엄띄엄 묘사할 뿐이며, 정지된 모습을 담아내고 있을 뿐이며, 2차원 평면일 뿐이므로 훨씬 감흥이 떨어지는 것이다.

이 체험은 나로 하여금 성경 말씀 한 구절을 최대한 경탄스러운 말씀으로 경험할 수 있는 비결을 확실히 알려 주었다. 요한복음 한 권을 예로 들어보자. 요한복음은 비록 평면에 기록된 글씨이지만 시간과 공간과 물질을 초월하시는 하나님의 입으로부터 나온 모든 말씀이다. 그러므로 전에도 지금도 앞으로도 언제나 공간적으로 시간적으로 입체적으로 살아 있고 운동력이 있는 말씀이다.

요한복음 속의 한 단어, 한 구절, 한 에피소드들이 경이로운 이유는 성령께서 요한복음 전체의 큐브적인 경이로움 안에서 각 표현들을 상세히 조명해주시기 때문이다. 그러나 요한복음 전체에 대한 누군가의 해석에 의해 가공된 프레임이라는 직육면체적 개념 안에 묶여 있거나, 요한복음 전체가 마음 안에 온전히 새겨져 있지 않아 띄엄띄엄 알고 있는 상태에서는(사실상 각 구절들에 대해 깨닫고 감동이 되었다고 기뻐하지만) 요한복음 전체를 기록하신 성령님의 숭고하고 엄숙한 의도를 제대로 보지 못하고 있는 것일 수 있다.

그렇다면 어떻게 하면 성령께서 요한복음 전체 안에서 한 구절 한 에피소드를 살아 운동력이 있는 경이로운 말씀으로 조명해주시는 것을 통합적으로 경험할 수 있을까? 결론적으로 말하자면, 요한복음 전체를 암송하여 요한복음 큐브 안에 온전히 잠기는 것이다. 요한복음 큐브에 잠겨 있어야 그것을 체험하게 되는 이유를 알게 된다.

요한복음 암송을 시작하여 마스터하게 되는 과정은 다음과 같다. 한 단어로 시작하여 그 단어들이 쌓이며 한 구절이 되고 구절들이 모여서 한 문장이 되고, 여러 문장들이 모여 한 문단을 이루고, 여러 문단들이 모여 한 권 전체가 이루어진다. 최소 단위 한 단어에서부터 각 구절들, 각 문장들, 각 에피소드들이 차례대로 암송되는 동안, 저자가 그 내용들을 어떻게 유기적으로 구성했는지를 알게 되며, 요한복음 큐브라는 전체적인 맥락 안에서 단어들, 구절들, 문장들, 문단들이 무엇을 의미하는지 파악된다.

요한복음 전체 암송을 반복하면 반복할수록 전체적인 맥락 안에서 부분적인 것들이 더 새롭게 열려지고, 부분적인 것들이 새롭게 열려지는 만큼 전체 맥락에 대한 이해도 더 확장된다. 그리고 이러한 현상이 계속 반복된다. 그러면서 이미 알고 있다고 생각했던 본문에 대한 고정 관념들이 자연스레 수정되는 은혜도 맛본다. 그 경험들을 통해 책 전체를 구성하신 원저자이신 성령님, 지금도 살아 있고 운동력이 있는 말씀으로 역사하시는 성령님과의 깊은 친밀함 속으로 들어가게 된다.

이러한 주장은 필자가 요한복음을 수백 번 반복 암송하며 요한복음 말씀 큐브에 잠겨 성령님을 예배하면서 경험한 것을 묘사한 것이다. 낱권별 통암송 반복의 위대함은 실로 엄청나다. 복잡하게 이야기한 것 같아도 나중에 삶을 돌아보면 성령께서는 하나님께서 명령하신 쉐마에 그대로 순종하도록 이끄셨던 것이다.

요한복음 전체 암송을 반복하면서 발생하는 영적 유익은 무엇보다 단순히 지식적 앎의 단계를 벗어나 그 말씀이 내 존재가 되는 것이다. 하나님은 말씀이시므로 그 기록된 말씀을 누락이나 해석적 첨가나 여과 없이 하나님의 입으로부터 나온 말씀, 날것 그대로 마음에 새기는 것이기 때문에 말씀이신 하나님과 생명으로 더욱 깊이 연합된다.

요한복음을 처음부터 끝까지 성경을 보지 않고 암송하는 것을 지속적으로 반복한다는 것은 단순한 기억의 유익을 넘어선다. 요한복음에 대한 인식 구조 자체가 계속해서 재편되는 과정을 경험하면서 원저자이신 성령님의 의도 안으로 더욱 깊이 진입하는 과정이다.

그리고 이미 알고 있던 말씀들이 반복 암송 속에서 다시 새롭게 열리며 그 깊이가 계속해서 확장된다. 그러는 가운데 그 구절이 앞뒤 장면과의 맥락 안에서 매번 다른 깊이의 울림을 발생시켜 구절 사이와 문단 사이의 연결성이 기하급수적으로 증가하는 효과를 경험하게 된다.

그리고 개별 구절들이 고립된 문장이 아니라 요한복음이라는 하나의 살아 있는 구조 안에서 차지하고 있는 역할을 자연스럽게 알게 된다. 그러므로 어느 부분을 선포하는 순간 그 표현과 관련된 다른 장면들이 자동으로 연결되는 효과를 경험하게 되고 전체 구조(요한복음의 큰 흐름) 안에서 각 표현들의 역할들에 대한 인식이 다채로워짐을 통해 성령님의 저술 의도를 더욱 깊이 감지하게 된다.

그래서 기억된 요한복음 속의 본질적 주제들(성령, 성령 침례, 거듭남, 영생, 생명, 빛, 믿음, 계명 지킴 등)이 마음 안에 자동으로 정렬되어지면서 더욱 선명해지는 효과를 맛보게 된다. 그 효과로 설교할 때 한 구절에 대하여 내 지식으로 설명하려는 욕구가 줄어들고, 그 구절과 연결되는 다른 구절들을 계속 제시하게 되며 본문 말씀들이 지속적으로 선포되는 현상이 생긴다.

삶 속에서도 어떤 사건들이 발생할 때마다 그 일에 대한 나의 분석보다 먼저 그 상황에 맞는 하나님의 뜻이 담긴 요한복음 속의 문장들이 떠오르게 되어 말씀이 나의 삶을 읽어주시는 것을 체험한다.

이 낱권별 통암송 반복을 통해 더욱 깊은 성령의 임재 속으로 들어가기 위해서 요한복음 반복 암송 시에 주의할 점이 있다. 결코 나의 사상을 강화시키는 차원으로 암송하지 않는 것이다. 오히려 곤고하고 연약한 나의 자아를 끊임없이 부인하며 진리의 성령님을 예배하는 차원으로, 마치 갓난아이가 엄마와 이미 하나로 연합되었다는 믿음으로 그저 젖을 빨듯이 말씀을 입술로 선포하며 암송할 때 진리의 성령님께서 흘려보내시는 '생수의 강'에 한층 더 깊이 잠기게 된다.


## 계시적 조명을 위한 일상 속 목자의 음성

기브온 주민들은 이스라엘이 여리고성과 아이성을 함락한 소식을 듣고 마치 먼 나라에서 온 것처럼 속이고 여호수아에게 와서 화친을 청했다. 여호수아는 여호와께 묻지 않고 여호와의 이름으로 그들과 조약을 맺었다. 여호수아는 사흘이 지나서 그들이 가까운 곳에 거주하는 자들임을 알게 되었으나 이미 여호와의 이름으로 맹세하였기 때문에 그들을 치지 못한다. 결국 가나안 땅에 들어가면 그 땅의 주민들을 진멸하라는 하나님의 명령에 불순종하게 된다(수 9:1-15).

그들이 여호수아에게 대답하되 종들은 당신의 하나님 여호와의 이름으로 말미암아 심히 먼 나라에서 왔사오니 이는 우리가 그의 소문과 그가 애굽에서 행하신 모든 일을 들으며 또 그가 요단 동쪽에 있는 아모리 사람의 두 왕들 곧 헤스본 왕 시혼과 아스다롯에 있는 바산 왕 옥에게 행하신 모

든 일을 들었음이니이다 수 9:9-10

여호수아는 기브온 사람들이 여호와 하나님께서 행하셨던 일에 대해 칭송하는 표현을 듣자 그들과 화친하는 것이 하나님의 뜻인 줄 확신했던 것 같다. 그것이 바로 여호수아가 여호와께 여쭙지도 않고 여호와의 이름으로 기브온 사람들과 조약을 맺은 이유였다.

여호수아처럼 신실한 하나님의 종일지라도 하나님의 뜻을 분별할 때 하나님께서 행하셨다는 증거가 나타나면 하나님께 구체적으로 여쭙지 않고 섣불리 결정할 때가 있다. 하나님은 항상 새롭게 일하실 수 있는 분이시기 때문에, 우리는 어떠한 말과 선택과 결정에 있어서 항상 매 순간 겸손히 하나님께 여쭤야 한다.

예수님은 지금도 살아 계셔서 우리와 직접 교제하시므로 여러 통로들을 통해서 구체적인 말씀으로 우리를 인도하신다. 기도를 통해, 주님이 보좌 삼으시는 찬양을 통해, 개인 경건의 시간을 통해, 목회자나 리더의 설교를 통해, 환경 속의 어떠한 현상을 통해, 불현듯 마음에 떠오르는 생각을 통해, 꿈과 환상을 통해 등 여러 통로로 우리에게 말씀하신다.

그러나 인간은 시간과 공간과 물질에 제한된 불완전한 존재라서 완전하신 하나님 말씀의 일부만을 헤아릴 수 있을 뿐이다. 성령으로 거듭난 존재라 하더라도 썩을 육신을 입고 있기에 몸에 밴 옛 자아의 죽은 습관으로 말씀을 왜곡하여 해석할 가능성이 많다.

자신에게 불편한 말씀을 무의식적으로 피하고 싶어 하는 자기방어 기제로 하나님의 뜻을 의도적으로 외면하기도 한다. 자기중심성으로 인해 자신이 원하는 바를 하나님의 뜻으로 해석할 가능성도 있다. 즉 자신이 바라고 원하는 생각이 찬양곡의 가사나 담임 목사님의 설교 내용이나 꿈이나 환경과 일치할 때 섣불리 그것을 마치 하나님의 음성인 것처럼 간주해버리는 것이다. 특히 여호수아의 경우처럼 자신이 경험한 범위 안에서만 하나님을 이해하려는 경향이 있다.

하나님의 뜻을 받는 모든 통로들은 반드시 기록된 성경 말씀으로 분별해야 한다. 기록된 성경은 완결된 계시이며 최종 권위이기 때문이다. 그래서 많은 선구자들이 성경에서 원리를 찾아내어 하나님의 뜻을 분별하는 방법 또는 하나님의 음성을 듣는 방법들을 정형화하여 성도들에게 좋은 영향력을 끼치기도 한다.

그러나 사람이 도식화한 방법들 속에는 인간의 불완전성이 혼합되어져 있어서 완전하지 않다. 그리고 기록된 성경으로 분별하는 것조차 우리는 아전인수격으로 해석할 가능성이 다분하다. 나의 경향성으로 인해 내가 주도적으로 성경 말씀을 해석하고 관찰하며, 내가 원하는 방향으로 묵상하며, 주의 뜻을 주관적으로 도출해낼 위험이 있다.

성령님은 기록된 말씀을 지금의 상황에서 우리에게 주시는 말씀으로 조명해주시는 분이시다. 그래서 많은 이들이 이구동성으로 우리가 성령님을 따라야 하고, 성령님은 기록된 말씀으로 우리를 인도하신다고 한다. 원론적으로 누구나 동의하는 표현이지만, 완전하지 못한 우리가 성령께서 인도하시는 말씀을 어떻게 온전히 받을 수 있을까?

많은 사람들이 하나님의 음성 듣기를 어떤 중요한 순간에 계시적인 음성을 듣는 것으로만 이해하는 경향이 있다. "내 양은 내 음성을 들으며 나는 그들을 알며 그들은 나를 따르느니라(요 10:27). 그런데 예수님은 자신과 우리의 관계를 목자와 양으로 표현하셨다. 그 이유 중 하나는 하루 일상에서 양이 목자의 음성을 지속적으로 들으며 따르는 것을 강조하시고자 함이다. 즉, 특별한 순간에 계시적인 말씀만을 기다리는 태도보다 일상 속에서 주님의 음성을 하루종일 듣고 따르는 것이 더 중요하다는 것을 강조하신 것이다.

참된 목자는 일상에서 콧노래를 부르고 휘파람 소리를 내고 양들의 이름을 부르며 "풀 뜯으러 가자!", "해를 피해 그늘로 가자!", "물 마시러 시냇가로 가자!", "집으로 가자!" 등 평범한 나날 가운데 일상의 목소리로 양들을 인도하고, 양들은 그 음성을 듣고 따른다. 그러다가 어떤 한 양이 양무리를 떠나 위험한 비탈길로 가려고 할 때 목자는 특별히 그 양의 이름을 다급히 부르며 "피터! 멈추고 이리와!"라고 크게 소리쳐 그 양을 위험에서 건져낸다. 평소에도 일상적인 목자의 음성을 잘 듣던 양이라면 위기의 순간에 자신을 지켜주는 계시적인 특별한 큰 음성을 잘 들을 수 있다.

우리는 사역자든지 일반 성도든지 모두 예수님이 기르시는 양이다. 양이 하루종일 목자의 음성을 듣고 따라다니듯, 우리도 하루종일 매순간 성령님의 음성을 듣고 따를 수 있다. 하나님의 입으로부터 나온 모든 말씀인 성경을 기록된 흐름을 따라 삶의 모든 리듬을 맡기고 마음으로 입으로 소리를 내고 다니면 주님의 음성을 여과 없이 생생히 계속해서 듣고 다니는 셈이 된다.

성경의 흐름을 따라 전체를 순서대로 암송하며 걸으며 성령님을 예배하는 것은 성경이 기록될 당시 역사하셨던 성령님의 임재에 삶의 리듬을 온전히 맡기며 걷는 것이다. 쉐마를 있는 그대로 순종하는 삶이 일상이 되어야 특별한 순간에 계시적인 주님의 음성을 안전하고 어렵지 않게 받을 수 있는 것이다. 그럴 때 본문이 기록된 흐름 속에서 역사하셨던 성령님께서 지금 이 시대에 나의 현실의 삶 속에서도 그대로 역사하시는 것을 경험하게 된다.

성경 한 권이 연속적으로 기록되었기 때문에 그 기록된 성경 말씀의 연속적인 흐름을 따라 앉고 길을 걷고 눕고 일어서는 연속적인 태도로 말씀 큐브에 잠겨 성령님을 예배할 때, 중요한 결정의 순간에 내 입에서 흘러나오고 있는 바로 그 말씀이 하나님의 특별한 인도하심에 해당하는 음성이 될 수 있는 것이다.


## 낱권별 통암송으로 듣는 하나님의 음성

우리는 하나님의 뜻을 완벽하게 알 수 없다. 그래서 성경과 믿음은 하나님께서 주신 최고의 선물이나. 성경 말씀만이 우리가 믿을 수 있는 객관적인 근거이기 때문이다. 결국 우리는 말씀을 믿고 따르는 것이다. 우리는 최대한 성령님을 따르고자 하는 태도를 가지고, 삶의 여러 상황 속에서 기록된 성경 말씀을 성령께서 주시는 말씀으로 알고 믿음으로 선택할 수 있다.

그와 같은 관점에서 하나님께서 직접 제정하신 쉐마는 우리가 믿음으로 선택할 수 있는 완전한 하나님의 방법이다. 우리는 완전하지 않지만 하나님의 명령인 쉐마 말씀은 완전하다. 겨자씨처럼 작은 믿음으로 쉐마의 말씀에 온전히 순종한다면 하나님의 뜻을 가장 완전에 가깝게 분별할 수 있고 따를 수 있다.

낱권별 통암송을 통해 말씀 큐브에 잠긴 쉐마의 삶은 존재적으로 인본주의적인 인간의 경향성이 침투할 만한 가능성들이 차단된 상태이며 성령께 완전히 맡겨진 삶의 패턴이다. 어떤 선택과 결정의 기로에서 훌륭한 선구자들의 방법들보다 쉐마에 그대로 순종하는 삶이 하나님의 뜻을 더 잘 분별할 수 있는 복된 비결의 이유가 된다.

첫째, 쉐마 신앙이 인간의 한계성인 시간과 공간과 자아를 구속해 버리기 때문이다. 제한된 시간과 공간인 앉았을 때뿐만 아니라 길을 걸어가면서도 누웠다가 일어나면서도 기록된 성경의 흐름을 따라 낱권별 통암송 속에 잠겨 있게 되어, 우리가 경험하는 모든 시간과 공간, 그리고 우리의 자아가, 기록된 성경의 흐름 안에 구속당하는 상태가 된다. 그러므로 앉고 길을 걷고 눕고 일어설 때마다 기록된 흐름을 따라 내 입에서 선포되어지고 있는 바로 그 말씀과 관련된 내용이, 현실(시간, 공간, 물질세계)에서 동시에 눈앞에 드러나게 될 때 입에서 나오고 있는 바로 그 말씀으로 하나님의 뜻을 안전하게 분별할 수 있게 되는 것이다.

둘째, 쉐마는 누군가의 교리나 해석으로 잘려 나가 조각난 말씀들을 접하는 것이 아니다. 성경의 낱권 전체가 기록된 당시의 흐름을 따라 전체를 통째로 소리로 선포하며, 앉았을 때뿐만 아니라 길을 걸어가면서도 암송으로 선포하며 자아를 부인하는 신앙이다. 그러므로 쉐마에 그대로 순종하게 될 때 자기중심성들이 배제되는 차원에서 진리의 성령님과 동행하게 된다. 성령께서 기록하신 온전한 낱권 전체를 ― 어떤 교리적 해석적 경험적 틀로 간구하는 차원이 아니라 ― 기록되어진 그 흐름을 따라 어린아이와 같은 태도로 선포하며 성령과 동행하려는 태도다.

낱권별 통암송의 생활화로 하나님의 음성을 듣는 삶에 대한 이해를 돕기 위해 낱권별 통암송 예배가 진행되는 나의 실제를 상세히 설명해보고자 한다. 나는 매일 다량의 구절들을 복습 암송하지만 절대로 율법적이거나 강박적으로 하지 않는다. 낱권별 통암송은 내가 그리스도와 함께 죽었고, 그리스도와 함께 살았고, 하늘 보좌에 앉혀졌다는 연합의 진리(갈 2:20 ; 엡 2:5-6)가 이미 이루어졌음을 믿는 차원의 선포이며, 그 연합을 알게 하시고 동행해주시는 성령님(요 14:20)을 향한 예배 그 자체이다.

2025년 현재 나의 뇌 속에는 성경 66권 중 온전히 암송된 낱권들인 마가복음, 요한복음(영어, 한국어), 로마서, 갈라디아서, 에베소서, 빌립보서, 골로새서, 데살로니가전서, 데살로니가후서, 히브리서, 야고보서, 베드로전서, 베드로후서 13권과 진행 중인 2권(창세기, 요한계시록)과 주요 구절들(십자가와 성령 구절들)을 포함하여 약 6,000절이 말씀 큐브로 형성되어 있다.

특별한 일정이 없을 때 평상시에는 집 근처 공원에서 걷기와 조깅을 하며 복습 암송을 하는데, 6,000절 전체 복습 암송하는 데에 약 일주일 내지 열흘 정도 걸린다. 주초인 월요일에 마가복음 암송부터 시작한다고 가정을 하면 하루에 1-14장 정도의 분량을 복습하게 된다.

그리고 다음날 화요일에는 전날 암송을 마친 구절의 다음부터 시작해서 요한복음으로 넘어간다. 그리고 또 다음날에는 다시 전날 마쳐진 부분의 다음 구절로부터 시작하고, 요한복음이 마쳐지면 로마서로 넘어가는 패턴이다. 이런 식으로 하루에 6-700구절 정도씩 기록된 흐름을 따라 순차적으로 복습 암송이 이루어진다.

그 밖에도 집안에서는 화장실을 가거나 샤워를 하거나 옷을 갈아입거나 짧은 거리를 이동할 때, 그리고 외출해서 볼 일을 보러 다닐 때 운전하는 차 안에서나 차에서 내려 걸어서 목적지까지 가는 동안 등 앉고 길을 걷고 눕고 일어설 때마다 쉐마에 그대로 순종하여 거의 모든 틈새 시간에 전체 6,000절들을 순서에 따라 차례대로 암송하며 삶의 리듬을 온전히 맡긴다.

그렇다고 해서 결코 내가 단 한순간도 자아 중심적인 생각을 하지 않는다는 것은 아니다. 아무리 성령으로 거듭난 존재라고 하더라도 만물보다 거짓되고 부패한 것이 사람의 마음이다. 암송하며 성령님을 잘 응시하다가도 나도 모르는 사이에 어느덧 입술의 선포 소리가 그쳐지고 멍하니 자아의 늪에 빠져 있는 나를 발견한다. 지난 과거에 대해 후회 또는 아쉬움, 현재 당면하고 있는 문제에 대한 걱정, 다가올 미래의 일에 대한 근심과 두려움 등 자아 중심적인 나를 수시로 발견하게 된다.

하지만 그럴 때마다 나는 정죄감에 빠지지 않고 즉시 '오호라 나는 곤고한 자로다'라는 수긍과 함께 "내가 그리스도와 함께 십자가에 못 박혀 죽임을 당하였나니"라고 이미 이루어진 진리를 선포하며 후회, 근심, 두려움의 뿌리인 그 옛 자아가 이미 그리스도와 함께 죽었음을 외친다. 그리고 바로 다시 기록된 흐름을 따라 암송하던 패턴으로 들어가 성령님을 바라본다. 낱권별 통암송 소리로 성령님을 향하는 모습과 옛 자아 중심으로 빠지는 모습이 반복되는 것이 나의 실존이다.

그러므로 자아 경향성을 배제하도록 앉았을 때뿐만 아니라 길을 걸어가면서도 누웠다가 일어나면서도 율법책이 입에서 떠나지 않도록 기록된 흐름 속으로 들어가라는 명령은 우리의 성정을 너무나 잘 아시는 하나님의 사랑이라는 것을 피부로 느낄 수 있다.


## 낱권별 통암송의 흐름과 연속적인 만남

29년을 낱권별 통암송으로 성령님을 따라 걸어온 삶 속에 성령께서 베푸시는 호의를 많이 경험했다. 혼자 길을 가며, 운전을 하며 이동을 하다가 누군가를 만나서 성경 암송의 흐름이 잠시 멈추게 되면 방금 전에 암송했던 그 말씀의 내용이 그 만남 속에서 중심 주제로 펼쳐지게 되는 일들을 많이 경험한다. 그래서 그와 만나기 직전에 암송했던 말씀을 그에게 전달하면 그는 "그 말씀이 지금 제게 딱 필요했습니다"라고 하며 소스라치게 놀란다. 때로는 어떤 만남과 대화 후 그와 헤어지면서 다시 홀로 걸을 때 그와 만나기 전에 멈췄던 구절에 이어서 암송할 구절이 방금 전에 그와 나누었던 대화의 주제와 관련된 것을 발견하기도 한다.

모든 만남은 우연이 아니며 성령님의 섭리 안에서 일어나는 일이기 때문에 성령님과 동행하고자 하는 태도로 성경의 기록된 흐름을 따라 암송하며 삶의 리듬을 맡기며 지내다보니 누군가를 만나는 순간에 암송한 말씀이 바로 그를 향한 성령님의 뜻으로 확인되는 것이다.

놀라울 정도로 감사한 사실은 29년이라는 시간이 흐르는 동안 그런 체험들의 빈도수가 점점 더 많아지고 있다는 점이다. 예를 들어보자. 일주일 동안 앉고, 길을 걷고, 눕고, 일어서며 낱권별 통암송의 흐름을 따라 열 번의 연속적인 만남이 이어졌다고 가정해보자. 예전에는 그 열 번의 만남 가운데 첫 번째, 세 번째, 다섯 번째 만남에서만 띄엄띄엄 그러한 체험을 경험하곤 했다면 요즘에는 열 번 이어지는 모든 만남 속에서 동일한 경험을 하게 되는 경우가 점점 더 많아지고 있다. 다음은 최근에 있었던 한 사례인데, 열 번의 연속된 경험을 모두 기록하려면 지나치게 장황해질 것 같아, 3일간 이어진 다섯 번의 만남만을 예로 소개한다.

2026년 2월 6일 주일이었다. 강원도의 어느 깊은 산골짜기에 자리한 작은 교회에서 집회를 마치고, 오후에 약속이 되어 있던 강원도의 또 다른 도시의 한 집사님 댁으로 길을 나섰다. 교회를 출발하자마자 나는 금요일에 그 교회에 도착했을 때 멈췄던 마가복음 3장의 어느 구절 다음부터 다시 암송을 이어가기 시작했다.

그렇게 단지 성령님을 예배하는 차원으로 마가복음의 기록된 흐름을 따라 쉐마에 순종하고 있었는데, 마가복음 5장에 기록된 혈루증을 앓던 여인을 예수님께서 치유하시는 장면을 암송하는 순간 그 집사님 댁에 도착하게 되었다. 그런데 집사님이 나를 보자마자 이렇게 말씀하셨다. "목사님, 제가 요즘 12년 동안 혈루증을 앓던 여인의 심정으로 하나님께 기도하고 있습니다." 그 표현을 듣고 나도 곧바로 이렇게 대답했다. "집사님, 마침 제가 그 말씀을 암송하자마자 이곳에 도착했습니다. 하나님께서 그 말씀을 전하는 전령으로 저를 사용하시네요." 그러자 집사님은 어린아이처럼 기뻐하시며 외쳤다. "아! 하나님께서 나의 작은 신음의 기도를 듣고 계셨군요. 할렐루야!"

그 말씀을 통해 집사님을 주님의 깊은 은혜의 강으로 인도한 뒤 헤어지고 나서 곧바로 강원도의 또 다른 도시에 있는 이 집사님 댁을 심방하게 되었다. 나는 이 집사님 댁을 향해 이동하면서 마가복음 5장의 혈루증 여인 사건 바로 다음 부분부터 다시 암송을 이어가고 있었다. 그리고 이 집사님 댁에 도착하는 순간 내가 암송한 말씀은 마가복음 6장에 기록된 오병이어의 기적 사건이었다. 이 집사님은 나를 맞이하자마자 최근 자신에게 오병이어 사건과 흡사한 놀라운 체험이 있었다며 간증을 들려주셨다. 내가 그 오병이어 사건을 암송하는 순간에 집사님 댁에 도착했다는 사실을 전하자, 집사님은 이렇게 말씀하셨다. "제가 체험한 오병이어 기적 차원의 사건이 분명히 하나님께서 이루신 일이라는 것을, 오늘 목사님의 통암송 신앙을 통해 확증이 되는 것 같습니다. 감사합니다."

강원도에서 연속으로 두 번의 심방을 마친 뒤 나는 경기도 고양시에 있는 숙소로 돌아와 하룻밤을 보냈다. 그리고 다음 날 안양에 사는 한 젊은 부부의 집을 방문하게 되었다. 마가복음 7장을 지나 8장으로 이어지는 말씀을 암송하던 중, "너희에게 떡 몇 개나 있느냐"(막 8:5)라는 구절을 암송하자마자 그 집에 도착하게 되었다.

그런데 그 집의 남편에게서 들은 최근의 간증은 제자들이 가지고 있던 떡 일곱 개를 드렸듯이, 자신이 욕심을 내지 않고 지금 현재 처해 있는 상태 그대로 가정을 섬겼고 그로 인해 아내가 큰 위로와 평안을 체험하게 되었다는 이야기였다. 그래서 나는 그 부부에게 이렇게 말했다. "예수님이 제자들에게 떡이 몇 개나 있는지 물으시는 말씀을 암송하는 순간에 이 집에 도착했습니다." 그러자 그 부부가 이렇게 고백했다. "목사님께서 도착할 때 암송 선포하신 그 말씀을 통해서 미래에 더 좋은 것이 생겨날 상태가 아닌, 현재 있는 것을 가지고 그대로 가정을 섬기기로 결정하고 행동했던 것을 하나님께서 기뻐하신다고 확증해주시네요."

그 젊은 부부와 헤어진 뒤에 곧바로 어느 신학 박사님과 그의 아들을 만나러 가게 되었다. 차 안에서 중요한 전화 통화를 해야 했기 때문에 많은 구절을 이어서 암송하지는 못했지만, 나는 계속해서 쉐마에 순종하며 마가복음의 기록된 흐름을 따라 암송을 이어갔다. 그러다 마가복음 8장 15절, "삼가 바리새인들의 누룩과 헤롯의 누룩을 주의하라"는 구절을 암송하자마자 그 박사님 부자와 만나게 되었다. 그런데 그날 박사님 부자가 꺼낸 대화의 가장 중요한 주제가 바로 바리새인과 헤롯의 누룩에 대한 이야기였다.

그 만남이 끝난 뒤 곧바로 이어진 다음 만남은 아이가 없어 자녀의 탄생을 위해 간절히 기도하고 있는 한 신혼부부와의 만남이었다. 그 집에 도착하는 순간 내가 이어가다가 멈추게 된 암송 구절은 마가복음 8장 29절, "베드로가 대답하여 이르되 주는 그리스도시니이다 하매"라는 말씀이었다. 그런데 그 집의 남편은 최근 어느 선교사님을 만나 들었던 말씀 가운데 가장 깊이 마음에 남은 핵심 구절이 바로 그 말씀이라고 하며 "주께서 제게 듣기 원하시는 고백이 바로 그 구절이라는 확신이 더 생깁니다"라고 고백했다.

여러 상황들을 만날 때마다 암송하고 있던 본문이 새로운 깨달음으로 열리는 일도 비일비재하게 일어난다. 이번 한국 방문 기간(2026년 1월에서 4월 초)에도 그러한 경험들이 많았는데, 그중에 한국 웨딩 업계에서 최고의 전문성을 지닌 집사님들을 만나러 가는 길이었다. 나는 요한복음을 1장부터 암송하며 차로 이동하고 있었다. 1장의 마지막 부분인 50절과 51절을 암송한 직후 2장으로 넘어가 가나의 혼인 잔치 사건을 계속 암송했고, 그 기적 사건의 암송을 막 마쳤을 때 마침내 약속된 만남의 장소에 도착하여 그분들을 만나게 되었다.

나는 가나의 혼인 잔치 본문을 암송하자마자 도착하게 되었다고 그 분들에게 전했다. 그 말을 듣는 순간 그분들의 동공이 커지는 것을 볼 수 있었다. 그들은 나의 낱권별 통암송으로 이어지는 말씀의 흐름을 따라 성령과 동행하는 삶에 대해 깊이 귀 기울였다. 그리고 최고의 결혼 예배를 하나님께 올려 드리기 위해 헌신해온 자신들의 삶을 하나님께서 기쁨으로 받고 계신다는 확증을 얻는 듯한 표정이 얼굴에 역력했다.

그들의 감사와 감격이 그 시간과 공간 속에 동시에 퍼졌다. 바로 그때, 내 마음속에서는 요한복음 1장 끝부분에 나오는 예수님의 표현이 2장에 등장하는 가나의 혼인 잔치 기적을 이해하는 결정적인 열쇠라는 깨달음이 갑작스럽게 처음으로 열렸다.

예수께서 대답하여 이르시되 내가 너를 무화과나무 아래에서 보았다 하므로 믿느냐 이보다 더 큰 일을 보리라 또 이르시되 진실로 진실로 너희에게 이르노니 하늘이 열리고 하나님의 사자들이 인자 위에 오르락내리락 하는 것을 보리라 하시니라 요 1:50-51

요한복음은 본래 1장과 2장이라는 장절의 구분 없이 저자인 요한이 성령님을 따라 한 흐름 속에서 기록한 책이다. 그 의도를 따라 복음을 통째로 암송하며 성령을 따라 강물처럼 흘러가는 삶 속에서, 이러한 통찰이 웨딩 전문가들과의 만남이라는 상황에서 자연스럽게 열렸던 것이다.

가나의 혼인 잔치에서 물이 포도주로 변하는 기적에 대해 말할 때, 흔히 사람들과 연회장은 그 사실을 알지 못했지만 물을 떠온 하인들은 그 비밀을 알고 있었다는 점에만 주목한다. 그러나 이 기적적 사건은 결국 하늘과 땅이 맞닿는 자리에서 일어나는 일이다. 그렇다면 그 자리에는 분명 하나님의 천사들의 역할 또한 있었을 것이다.

그러므로 예수님이 나다나엘에게 "이보다 더 큰 일을 보리라… 하나님의 사자들이 인자 위에 오르락내리락 하는 것을 보리라"고 말씀하신 것은 단지 1장 마지막의 한 장면으로 끝나는 말씀이 아니라 곧 이어 등장하는 가나 혼인 잔치 사건으로부터 펼쳐질 모든 사건들에 대하여 미리 언급하신 것이었다. 그러나 많은 이들이 장절로 나뉜 구조에 익숙해진 나머지 바로 이어지는 본문 사이에 이런 긴밀한 연결을 미처 발견하지 못하고 있는 것이다.

## 틈새 시간을 활용한 복습 암송

나는 여러 단체 카톡방들에서 요한복음 전체 암송을 지도하고 있다. 그중 한 카톡방에서 있었던 일이다. 한 멤버가 "바쁘다는 이유로 말씀 소리로 선포하는 삶이 뒷전이 되는 저를 발견합니다"라는 표현을 문자로 올렸다. 그 고백에 나는 다음과 같이 권면했다.

"바쁜 일이 생긴 것은 감사한 일입니다. 충분히 감사하세요. 바쁘지 않을 때 잘 달려가던 암송 신앙이 바빠서 더뎌지는 것에 대해 절대로 죄책감을 가지지 마세요. 바쁜 일에 잘 집중하면서 자투리 틈새 시간들을 최대한 이용하여 요한복음 암송이 계속 흘러가도록 하며 성령님을 예배하세요.

틈새 시간에서 요한복음이 흘러가는 것을 설명해볼게요. 잠을 깨자마자 이부자리를 정리하는 시간, 샤워 또는 양치와 세면을 하는 시간, 아침을 준비하는 시간, 외출을 준비하는 시간, 집을 나서며 차를 운전하는 동안 또는 대중교통을 이용하러 정류장이나 전철역으로 걸어가고, 타고 목적지까지 가는 동안, 일 또는 공부에 집중하다가 화장실에 가거나 커피를 마시러 가는 동안 등등 여러 틈새 시간에 요한복음 1장 1절부터 시작해서 일에 집중하기 전까지 2장 3절까지 암송이 끝났다고 가정합시다.

일에 집중하다가 약 한 시간 반 뒤에 화장실을 가야 해서 자리에서 일어날 때 '아까 어디까지 암송했지? 요한복음 2장 3절이었지?'라고 떠올리고 화장실에 다녀오고, 다시 일로 돌아오기까지 요한복음 2장 4절부터 시작해서 25절까지 2장 암송을 끝내고 다시 일에 집중하다가 두 시간 뒤에 커피 타임을 즐기기 위해 일어나면서 3장부터 시작해서 3장 16절까지 암송을 이어갑니다. 그리고 다시 일을 끝내고 차량으로 다른 장소로 이동하기 시작하면서 3장 17절부터 암송하면서 누군가를 만나기 전까지 4장 14절까지 이어가고…. 이런 식으로 하루 일과에서 입력된 요한복음이 기록된 순서대로 흘러가도록 암송하며 삶의 모든 리듬을 기록된 성경의 흐름에 맡기며 성령님을 예배하세요.

그러면 순서적으로 기록된 성경의 흐름 속에 온전히 잠기게 되어 나의 경향성이나 나의 자아가 발동하는 시스템을 부인하는 패턴인 말씀 큐브에 있게 되는 것입니다. 그것이 일상 속에서 하루종일 하나님의 음성을 들으며 성령님과 동행하게 되는 모습이며 따라서 마음이 잘 지켜지게 됩니다. 그리고 갑자기 돌발상황이 생길 때, 또는 중요한 결정을 해야 할 때, 내 입으로 선포되고 있는 하나님의 말씀을 통해 중대한 결정을 잘 내릴 수 있게 됩니다.

사실상 우리의 삶은 틈새 시간들을 활용하는 삶의 연속입니다. 틈새 시간들이 길거나 짧거나 둘 중 하나인 셈이죠. 그다지 바쁘지 않아 틈새 시간들이 많다면 복습 암송도 더 철저하게 할 수 있고, 암송 진도를 새롭게 진행할 수 있고, 틈새 시간들이 적다면 더 이상 새로운 암송 진도를 나가지 않더라도 복습 암송을 꾸준히 하면 되는 것입니다.”

모세오경 암송자였던 사도 요한은 “하나님을 사랑하는 것은 이것이니 우리가 그의 계명들을 지키는(헬, 테레오 : 간직 사수 보존) 것이라 그의 계명들은 무거운 것이 아니로다”(요일 5:3)라고 했다. 요한은 자신의 서신서에서 사랑과 지킴(간직 사수)을 많이 강조했다. 그것은 곧 쉐마를 연상케 한다. “하나님을 사랑하라. (그러려면) 말씀을 새기라

(새기는 것이 지키는 것)." 회개하여 거듭나서 성령 침례를 받아 하나님의 사랑을 입은 자가 하나님을 사랑하려고 앉고 길을 걷고 눕고 설 때마다 낱권별로 말씀을 새기는 것은 결코 무겁지 않은 것이다.

만물 안에서 만물을 충만하게 하시는 '아버지의 충만'이 교회다 (엡 1:23). 세계 최고의 엘리트들이 우주를 향하여 최첨단 발명품을 보내도 인간의 힘으로 만물을 충만하게 하는 것은 불가능하다. 그러나 아버지의 충만인 교회는 가능하다. 교회는 그리스도의 몸이며(엡 1:22-23) 그리스도와 함께 아버지 안에 감추어진 존재이기 때문이다 (골 3:3).

교회 된 우리가 말씀 큐브에 잠겨, 앉고 길을 걷고 눕고 설 때마다 말씀을 소리로 선포할 때 아버지께서 만물을 아버지의 충만으로 충만하게 하신다. 그리고 교회인 우리가 앉고 길을 걷고 눕고 일어설 때미디 입술에서 선포되고 있는 말씀을 ㄱ 즉석에서 만나는 사물과 사건에 나타나게 하심으로써 만물을 충만하게 하시는 아버지의 충만을 음성으로 인식하게 하신다.


## 쉐마의 방향성, from text to context

과거의 어느 날이든, 지난주, 몇 달 전, 심지어 몇 해 전이든, 그때 우리를 살리셨던 하나님의 말씀이 이미 우리 안에 심겨져 있다. 우리가 지금 당장 그 말씀을 소리 내어 암송하며 걷고 있지 않더라도, 그 말씀은 여전히 우리 안에서 살아 움직이며 우리를 다시 살리고, 현실 속에서 반영된다.

일반적으로 하나님의 사람들은 어떤 상황(context)을 경험할 때, 그 상황 속에서 내재된 말씀(text)을 떠올리게 된다. 곤경 속에서 위로의 말씀을, 선택의 순간에 인도의 말씀을, 고난 가운데서 소망의 말씀을 떠올리며, 외부의 상황을 통해 내면에 심겨 있던 말씀이 다시 나를 깨우시는 하나님을 경험한다. 이것은 상황으로부터 말씀으로(from context to text) 인도함을 받는 신앙의 패턴이다.

그러나 하나님께서는 거기에 머물지 않게 하시고 쉐마 신앙을 통해 그 반대의 방향으로 인도해주신다. 곧, 선포되고 있는 말씀으로부터 상황이 펼쳐지는 'from text to context'의 경험이다. 그것이 쉐마 신앙의 진수다. 기록된 성경의 흐름에 가감 없이 나의 삶의 리듬을 맡기는 삶, 즉 앉고, 길을 걷고, 눕고, 일어설 때마다 입술로 선포되는 그 낱권별 통암송의 소리로 성령님을 예배할 때, 성령께서 그 암송 소리를 동시에 현실과 일치되게 하시고 현실을 이끄신다.

기록된 성경은 하나님의 입으로부터 나온 말씀이며, 지금도 하나님의 입으로부터 나오고 있는 말씀이기에 살아 있고 운동력이 있다. 그러므로 하나님께서 우리의 입술로부터 흘러나오는 말씀을 사용하여 동시성으로 현실 상황에 영향을 미치신다는 것은 성경의 초월적 세계관 안에서는 지극히 자연스러운 일이다.

성령께서는 매 순간 새 포도주로 역사하신다. 매 순간 새 포도주를 맛보기 원한다면, 입 다문 채 내 안에 고정된 말씀, 곧 '옛 부대'에만 머무를 수는 없다. 그 열망으로 나는 앉아 있을 때뿐 아니라, 길을 걷고, 눕고, 설 때에도 낱권 속의 모든 구절을 기록된 성경의 흐름에 따라 계속 암송하며 성령님을 예배하고 있다. 그런데 이 과정 속에서, 지금 내 입에서 암송으로 흘러나오고 있는 본문(text)이 바로 내가 서 있는 현장의 상황(context)과 동시에 일치되는 일이 비일비재하게 일어난다. 그 경험 속에서 성령님과 동행하는 삶은 더욱 즐겁고, 정확하며, 강력해진다. 말씀은 영원하다. 그러므로 말씀의 소리로 걷는다는 것은, 영원 속에서 걷는 것이다. 영원한 말씀의 소리에 의해, 이 3차원의 세계가 실시간으로 구속(redeem)되는 현상이 나타나는 것이다.

이 '선포되는 말씀 소리가 상황을 다스리는' 개념은 주기도의 핵심과도 깊이 맞닿아 있다. 하나님은 하나님 당신의 뜻을 창조 이전에 이미 이루셨다. 그리고 창조하신 세상 속에서, 창조 이전에 이미 이루신 그 뜻을 실현해 가신다.

예수님이 가르쳐주신 기도의 중심부, "뜻이 하늘에서 이루어진 것 같이 땅에서도 이루어지이다"라는 간구가 바로 그 방향성이다. 이는 아래(context)에서 위(text)로 올리기는 구조가 아니라, 위(text)로부터 아래(context)로 내려오는 구조다. 거듭난 자는 위로부터 다시 태어난 자다. 참으로 거듭난 자는 늘 위로부터 부어지는 것에 의해 상황을 다스린다. 낱귄별 통암송으로 암송 소리 안에서 섰다가 그 말씀(text)의 소리가 현실(context)과 일치되는 경험은, 곧 하늘에서 이미 이루어진 뜻이 땅에서도 이루어지는 질서 안으로 들어가는 것이다.

나는 이런 경험을 많이 하면서 오랫동안 '이 현상이 과연 나만의 경험일까?'라는 의문점을 갖고 있었다. 그러면서도 '쉐마가 특정한 사람에게만 주어진 명령이 아니라, 모든 하나님의 백성에게 동일하게 주어진 명령이라면 이 명령에 그대로 순종하는 자 누구에게나 동일하게 체험될 수 있는 것이 아닐까?'라는 확신 있는 의문 또한 갖고 있었다.

신실하신 성령님께서는 나의 이런 의문점을 풀어주셨다.

성령님은 1997년부터 나를 쉐마에 그대로 순종하도록 낱권별 통암송으로 이끄셨고, 그렇게 약 20년째 달려가게 하시던 중 2016년부터는 쉐마 신앙의 낱권별 통암송을 사람들에게 직접 지도하게 하셨다. 이제 10년이 다 되어 간다.

그 과정에서 나는 참으로 신실한 하나님의 자녀들을 많이 만났다. 그 분들은 쉐마의 방식으로 낱권별 통암송을 하지 않았어도, 하나님을 사랑하고 말씀을 깊이 붙잡고 살아온 사람들이었다. 삶 속에서 앉아 있을 때에는 말씀을 묵상하고, 길을 걸을 때에는 하나님을 생각하며 입을 다문 채(말씀 소리를 내지 않고) 살아가면서도, 여러 상황 속에서 내재된 말씀을 떠올리게 하시는 성령님의 인도하심을 따라 동행해온 분들이었다. 다시 말해, '상황(context)으로부터 말씀(text)으로' 인도함을 받는 신앙을 충실히 살아온 이들이었다.

그런데 그들 가운데 부족한 나의 가르침을 전적으로 신뢰하며 낱권별 통암송을 삶의 루틴으로 삼은 분들로부터, 전혀 새로운 간증들이 들려오기 시작했다. 내가 경험해온 것과 같은 현상, 곧 기록된 성경의 흐름을 따라 암송하는 가운데 지금 입에서 흘러나오고 있는 바로 그 본문 말씀이 상황과 동시에 일치되는 경험을 하기 시작했다는 고백들이 이어진 것이다. 많은 분들의 여러 동일한 간증들을 통해, 나는 이미 마음속 깊이 확신하고 있던 것을 확인하게 되었다. 앉고 길을 걷고 눕고 일어설 때마다 낱권별 통암송이라는 쉐마에 순종하도록 명하신 하나님께서는, 이 체험이 나만의 것이 아니라 그분의 모든 자녀가 이것을 경험하기를 원하신다는 것이다.

어느 한 사역자와의 대화가 생각난다. 그 분은 나를 지지하고 응원해주시는 분으로 나의 간증을 듣던 중 "지 목사님, 저도 삶 속에서 그런 일들을 많이 경험합니다"라고 말했다. 나는 반가운 마음에 "와! 낱권별 통암송을 하시면서 기록된 성경의 흐름 안에 삶의 리듬을 맡길 때, 입에서 흘러나오는 본문 말씀이 상황과 동시에 일치되는 경험을 하셨다는 말씀이시군요?" 그러자 그는 "아니요. 저는 암송은 하지 않습니다. 다만 삶 속에서 어떤 놀라운 상황들을 연속적으로 경험하게 하시며 말씀으로 인도함을 받은 경험이 많다는 뜻입니다."

그래서 나는 그에게 이렇게 말했다. "제가 제 체험이 다른 분들보다 더 대단하다고 말하려는 것이 아닙니다. 제가 드리는 간증은 매 순간 나를 부인하는 차원에서 낱권별 통암송이라는 쉐마 신앙에 그대로 순종할 때, 지금 내 입에서 흘러나오고 있는 본문 말씀이 동시에 상황과 맞아떨어지는 경험에 대한 것입니다." 그러자 그는 조심스럽게 반문했다. "제 주변에도 훌륭한 사역자들이 많이 있습니다. 그러나 지 목사님과 같은 경험을 했다고 말하는 분은 한 분도 뵌 적이 없습니다. 혹시 그것이 목사님만의 주관적인 체험은 아닐까요?"

그때 나는 이렇게 대답했다. "주변에 그런 분들이 없다는 것은, 다시 말하면 '앉고, 걷고, 눕고, 설 때마다'라는 삶의 전체 리듬을 낱권별 통암송으로 온전히 맡기는 쉐마 신앙에 그대로 순종하는 분이 없다는 뜻일 수도 있습니다. 하나님을 생각하는 신실한 마음으로 살아가다가 상황을 통해 말씀의 인도하심을 받는 차원 역시 하나님께서 행하시는 은혜로운 방식입니다. 그러나 쉐마에 그대로 순종하여 낱권별 통암송으로 걸을 때, 본문 말씀으로부터 상황의 일치를 경험하게 되는 이 질서는, 어떤 신비적 계시를 따르는 차원을 말하는 것이 아닙니다. 다만 하나님께서 지금, 이 순간에도 나의 경향성을 초월하여 나와 살갑게 동행하고 계심을 확증받는 자리이며, 그 확증 속에서 저는 더 깊이 하나님을 신뢰하며 걸어갈 수 있게 됩니다."

하나님을 깊이 묵상하며 상황을 통해 내 안에 내재된 말씀을 떠올리게 되는 신앙은 분명 귀하고 복된 은혜다. 그것은 하나님께서 과거 어느 시점에 '나'라는 부족한 그릇에 심어주셨던 말씀들을 다시 꺼내어 사용하시는 방식이며, 삶 속에서 우리를 인도해 오신 매우 실제적인 신앙의 모습이다. 그 은혜를 결코 가볍게 여겨서는 안 된다.

하지만 그 구조는 '나'라는 그릇 안에 이미 담겨 있는 말씀, 과거에 깨달았던 말씀, 과거에 인도받았던 말씀, 과거에 역사하셨던 하나님을 다시 불러오는 방식이 된다. 그 신앙도 물론 훌륭하지만, 그 신앙은 자칫 과거에 역사하셨던 하나님에 머무를 위험을 내포한다. '그때 그렇게 하셨으니 이번에도 그렇게 하실 것이다'라고 하는 기대가 어느새 하나님을 내가 경험한 방식 안에 가둬버리는 경향으로 굳어질 수 있기 때문이다.

그러나 하나님께서는 쉐마 신앙으로 우리를 더 깊은 자리로 이끄신다. 하나님께서는 과거에 역사하셨던 하나님께 머무르지 않게 하시며 매 순간 새롭게 역사하시는 하나님이심을 신뢰하도록 쉐마로 우리를 다시 세우신다. 낱권별 통암송으로 기록된 성경의 흐름 안에 삶의 모든 리듬을 온전히 맡기며, 입으로 말씀을 선포하며 걷는 쉐마의 길은, 자기 부인의 자리로 나를 데려간다. 그것은 내가 이미 알고 있는 하나님을 따라가기만 하는 길이 아니다. 지금도 새롭게 말씀하시고 지금도 새롭게 이끄시는 하나님 앞에 매 순간 나 자신을 다시 내어드리는 길이다.

그러나 이런 현상들을 반드시 경험해야만 한다는 것은 아니다. 참된 믿음은 어떤 표적이나 증거가 따르지 않아도, 묵묵히 말씀에 순종하며 그 길을 걷는 데 있다. 오히려 나는, 하나님께서 내게 이런 일치의 경험들을 다른 이들보다 더 자주 허락하시는 이유가, 내가 남들보다 믿음이 커서가 아니라 오히려 더 작고 연약하기 때문이 아닐까 하고 생각해본 적이 있다. 그래서 나로 하여금 당신을 더 믿게 하시기 위해, 앉고 길을 걷고 눕고 일어서며 낱권을 통째로 암송하는 중에 내 입에서 나오는 말씀과 현실이 동시에 포개어지는 장면들을 통해 나를 붙드시는 것은 아닐까 하는 성찰에 이르게 되었다.

내가 증언하고 싶은 것은 '현상을 따라가는 믿음'이 아니다. 쉐마를 직접 제정하신 하나님을 그저 신뢰하기에, 쉐마에 문자 그대로 순종하는 삶에서 비록 입에서 흘러나오는 말씀이 동시에 현실과 일치되는 현상으로 나타나지 않더라도, 나는 이 길을 계속 가리라고 다짐한다. 다시 한번 내가 강조하고 싶은 것은, 단지 쉐마에 문자 그대로 순종했을 뿐인데, 그런 일치의 장면들이 많이 경험되었다는 사실이며, 그 경험을 나눔으로써 하나님께서 당신의 자녀들이 쉐마 신앙을 누리기를 얼마나 원하시는지, 그 하나님의 마음을 많은 분들에게 전달하고 하는 것이다.

## 두 날의 입으로 선포되는 말씀이 성령의 검이 되다

성경에 대한 목사님들의 설교를 앉아서 수동적으로 귀로 듣기만 해도 하나님에 대한 믿음이 생기고, 기쁨과 평안을 체험하게 된다. 하물며 하나님이 직접 설교하신 성경을 길을 걸으며 능동적으로 입술로 암송으로 선포하여 자신에게 계속 들려줄 때 그 말씀이 삶의 현장에서 성령의 검으로 경험되는 것이다.

2019년 2월 17일, 어느 교회의 주일예배에 설교자로 참석했다. 그것이 두 번째 방문이었는데 그 교회의 예배의 시작이 아주 놀라웠다. 일반적인 경배 찬양으로 예배가 시작된 것이 아니다. 그 교회 담임 목사님의 인도에 따라 모든 성도들이 일어서서 시편 145에서 150편을 각자 원하는 속도에 따라 큰 소리로 선포하는 것이 예배의 시작이었다.

나는 그 모습에 감동을 받았고 감사가 넘쳤다. 왜냐하면 그 광경은 내가 그 교회에 첫 번째 방문했을 때 주일예배 설교에서 강조한 것을 그대로 실천하는 모습이었기 때문이었다. 첫 번째 방문에서 나는 다음과 같이 설명했다.

"전국 어느 교회를 가든지 모든 교회들이 예배를 시작할 때 음악을 사용하여 예배의 포문을 엽니다. 어느덧 음악이 절대적인 비중을 차지하는 예배가 되어버린 것이지요. 사실 음악이 없어도 찬양(꼭 노래하는 행위만을 말하는 것이 아니라 하나님을 높여드리는 선포)이 가능한데도, 전국 모든 교회의 예배에서는 무조건 음악적 배경의 찬양 시간으로 예배가 시작됩니다. 저 역시 학부에서 음악을 전공했고 음대를 졸업하고 나서 10년 동안 교회음악연구소에서 성경에서 말하는 예배와 찬양과 음악이 어떤 관계가 있는지 연구해왔습니다.

주전 6세기경 헬라 철학자이며 수학자였던 피타고라스에 의해 자연에 존재하는 소리의 수학적 질서가 발견되어져서 음계 및 오선지 음악이 발전되어져 갔습니다. 그러나 히브리인들은 오선지 음악이 발달되기 전에도 오선지로 표현되는 차원의 음악적 배경 없이 모세오경 및 시가서, 선지서들을 다 같이 소리 내어 선포하는 모습으로 하나님께 예배를 드렸고, 그런 모습이 초대교회 때까지 그대로 이어져 왔습니다. 물론 유대 문화 가운데에는 피타고라스에 의해 정리된 음계가 아닌 그들만의 음율이 있기도 했지요.

콘스탄틴 황제가 기독교를 공인하고 국교화하는 과정에서, 초대교회 내 당시 주류 성도였던 유대인 그리스도인들이 말씀 소리로 다 같이 예배하는 모습들을 금하고, 지도자만 설교하고 회중들은 수동적으로 듣기만 하도록 하였습니다. 4세기 중엽에 열린 라오디케아 공의회의 여러 규정들 가운데 '일반 회중들이 다 같이 말씀을 선포하는 소리들을 금하고, 오직 규정된(정식) 음악인들만 노래하라'는 취지의 규정이 있습니다. 이것은 회중 전부가 다 같이 낭송하던 초대교회의 모습이 점차 전문화된 음악적 요소로 대체되어 갔음을 보여주는 자료 중 하나입니다(라오디케아 공의회 칸온 전문 참조).

그러한 결정은 교회 내에 큰 변화를 초래하게 되었습니다. 온 회중들이 다 같이 말씀을 선포하는 소리 대신 당시 발달되던 헬레니즘의 산물인 피타고라스가 개발한 음계에 의한 음악 소리들이 자연스럽게 예배의 중요한 요소로 사용되어 오늘까지 이르게 된 것입니다. 오늘날 모든 교회 예배에서 회중들이 다 같이 말씀을 선포하는 모습은 사라지고 음악을 절대적인 요소로 인식하게 된 것이 거기에 기인합니다.

그러나 찬양의 어원 및 성경에 나타난 이스라엘 백성들의 예배를 살펴보면 오선지로 표현되는 음악이 없이 모세오경과 시가서와 선지서 등 말씀 자체를 선포하는 소리만으로도 예배를 드렸던 것을 알 수 있습니다. 유대인들이 지금도 안식일에 집이나 회당에서 정기 기도 시간과 예배 시간에 오선지로 정리된 음악적 요소 없이 말씀 소리로만 예배하고 있는 것이 바로 구약 속의 선조들로부터 이어받은 모습인 것입니다.

유대인들이 문화적 활동 가운데 음악을 전혀 사용하지 않았다는 것이 아닙니다. 유대인들은 절기들을 기념하며 악기 반주 없이 역동적으로 시가서와 선지서를 선포하기도 하고, 악기를 사용해서 노래를 부르며 춤을 추기도 했습니다. 그러나 그들이 평상시에 집이나 회당에서 예배를 드릴 때에는 모세오경과 시가서와 선지서들을 선포하는 소리로 예배를 드리는 것이 전형적인 모습이었다는 것입니다.

음악을 절대 사용하지 말자는 것이 아닙니다. 말씀 선포만으로도 충분히 예배가 가능하므로 음악에 대한 절대적인 의존도를 낮추고, 회중들이 다 같이 말씀을 선포하는 소리로 예배할 수 있다는 것입니다. 더 나아가서 음악을 사용해야 할지 말지, 어떤 음악을 어떤 시점에 어떻게 사용해야 할지조차 성령께 세밀히 간구하면서 예배를 드리는 것이 하나님께서 기뻐하시는 예배를 드리는 태도입니다.

저는 음악 전공자이기에 음악을 너무나 사랑합니다. 기도 음악의 도움을 받아야만 깊은 기도를 할 수 있었던 시기도 있었습니다. 그러나 말씀 선포 소리 자체가 기도요 찬양이요 예배라는 것을 알고 난 뒤로는 음악 의존도가 아예 제로가 되었습니다. 음악을 싫어하게 되었다는 의미가 아닙니다. 음악이 꼭 있어야만 예배가 가능한 차원이 아니라는 것이지요. 즉, 음악 없이 말씀 암송 소리만으로도 깊은 예배를 드릴 수 있게 되었고, 그러다보니 음악을 통해서 예배 시간에 어떤 이로움과 해로움이 동시에 역사하는지에 대해서 더 잘 분별할 수 있게 되어 음악을 잘 활용할 수 있게 되었습니다.

저는 이 개념의 예배를 경기도 어느 대도시의 예수전도단 중보기도학교에서 회중들에게 전달하며 그들과 함께 놀라운 경험을 했습니다. 예배를 시작했을 때 음악 요소를 완전히 배제한 채 우선 회중들에게 말씀 선포 소리 자체가 찬양과 예배의 본질이라는 것을 어원적으로 설명했고, 실제로 다 같이 에베소서 말씀을 낭독하는 모습으로 예배를 시작했을 때 단 10분도 되기 전에 열린 하늘 문으로 엄청난 생수의 강이 부어지는 역동적인 예배를 드렸던 경험도 있습니다."

이 설명을 들었던 그 교회의 담임 목사님이 그때부터 수개월 동안 성도들이 다 같이 시편을 선포하는 것으로 예배를 시작하고 있었던 것이다. 그래서 나는 기쁜 마음으로 그들과 함께 시편 145편부터 선포하기 시작했다. 그런데 149편 6절에 이르렀을 때 성령께서 강력한 기름부음으로 역사하시는 것을 느꼈다.

그들의 입에는 하나님에 대한 찬양이 있고 그들의 손에는 두 날 가진 칼이 있도다 시 149:6

시편 149편 6절을 선포하는 순간 성령께서 '두 날 가진'이라는 표현의 원어를 찾아보라고 조명해주셔서, 급히 원어성경 앱을 열어 찾아보니 "두 날 가진"이란 표현의 히브리어가 '피피욧'이었는데 그 뜻이 놀라웠다. "mouth(입), tooth(치아)"였다. 6절 전반부 표현은 "입에는 찬양이 있고"인데 입술소리의 의미가 담겨 있으며, 그다음 표현이 히브리 문장 구조인 키아즘(병행 대칭) 구조로서 "손에는 두 날(입술, 치아)의 검이 있다"라는 표현도 입술소리를 강조한 것이다.

'검'을 수식하는 '두 날'이 입술(위아래 입술)과 치아(위 아랫니)라는 것은 하나님의 말씀을 눈으로 읽는 것이 아니라, 입술과 치아를 사용하여 소리로 선포할 때 검과 같은 말씀이 된다는 의미였던 것이다. 참으로 놀라운 발견이었다. 시편 149편 6절을 하가(소리로 선포)하면서 그것이 깨달아지는 순간 성령께서는 치아와 검과 관련된 구절들(사 41:15 ; 히 4:12 ; 계 1:15-16, 2:16 ; 엡 6:17 ; 요 6:63)이 마음속에서 빅데이터 현상으로 연속적으로 자연스럽게 마구 떠오르게 하셨다.

보라 내가 너를 이가 날카로운 새 타작기로 삼으리니 네가 산들을 쳐서 부스러기를 만들 것이며 작은 산들을 겨 같이 만들 것이라 사 41:15

이 구절 속의 이(치아)도 원어를 찾아보니 '피피욧'이었다. 하나님의 언약을 기억하는 성도가 두 날인 치아와 입술(피피욧)을 사용하여 그 언약을 선포할 때 그 이를 타작기계로 작용하여 언약의 성취를 방해하는 산들을 부스러기로 만드시며 작은 산들을 겨 같이 만드신다는 것이다.

하나님의 말씀은 살아 있고 활력이 있어 좌우에 날선 어떤 검보다도 예리하여 혼과 영과 및 관절과 골수를 찔러 쪼개기까지 하며 또 마음의 생각과 뜻을 판단하나니 히 4:12

이 구절의 "좌우의 날"도 '피피욧'이었다. 과일을 깎는 칼을 과도라고 하는데 날이 하나만 있는 것은 '도'(刀)이며, 양날을 가진 것이 '검'(劍)이다. 즉 쓰여진 성경이 항상 살아 있고 활력이 있는 말씀이 되려면, 입술과 치아를 움직여 성경을 소리로 선포하며 성령님을 예배해야 되는 것이다. 그때 소리로 선포되는 그 말씀이 성령께서 잡아 휘두르시는 검이 되어 우리의 혼과 영 사이를 갈라내어 영에 엉겨 붙어 있는 혼을 분리시켜 영의 자유함을 얻게 하시는 것이다.

구원의 투구와 성령의 검 곧 하나님의 말씀을 가지리 엡 6:17

우리의 삶은 영의 전쟁의 연속이나. 앉고 걷고 눕고 설 때마다 성경을 윗입술 아랫입술 윗니 아랫니를 움직여 선포하며 성령님께 예배할 때 우리가 선포하는 그 말씀 소리를 성령께서 검으로 활용하시어 휘두르시며 승리케 하신다.

그의 발은 풀무불에 단련한 빛난 주석 같고 그의 음성은 많은 물 소리와 같으며 그의 오른손에 일곱 별이 있고 그의 입에서 좌우에 날선 검이 나오고 그 얼굴은 해가 힘있게 비치는 것 같더라 계 1:15-16

예수님께서 말이 영이라고 하셨기에(요 6:63), 예수님의 입에서 물(생수의 강이신 성령) 소리(말씀)가 선포되는 것이다. 이 구절 속의 "좌우에 날 선"도 '피피욧'이다. 예수님의 입에서 선포된 말씀은 좌우에 날 선 검이었고 그것이 기록되어져 글씨가 되었지만, 우리가 앉고 걷고 눕고 설 때마다 낱권별 통암송으로 윗입술 아랫입술 윗니 아랫니(피피욧) 두 날로 소리 내어 선포할 때, 우리 입에서 나오는 말씀이 주님의 입에서 나오는 검과 같은 역할을 하게 되는 것이다.

그러므로 회개하라 그리하지 아니하면 내가 네게 속히 가서 내 입의 검으로 그들과 싸우리라 계 2:16

## 낱권별 암송자가 되도록 하는 조언

"암기를 잘하지 못하는 내가 과연 낱권별 통암송을 할 수 있을까?"라는 의구심을 갖는 사람들이 많다. 낱권별 통암송이라는 표현을 듣고 그것은 내 영역이 아니라고 생각하는 자아를 십자가에 못 박힌 것으로 여기자. 우리의 뇌를 거의 무한대에 가까운 용량인 천억 개의 신경 세포(뉴런)들로 창조하신 하나님을 신뢰하자. 우리의 뇌를 낱권별 통암송 모드로 전환하여 성령님을 예배할 때 성령께서는 우리의 뇌를 창조의 원형으로 치료하시어 누구나 낱권별 통암송을 할 수 있도록 인도하실 것이다.

암송이라는 개념에 대해 부담을 느끼는 사람들을 위하여 낱권별 통암송자가 되기 위한 가장 용이한 접근 방법으로 '한 권을 선택하여 매일 1회 읽기 반복'을 추천한다. 성경 66권 중 한 권을 선택하여 앉은 자리에서 전체를 단번에 소리 내어 읽기를 매일 반복하는 것이다. 이 것을 적어도 3-6개월 동안 시도해보면 굳이 암송하려고 하지 않아도 어느 정도의 시기가 되면 저절로 암송되어지는 것을 발견하게 된다.

내가 시도해본 방법은 아니지만 오랜 시간 주변 청년들에게 낱권 별 통암송을 지도해오면서 이 방법으로 좋은 결과를 맛본 케이스가 있었다. 그 청년은 갈라디아서를 비롯한 성경 낱권 몇 권을 매일 같이 한 번씩 소리내어 선포하기만 했는데 수개월 뒤에 저절로 암송되어졌 다고 했다.

앉았을 때뿐만 아니라 길을 걷고 누웠다가 일어나면서도 성경의 낱권이 입에서 떠나지 않도록 하기 위해서는 낱권이 암송되어져 있어 야 한다. 하지만 첫 시작 단계에서는 아직 암송이 안 된 상태이므로 스마트폰에 깔린 성경앱을 최대한 활용하여 쉐마에 근접하게 순송할 수 있다. 아침 일과 전에 앉아서 갈라디아서 전체를 단숨에 읽고 나서 일과를 시작하고, 하루 중 모든 자투리 시간에 갈라디아서를 기록된 흐름을 따라 다시 처음부터 계속 읽는 것이다. 그렇게 시도하면 어느 순간에 갈라디아서 암송을 다 마스터하게 되고, 그 때부터는 앉았을 때에도 길을 걸어가면서도 누웠다가 일어나면서도 기록된 흐름을 따 라 암송으로 성령과 동행할 수 있다.

낱권별 통암송자, 즉 쉐마에 순종하는 자가 되도록 하는 또 하나 의 효과적인 방법을 소개한다. 대부분의 성도들이 신앙생활에 아주 요긴하여 유명해진 구절들을 암송할 수 있음에도 불구하고 그 구절 들을 평소에 쉐마 신앙에 활용하지 않고 있다. 신구약 전체를 빠르게 훑어 읽으면서 이미 암송되어져 있는 유명한 구절들을 찾아보자. 사실상 신앙생활의 연륜만큼 이미 암송하고 있는 유명한 구절들이 수십 구절도 더 된다는 것을 자각하게 될 것이다. 그 구절들을 최대한 모아 정리한 목록을 복사하고 비닐 코팅하여 가지고 다니면서 앉고 길을 걷고(주) 눕고 일어설 때마다(야) 암송하는 습관을 기르자. 유명한 구절들을 주야로 암송하는 것이 습관이 되고 나면 낱권별 통암송의 시도와 실행이 어렵지 않게 느껴질 것이다.

낱권별 통암송을 시도하려는 사람들 중에 "어느 책으로 시작하면 좋을까요?"라고 질문하는 사람들이 많다. 나는 그들에게 "자신이 제일 좋아하는 낱권으로 시작하세요" 또는 "분량이 짧은 책부터 시작하여 성취감을 일찍 맛보는 것도 좋아요"라고 조언하기도 했었다. 요즘은 요한복음을 선택하는 것도 좋다고 조언하고 있다.

나는 요한복음 암송 반복을 많이 하면 할수록 사람으로 오신 하나님, 주 예수 그리스도께서 요한복음에 얼마나 아름답게 예술적으로 묘사되었는지 그 심오함에 더욱 깊이 빠져 들어가게 됨을 느낀다. 분량이 많아 대부분의 사람들이 버거워하는 것과는 달리, 예수께서 직접 행하시고 말씀하신 것이 내러티브(이야기)로 구성되어 있어서 이론적 표현들로 구성된 서신서들보다 암송이 훨씬 쉽고 흥미진진하게 이루어지는 것을 피부로 느끼고 있다.

낱권별 통암송에 대한 또 하나의 조언은 조깅과 암송이다.


너는 이 묵시를 기록하여 판에 명백히 새기되 달려가면서도 읽을 수 있게 하라 합 2:2

Then the Lord answered me and said: "Write the vision and make it plain on tablets, that he may run who reads it NKJV, Hab 2:2

이 문장 속에 들어 있는 "판"이 '태블릿'이다. 달려가면서도 성경을 읽을 수 있도록 마음 타블렛(마음판)에 새기는 것은 강도 높은 훈련이다. 나는 현재 매일 10킬로미터를 걷기와 조깅을 번갈아 하며 낱권별 통암송 복습을 한다. 걸을 때에는 낱권별 통암송이 원활하게 흘러가지만 조깅할 때에는 걷기보다 관절과 근육이 받는 충격이나 심폐 피로가 훨씬 커서 멈추지 않는 한 육체의 부담이 지속된다. 그래서 말하기가 어려울 정도로 호흡하기가 힘들어서 잘 선포되던 말씀들도 흐름이 자주 끊기게 된다.

그럼에도 불구하고 가장 많이 반복하여 긴 세월 동안 장기 기억에 담겨 강력하게 새겨진 말씀들은 육체의 고통과 상관없이 여전히 암송이 잘 된다. 달려가면서도 읽을 수 있게 마음판에 새기라는 표현은, 어떤 환난과 핍박과 고통이 닥쳐와도 영적으로 이기는 자가 될 수 있도록 말씀을 더욱 강력하게 의지하라고 하시는 하나님의 전략이다.

또한 조깅할 때 중간에 포기하고 싶을 때마다 입에서 흘러나오는 암송 말씀으로 성령님을 의지함으로 인내하게 되어 의지력이 향상된다. 그리고 조깅은 성인병들을 예방하고 호전시키는 효과도 있다. 조깅을 하며 낱권별 통암송을 하는 것은 그야말로 영혼육 전인적으로 이로움을 주는 강도 높은 훈련이다.

끝으로 쉐마에 순종하여 길을 걸어가면서도 낱권별 통암송자로 살아가려고 할 때 사람이 많은 곳에서 선포하는 어려움에 대해 질문하신 분이 있었다. "저도 걸으면서 낱권 전체 암송선포를 하기로 결심했습니다. 하지만 제가 남의 눈치를 많이 보기 때문에 소리 내서 중얼거리는 것을 다른 사람들이 이상하게 보는 게 두려워 소리 없이 입만 조금씩 움직입니다. 이런 상황에 대한 목사님의 조언은 무엇인가요?" 나는 이렇게 대답했다.

"쉐마(신 6:4-9 ; 수 1:8)에 순종하시려는 모습을 주님께서 기뻐하실 줄 믿습니다. 사람들이 많은 곳에서 암송을 하시려면, 지금 하시는 대로 입술만 작게 움직이시는 것이 아주 좋은 방법이며 알맞은 태도입니다. 그러나 비록 입술만 움직이더라도 의식적으로 다음과 같이 기도하는 마음을 가지시기 바랍니다.

'저는 비록 작은 소리를 내고 있지만 하나님의 입으로부터 나온 말씀을 제 입으로 선포하고 있습니다. 이 소리를 하나님께서 듣고 계신 줄 믿습니다. 그리고 저 역시 듣고 제 영이 반응하고 있음을 믿습니다. 그리고 피조물들도 듣고 천사들이 듣고 주의 말씀을 수행하고 있는 줄 믿습니다(시 103:20-21). 그리고 이 선포를 통하여 악한 영들도 듣고 떠나갈 줄 믿습니다. 이 선포를 들으시는 하나님을 찬양하며 경배하며 사랑합니다.'

입술을 작게 움직이는 것조차 다른 사람이 신경 쓰인다면, 이어폰을 착용하고 입술을 움직여 선포하십시오. 요즘 사람들이 거리에서 혼자 중얼거리고 있는 것을 자세히 보면, 이어폰을 꽂고 핸드폰으로 전화 통화를 하는 모습이더군요. 이어폰을 귀에 꽂으시고 마치 지인과 통화하듯이 당당히 암송 선포하십시오. 사람들은 누군가와 전화 통화를 하는 줄로 알 것입니다. 그리고 남을 의식하는 생각이 수시로

들 때마다 마음을 바꿔서 '세상 사람들아! 나는 지금 하늘 보좌에 계신 하나님 아버지와 말씀 암송으로 통화하고 있다!'라고 생각하십시오. 그렇게 마음을 지키면서 선포하시면 좋겠습니다.

또 소음 차단용 귀마개를 사용하시는 것도 좋은 방법입니다. 사실 자신이 선포하는 말씀 소리를 자신의 귀로 듣는 것이 굉장히 큰 유익이 있습니다. 첫 번째, 머릿속으로 암송 선포할 말씀을 떠올리고, 두 번째, 입술로 소리 내며, 세 번째, 내가 그 소리를 또 듣게 되는 삼중 효과가 있습니다. 하나님의 말씀을 동시에 삼중으로 듣는다면 훨씬 도움이 되겠지요.

그런데 사람이 많은 곳에서 입술만 작게 움직여서 작은 소리를 낼 때 외부의 많은 다른 소리들 때문에 내가 선포하는 말씀 소리가 내 귀에 잘 안 들립니다. 그럴 때 외부 소음 차단용 귀마개를 착용하면 밖의 소리는 차단이 되고 내 성대 진동 소리가 목 안에서 울려 청각기관 안쪽을 터치하게 되어 작은 소리라 해도 나에게는 적당히 잘 들리게 됩니다. 단 귀마개를 두 귀에 다 착용하지 마시고 한쪽만 착용하십시오. 외부의 소리에도 귀가 열려 있어야, 내게 꼭 필요한 어떤 다른 소리나 위험의 소리에도 즉각 반응할 수 있기 때문입니다."

# 05 그 말씀을 바로 지금 그대로 선포하라

## 하나님나라와 의와 직결된 '지금' 선포되는 말씀

예수께서 일몰 시간이 지나 안식일에 접어들었는데도 38년 된 병자에게 "일어나 네 자리를 들고 걸어가라"고 선포하심으로 그를 고치시자 유대인들은 안식일을 범했다고 예수님을 핍박했다. 그때 예수님은 "내 아버지께서 이제까지 일하시니 나도 일한다"라고 하셨다. 그러자 유대인들은 예수님이 안식일만 범할 뿐만 아니라 하나님을 친아버지라고 하여 하나님과 동등으로 삼았으므로 죽이려고 했다(요 5:1-18). 예수님의 표현 속에 "이제까지"(until now)에서 '지금'(now)이 중요한 표현이다. 그 말씀을 하시자마자 예수님은 그렇게 말씀하신 이유에 대해 정확히 말씀을 하셨다.

> 그러므로 예수께서 그들에게 이르시되 내가 진실로 진실로 너희에게 이르노니 아들이 아버지께서 하시는 일을 보지 않고는 아무 것도 스스로 할 수 없나니 아버지께서 행하시는 그것을 아들도 그와 같이 행하느니라
>
> 요 5:19

안식일을 제정하신 분도 하나님이시며 안식일 시작 시간을 지난 순간에도 일하시며 아들에게 말씀하신 분도 하나님이시다. 예수께서는 아버지께서 말씀하시는 대로 말하고 행동하시는 분이시기에 아버지께서 '지금' 말씀하신 대로 그 말씀을 '지금' 그대로 선포하셔서 38년 된 병자를 고치신 것이다.

만약 38년 된 병자도 안식일에 움직이지 않는 규칙을 준행하는 것에만 집중하고, 예수님의 말씀에 순종하지 않았다면 병 고침이라는 안식을 누리지 못했을 것이다. 예수님은 안식일에 접어들었어도 일하시는 하나님께 순종함으로써 안식을 누리시며 당신의 안식을 38년 된 병자에게 주셔서 치유를 경험하게 하신 것이다.

그러나 유대인들은 하나님께서 정하신 안식일을 지킨다는 자부심만 있었지, 그 안식일을 명하신 하나님께서 바로 그 순간(지금)에 말씀하시는 것은 듣지 못하는 자들이었으므로 정작 안식을 누리지 못하고 있었던 것이다. 그래서 오히려 아버지께 순종하여 안식을 누리는 아들 예수 그리스도를 죽이려고 한 것이다.

이 사건 속에서 예수님은 진정한 안식의 개념을 선포하셨다. 단순히 금요일 일몰 시간부터 무엇을 해야 하고, 무엇을 하지 않는 것이 안식을 누리는 것이 아니다. 행하고 또는 행하지 아니함이 과연 '지금' 하늘 아버지의 입으로부터 나오는 말씀을 들은 것에 기인하느냐의 문제인 것이다. 즉, 하늘 보좌에 계신 하나님 아버지의 입에서 나오는 모든 말씀을 듣는 '지금'이 안식의 때요, 그 말씀대로 선포하는 순간이 진정한 안식인 것이다. 예수님은 그 안식을 누린 것이고 38년 된 병자도 그 안식을 누림으로써 치유를 경험하게 된 것이다.

예수께서 메시아에 대한 글(눅 4:17-21)을 입술로 선포하시고 나서 "이 글이 오늘 너희 귀에 응하였느니라"라고 말씀하셨다. "응하였느니라"의 원어는 성취되었다는 뜻이다. 메시아 예수께서 메시아에 대한 말씀을 직접 입술로 선포하신 그 '오늘'은 더 세밀히 말하면 '지금'이었고, 그 말씀을 선포한 바로 그 순간(지금)이 그 성경 글씨가 성취되는 순간이었다.

가나 혼인 잔치에서 예수님의 어머니께서 그들에게 포도주가 떨어졌다고 하셨을 때 예수님은 "내 때가 아직 이르지 않았습니다"라고 하셨다. 하늘 아버지의 입에서 아직 아무런 말씀도 흘러나오지 않고 있었던 것이다. 그러나 곧이어 예수님은 여섯 항아리에 물을 채우라고 하인들에게 명령하셨다. 하나님의 입에서 말씀이 흘러나왔기 때문에 예수님은 그 말씀을 그대로 순종하신 것이다.

하인들도 - 포도주가 떨어진 것에 대한 대책과 정결 예식에 쓸 물이 아무 상관이 없는 이해할 수 없는 명령임에도 불구하고 - 예수님의 입에서 나오는 말씀에 순종하여 여섯 항아리에 물을 채웠고, 예수님은 "이제는 떠서 연회장에게 갖다 주라"(요 2:8)고 하셨는데 '이제는'은 '지금'이다. 하인들이 떠서 연회장에게 갖다주니 연회장은 그 포도주가 어디서 났는지 알지 못했지만 물 떠온 하인들은 알았다.

연회장은 신랑에게 "사람마다 먼저 좋은 포도주를 내고 취한 후에 낮은 것을 내거늘 그대는 지금까지 좋은 포도주를 두었도다"라고 했다. 연회장은 최상급 포도주가 어디서 났는지 몰랐고 신랑이 '지금까지'(till now) 좋은 포도주를 오래 보관해둔 것으로 오해했다(요 2:1-11). 그러나 예수님이 만드신 그 포도주는 '지금까지' 보관해두었던 잘 만들어진(well made) 포도주가 아니다. '바로 지금' 하늘에 계신 아버지의 입에서 나오는 말씀을 듣고 그 말씀을 그대로 선포하시면서 '지금' 만들어내시는(making) 포도주였다.

예수께서 '지금' 아버지의 입에서 나오는 말씀에 순종하여 물을 포도주로 바꾸신 가나 혼인 잔치의 기적 속에 쉐마 신앙과 관련된 교훈이 있다. 가나의 혼인 잔치에 사람들이 만들어놓은 포도주가 떨어졌다는 점은, 사람들이 만든 것은 아무리 잘 만들어놓은 것(well made)이라고 해도 한계가 있고 부족하다는 의미다. 그처럼 성경에 대하여 사람들이 가공해놓은 해석, 교리들은 분명히 우리에게 도움이 될 수 있으나 한계가 있고 완전하지 않다.

그러나 영원하신 주님의 입에서 직접 나온 말씀은 완전하며 영원하다. 그러므로 완전하지 않은 인간이 가공하여 교리나 해석으로 채워지지 않는 부분을 충만케 하실 수 있는 것은 오직 주님의 입에서 나오는(진행형) 말씀 자체다. 완전한 말씀을 기록된 대로 입에서 떠나지 않게 하여 삶의 리듬을 맡기며 말씀 큐브에 잠기는 쉐마 신앙(신 6:4-9 ; 수 1:8)이 우리를 성령님께 잠기게 하고 충만케 한다.

히브리서는 하나님께서 '오늘'이라는 또 다른 날을 정하셨다고 증언한다. 실제로 히브리서 3-4장에만 '오늘'이라는 표현이 여섯 번이나 반복된다(히 3:7,13,15, 4:7-8). 이는 하나님께서 과거의 하나님이실 뿐만 아니라, 매일 새롭게 말씀하시고 인도하시는 '지금'의 하나님이심을 드러낸다. 그러므로 이전의 은혜와 경험에만 머문 채, 오늘(지금) 주시는 하나님의 음성을 놓친다면 우리는 하나님의 현재적 인도하심을 누리지 못하게 된다.

## 오늘의 말씀을 듣는 데 실패한 이스라엘

이스라엘 백성들은 바로 이 '오늘'의 말씀에 순종하는 데 실패했다.

> 그들과 같이 우리도 복음 전함을 받은 자이나 들은 바 그 말씀이 그들에게 유익하지 못한 것은 듣는 자가 믿음과 결부시키지 아니함이라… 그러면 거기에 들어갈 자들이 남아 있거니와 복음 전함을 먼저 받은 자들은 순종하지 아니함으로 말미암아 들어가지 못하였으므로 오랜 후에 다윗의 글에 다시 어느 날을 정하여 오늘이라고 미리 이같이 일렀으되 오늘 너희가 그의 음성을 듣거든 너희 마음을 완고하게 하지 말라 하였나니
>
> 히 4:2,6-7

이스라엘 백성들은 유월절 밤에 양의 피를 문설주에 바르고 그 양고기를 먹음으로써 장자가 죽임을 당하지 않았고, 마침내 애굽에서 해방되었다. 그들은 출애굽을 이루신 하나님께 감사했으나 모세를 통해 선포된 "그 양이 곧 세상 죄를 지고 갈 하나님의 어린 양 곧 그리스도"라는 '오늘'의 하나님의 말씀에는 귀를 기울이지 않았다. 오히려 그들은 불평과 원망으로 모세에게 수모를 주었다.

히브리서 저자가 "그리스도를 위하여 받는 수모를 애굽의 모든 보화보다 더 큰 재물로 여겼으니"(히 11:26)라고 말한 것은 바로 이 점을 가리킨다. 예수께서 "이는 그가 내게 대하여 기록하였음이라"(요 5:46-47)라고 말씀하신 것도 중요한 근거다.

모세는 선조들로부터 전해 내려온 복음, 곧 아담에게 입혀진 가죽옷 속에 이미 선포된 "세상 죄를 지고 갈 하나님의 어린 양"에 대한 믿

음을 품고 있었던 것이다(창 3:21, 4:4 ; 갈 3:8). 그러므로 출애굽의 결정적 계기가 된 그 양은 단지 애굽에서 벗어나게 하는 도구에 그치는 것이 아니라, 죄에서 건져내실 그리스도에 대한 복음이었다. 모세는 그 의미를 백성들에게 선포했을 것이다. 그러나 이스라엘은 오히려 그에게 불평과 수모를 안겼다.

홍해를 건넌 후에도 마찬가지였다. 이스라엘은 자신들을 추격하던 애굽의 군대를 바다에 수장시키신 하나님께 잠시 감사했지만, 곧바로 광야에서 물이 없다고 다시 원망했다. 하나님께서는 반석에서 물이 솟아나게 하셨고, 그 반석이 장차 자기 몸을 깨뜨려 보혈을 흘리시며 생수의 강, 곧 성령을 부으실 그리스도를 예표한다는 복음을 모세를 통해 선포하게 하셨다. 그러나 백성들은 그 '오늘'의 말씀을 받아들이지 않고, 여전히 모세에게 수모를 안겨주었다.

> 다 같은 신령한 음료를 마셨으니 이는 그들을 따르는 신령한 반석으로부터 마셨으매 그 반석은 곧 그리스도시라 고전 10:4

하나님께서는 이스라엘의 당면한 문제를 해결해주실 때마다 그 해결의 핵심이 죄의 문제에서 건져내실 그리스도임을 계속되는 '오늘', '지금' 말씀하셨다. 이스라엘은 기적으로 문제를 풀어주시는 하나님께 감사하는 듯 보였다. 그러나 문제를 해결해주시는 바로 그 순간에 주어지는 하나님의 음성, 곧 메시아에 대한 계시에는 마음을 열지 않았던 것이다. 그들은 그리스도에 대한 말씀 앞에서 회개하지 않았고, 결국 문제 해결을 받았을 때 드린 그들의 감사는 하나님께서 받으실 만한 참된 감사가 아니었음이 드러났다.

　하나님은 '오늘', '바로 지금'이라는 시간에 은혜를 주시며, 끊임없이 반복되는 삶의 문제들 속에서도 혼적 자아를 부인하고, '오늘', '지금' 하나님의 입으로부터 나오는 말씀을 양식 삼아 믿음으로 동행하기를 원하신다. 하나님은 언제나 '오늘' 새롭게 역사하시는 성령님이시다. 과거의 은혜에 머무는 신앙이 아니라, 지금 이 순간 주어지는 하나님의 음성에 응답하는 신앙이야말로 참된 안식으로 들어가는 길이다. 앉았을 때뿐만 아니라 길을 걷는 중에도 삶의 리듬을 온전히 맡기기 위하여 기록된 흐름을 따라 낱권별 통암송으로 성령님과 동행하는 것이 항상 '오늘', '지금' 매 순간 새롭게 주시는 하나님의 음성을 듣고 순종할 수 있는 비결이다.


## 양자역학과 '지금'의 신비를 누리는 말씀 큐브에 잠긴 삶

회개하고 예수님을 구주로 모셔들인 자는 그리스도와 함께 옛 생명이 죽었고 영이 살아서 - 거듭남 및 영생을 얻어서 - 영원하신 하나님의 생명 안에 있다. 그러므로 죽음 후에만 새 피조물인 영생을 누리는 것이 아니라 현재 이 땅의 삶에서부터 영생을 누린다.

　영생과 통하는 시간은 '지금'이다. 현재라는 개념은 추상적이며 광범위하다. "오늘을 살자!"라는 말을 하지만 오늘이라는 24시간도 심지어 1시간, 10분, 1분, 10초 안에도 과거 현재 미래가 공존한다. 0.1초 전은 이미 지나간 과거다. 0.1초 후는 아직 오지 않은 미래다. 0.1초 앞의 미래가 현재로 다가오는 순간 멈추지 않고 흘러가서 과거가 되어버린다. 따라서 우리는 미래를 살지 않고 과거를 살지 않고 항상 '지금'을 사는 셈이다.

계속 흘러가는 지금, 그리스도께 속한 자는 영생(헬, 아이오니오스 조오에 : 영원한 영적 생명)을 누리고 있는 셈이다. 그래서 바울이 '지금'이 은혜의 때(고후 6:2)라고 했다. 환경과 조건과 상관없이 지금 하나님의 은혜 안에 있다고 믿자. 그러면 은혜 안에 있었던 지금이 과거가 되어 '과거도 하나님의 은혜였지'라고 고백하게 된다. 미래가 은혜가 되기 위해서는 항상 계속되는 지금을 은혜의 때로 누려야 한다. 지금 하나님의 은혜를 누릴 때, 방금 전에 지금으로 흘러 들어온 미래가 은혜라는 것이 입증되는 것이다.

하나님께서는 지금 예배하는 자를 찾으신다. 예수께서 사마리아 여인과의 대화에서 "영과 진리로 예배할 때가 오는 중인데 '지금' 왔다. 이렇게 예배하는 자 - 지금 예배하는 자 - 를 아버지께서 찾으신다"(요 4:23, 원어 저자 직역)라고 하셨다. 예수님 자신이 예배를 받으실 메시아요 하나님으로서 그 여인 앞에 지금 서 계신 것을 강조하신 것이다. 구원이 유대인에게서 나는 것임에도 불구하고 예루살렘도 예배할 곳이 아니고 "지금(여기) 예배할 때가 왔다"라고 말씀하신 이유가 바로 그것이다(요 4:20-22).

예수께서 부활 후 제자들에게 나타나셔서 그물을 배 오른편에 던지라고 하셔서 물고기를 잡게 하셨다. 그리고 예수님은 '지금' 잡은 물고기를 가져오라고 하셨다. 그때 예수님은 물고기를 숯불에 굽는 중이셨다(요 21:3-10). 주님은 항상 바로 '지금' 그 말씀에 순종하는 자에게 '지금' 잡힐 물고기를 계속해서 보내신다. '지금' 잡게 하신 물고기를 가져가면, 우리를 먹이실 물고기를 '지금' 새롭게 준비하고 계시는 주님을 만난다. 주님이 '지금' 잡게 하신 물고기와 주님이 '지금' 굽고 계신 물고기가 함께 놓이는 밥상이 최고의 밥상이다.

현대 물리학인 양자역학에서 파동은 곧 입자(물질)다. 즉, 물질은 우리 눈에 입자로 보이지만 실제로는 움직이는 파장인 것이다. 그러므로 양자역학은 하나님께서 모든 만물(입자들)을 말씀 소리(파장)로 창조하셨고(히 11:3) 말씀으로 만물을 계속 붙들고 계신다(히 1:3)는 성경이 진리임을 뒷받침한다. 그러므로 모든 물질(입자)들은 미시적으로 보면 말씀의 파장에 의해 상태가 계속 변화되고 있는 것이다.

양자역학의 원리는 "누구든지 그리스도 안에 있으면 새 피조물이라", "새 포도주는 새 부대에!"라는 말씀을 연상케 한다. 모든 것이 변화되는 이 세상에서 완전한 것은 하나도 없다. 완전하신 분은 오직 하나님 한 분이시며 말씀만이 완전하고 영원하다.

하나님은 무한하시고 광대하셔서 매 순간 새롭게 역사하신다. 10년 전, 5년 전, 1년 전, 지난 주일, 어제, 오늘 아침, 한 시간 전, 1분 전, 1초 전에 역사하셨던 하나님은 말씀으로 모든 물질세계에 계속해서 끊임없이 새롭게 역사하신다. 끊임없이 새 포도주를 붓고 계시는 것이다. 과거에 하나님을 경험했지만, 우리 존재 자체가 지금 새롭게 역사하시는 말씀의 빛에 의해 새 부대가 되고 있는 것이다. 따라서 우리가 새 포도주를 맛보기 위해서는 지난 주, 어제, 아침, 1시간 전, 1분 전의 경험과 지식에 머무르지 말아야 한다는 결론에 이르게 된다.

하나님께서는 그것을 누릴 수 있는 비결로 쉐마를 직접 제정하셨다. 앉고 길을 걷고 눕고 설 때마다 삶의 리듬을 기록된 성경의 흐름

(말씀의 파동)에 맡기기 위해서 낱권별 통암송으로 말씀을 입에서 떠나지 않게(수 1:8) 옛 부대인 자아를 찢으며 성령님을 매 순간 새롭게 바라보는 것이다. 그렇게 사는 자를 평강의 하나님께서 친히 온전히 거룩하게 하셔서 주 예수 그리스도께서 강림하실 때까지 영(히, 루아흐 ; 헬, 프뉴마)과 혼(히, 네페쉬 ; 헬, 프쉬케)과 몸(히, 바싸르 ; 헬, 쏘마)을 흠 없이 보존해주실 것이다(살전 5:23).

사람은 누구나 옛 부대에 머물러 있기를 좋아한다. 그러나 만물보다 거짓되고 부패한 것이 인간의 마음임을 명심하자(렘 17:9). 우리의 마음과 생각은 모든 상황을 걸러내려는 일종의 필터 역할을 한다. 그런데 양자역학의 원리 차원에서 보면 필터인 마음과 생각 자체가 이미 변화되고 있다. 따라서 이미 변화되고 있는 옛 부대(필터)인 생각으로 늘 새로운 역사를 창조하는 영이신 말씀을 필터링하려 하지 말자. 오히려 말씀 큐브에 잠기는 낱권별 통암송 소리로 진동(믿씀 파동)하여 생각이라는 필터를 기록된 성경의 흐름(파동)에 맡기자. 이것이 늘 매 순간 자기를 부인하고 자기 십자가를 지고 주님을 따르는 비결이다.

낱권별 통암송을 하기 원하는 멤버들을 섬기는 난제 카톡방에서 어느 성도가 "저는 이제 야고보서 암송을 막 시작한 왕초보입니다"라고 표현했길래 나는 아래와 같이 답장했다.

"주제별 암송이어도, 또한 낱권별 암송을 이제 막 시작했어도 '그 누구만' 초보도 아니고 '어느 누구나' 다 초보입니다. 6,000구절 암송자인 저도 매 순간 초보입니다. 왜냐하면 이전 것은 매 순간 지나가고 새 것이기 때문입니다. 6,000구절 암송자라도 '바로 지금' 암송으로 선포하지 않고, 성령님을 예배하지 않고, 자기 생각에 잠겨 있고,

같은 순간에 어느 신앙의 초보자가 예수님을 바라보기 위해 말씀을 소리 내어 선포하고 있다면, 그 신앙의 초보자가 6,000구절 낱권별 통암송자보다 '새 피조물'을 더 누리는 것입니다.

저 같은 경우에도 '지난주에 모든 구절들을 복습 암송 선포했으니 한 주 정도 안 해도 되겠지?'라는 혼적 자아가 늘 치고 올라옵니다. 그런데 제가 아무리 이번 주에 6,000구절을 다 복습했어도, 다음 주 초에 다시 복습 암송을 즐겁게 하는 이유는 성령님께서 '이전 것은 다 지나갔다! 또 새 피조물이요 영적 신생아란다. '지금'이 중요해. '지금' 말씀 소리로 나를 예배하라!'라는 조명을 주시기 때문입니다.

그러므로 여러분의 암송 분량이 시편 23편 한 챕터, 또는 주기도 6구절 등 몇 구절밖에 안 되어도, 의기소침하지 마시고 당당하십시오. '지금'이 진짜 '지금'입니다. 바울이 '누구든지 그리스도 안에 있으면 새로운 피조물이라 이전 것은 지나갔으니 보라 새것이 되었도다'(If anyone is in Christ, he or she is a new creation, the old has gone the new has come! 고후 5:17)라고 표현했는데, 여기 동사 시제가 놀랍습니다. 이게 현재완료잖아요. 늘 '현재-지금'에 이미 '완료된' 진리를 누릴 수 있는 거죠. 그래서 바울이 Now is the Time of God's favor(고후 6:2)라고 한 것입니다. 주어가 '지금(now)'입니다. 그리고 'time'이 '카이로스'입니다. '지금'이 '카이로스'이며 하나님의 은혜 안에 있는 시간이라는 거죠. 그래서 '나는 '지금' 멍하니 서 있는가?' 아니면 '지금 영원하신 말씀 소리로 영원하신 성령님을 예배하고 있는가?'의 차이가 우리 삶의 승패를 좌우합니다. 멍하니 있으면 에누리 없이 내 자아에 집중하고 있는 시간이며, 말씀 소리를 내고 있다면 진리의 성령님께 집중하고 있는 시간이며, 완전한 예배의 시간인 것입니다."

## '먼저 그의 나라와 그의 의를 구하라'의 본질

예수께서 "아들이 아버지께서 하시는 일을 보지 않고는 아무것도 스스로 할 수 없나니"(요 5:19)라고 하신 말씀은 그분의 삶이 매 순간 오직 지금도 일하고 계신 아버지의 나라와 아버지의 의만을 바라보는 삶이었음을 증언한다. 예수님의 전 생애는 '먼저 그의 나라와 그의 의'라는 한 문장으로 요약될 수 있는 삶이었다.

주님은 제자들에게 기도를 가르치시며 "그러므로 너희는 이렇게 기도하라 하늘에 계신 우리 아버지여 이름이 거룩히 여김을 받으시오며 나라가 임하시오며 뜻이 하늘에서 이루어진 것같이 땅에서도 이루어지이다"라고 말씀하셨고, 곧이어 "그런즉 너희는 먼저 그의 나라와 그의 의를 구하라"(마 6:33)고 말씀하셨다. 이 두 말씀은 서로 분리된 가르침이 아니다. '먼저 그의 나라와 그의 의를 구한다'는 것은 인간의 필요를 앞세워 하나님께 요청하는 삶이 아니라, 이미 하늘에서 이루어진 하나님의 뜻이 땅에서도 드러나기를 구하는 것을 의미한다.

따라서 내가 '낱권별 통암송이 곧 기도'라는 이해는 기도의 다른 형태들을 대체하거나 배제하려는 뜻이 아니다. 성경은 간구와 탄원, 회개와 감사, 침묵과 기다림 등 다양한 기도의 형태를 가르쳐준다. 다만 말씀을 입으로 선포하는 기도는 인간의 소원을 하나님께 올려 드리는 차원을 넘어 이미 계시된 하나님의 뜻인 말씀을 다시 하나님 앞에 올려 드리는 '말씀 기도'라는 것이다. 이는 시편이 보여주듯 하나님의 말씀이 다시 하나님께로 돌아가는 구조다. 그러므로 말씀을 암송하며 선포하는 기도는, 새로운 계시를 창출하는 행위가 아니라, 이미 주어진 계시 안에 자신을 복종시키는 행위라 할 수 있다.

나는 거듭남을 직접 경험하지 못한 채 교회를 다녔던 오랜 세월 동안, "그런즉 너희는 먼저 그의 나라와 그의 의를 구하라 그리하면 이 모든 것을 너희에게 더하시리라"(마 6:33)라는 이 위대한 말씀을 사실상 알지 못한 채 살아왔다. 또한 이 말씀과 긴밀히 연결되어 있는 주기도가 얼마나 위대한 기도이며, 그 안에 우리가 드려야 할 모든 기도가 이미 담겨 있다는 사실도 전혀 깨닫지 못했다. 그러다가 서른 살, 돈을 벌기 위해 들어간 교회음악연구소에서 불현듯 찾아오신 하나님을 만나, 나는 별안간 '회개를 당하는' 은혜를 입었고, 그 날 예수님을 인격적으로 만나게 되었다. 그 이후 성경을 읽기 시작하자 입에서는 자연스럽게 기도가 흘러나왔다.

그리고 5년 뒤, 성령 침례가 임하면서 나는 그리스도와 함께 죽었고(갈 2:20), 새 영으로 살아났으며(엡 2:5), 그리스도와 함께 만물 위 보좌에 계신 하나님 안에 들어간 존재임을 깨닫게 되었다(요 17:21 ; 엡 2:6 ; 요 14:20). 시간과 공간과 물질을 초월하시는 하나님께서 계신 만물 위 보좌에 연합된 존재라는 사실이 깨달아지자마자, 창조 이전에 나를 예정하시고 선택하셨다는 진리가 믿어졌고, 창세 전에 하늘에서 이미 이루어진 하나님의 뜻이 땅에서도 반드시 이루어진다는 사실이 믿어졌다.

그제서야 나는 예수님이 주기도에서 "뜻이 하늘에서 이루어진 것같

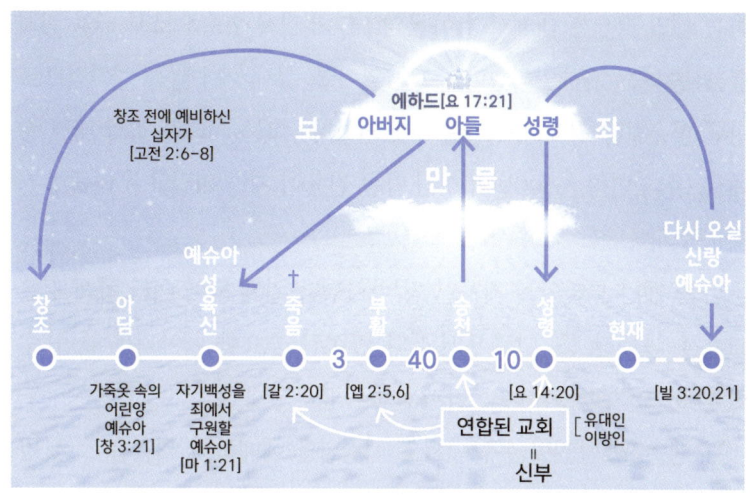

이 땅에서도 이루어지이다"라고 기도하라 하신 의미를 비로소 알게 되었고, "먼저 그의 나라와 그의 의를 구하라"는 말씀 또한 이해되기 시작했다. 그러자 자연스럽게 내 뜻을 요청하는 기도는 사라졌고, "창세 진에 이루신 그 뜻이 땅에서도 이루어지기를 원하나이다"라는 고백이 내가 드려야 할 기도의 전부라는 믿음이 마음에 자리 잡게 되었다.

그와 동시에 성령께서는 나를 말씀을 낱권 통째로 암송하는 신앙으로 인도하셨다. 그때부터 성령께서는 기록된 성경의 흐름을 따라 낱권으로 통째로 선포하는 그 자체가 곧 하나님의 나라와 의를 구하는 기도이며, 주님을 높이는 찬양이고, 예배이며, 영적 전쟁의 핵심 전략이라는 확신을 내 안에 심어주셨다.

그런데 어느 날, 성령께서는 외적인 만남을 통해 그것을 확증해주셨다. 나의 네 번째 책《말씀으로 생각을 태우라》의 프롤로그에 등장하는 게리 코헨은 대제사장 아론의 147대 직계 후손으로서 구약 전체를 암송하는 유대인이었다. 그는 열아홉 살에 예수님을 인격적으로 만난 후, 신약 전체까지 암송하게 되었다. 그는 이러한 영적 배경 속에서, 유대 민족 3,500년의 성경 암송 전통이 지닌 비밀을 우리에게 전해주었다.

나는 게리 코헨의 수제자인 김 박사님을 알게 되어 여러 차례 깊은 교제를 나누던 중, 그로부터 이와 관련된 중요한 이야기를 들을 수 있었다. 그 자리에서 나는 박사님께 이렇게 말했다.

"오랜 세월 낱권별 통암송으로 성령님을 예배하며 깨달은 것은 말씀 암송의 소리가 곧 주의 뜻을 선포하는 기도의 소리이며, 주님을 높이는 찬양의 소리요, 예배의 소리이며, 영의 전쟁을 위한 선포의 소리이고, 기도의 대상들에게 하나님의 나라와 의가 임하도록 하는 중보의 소리라는 것입니다. 그 내용을 저의 두 번째 책 《말씀으로 기도하라》에 기록해두었습니다."

그때 김 박사님은 내게 "지 목사님께서 아주 중요한 본질을 깨달으셨습니다. 유대인이신 예수님이 유대적 배경 속에서 '먼저 하나님의 나라와 하나님의 의를 구하라'(마 6:33)고 말씀하신 것은 하나님의 나라와 하나님의 의를 묘사하고 있는 구약의 말씀들을 통째로 그대로 선포하라는 뜻이라고 게리 코헨은 말합니다. 그것이 바로 히브리적 말씀 기도입니다"라고 말씀하셨다.

돌이켜보면 29년 이상 낱권별 통암송의 삶을 통해 성령님을 예배해온 그 여정 가운데 나는 이미 하나님의 나라와 하나님의 의를 구하는 신앙으로 빚어지고 있었던 것이다.

# 06 말씀의 소리로 빛의 자녀처럼 걸으라

## 주님 오실 길을 맞이하는 신부의 길(습관), 쉐마

하나님께서 택하신 백성의 가장 기본적인 정체성인 쉐마(신 6:4-9) 속에 길을 걸을 때도 말씀을 새기라고 하셨을 때, '길'과 '걷다'라는 용어는 주님 오실 길을 예비하는 신부의 삶을 표현하기에 아주 안성맞춤인 단어다. 진리이신 예수님은 자신이 'ㄱ 길'이라고 하셨디. '쉐마'라는 가장 기본적인 정체성을 가진 유대인으로 태어난 예수님이 자신을 '그 길'이며 '그 진리'라고 표현하신 배경이 쉐마를 염두에 두신 것이 분명하다.

나는 2003년 세계 선교를 위해 한국을 떠나 미국 뉴욕으로 갔다. 그 뒤 2018년쯤 다시 만난 친구 목사님이 있다. 경기도 고양시에서 순복음 늘기쁜교회를 담임하시는 한 목사님이다. 당시 십여 년 만에 다시 만나 복음의 온전성과 함께 말씀 큐브에 잠기는 낱권별 통암송에 대한 원리와 경험들을 나누었는데, 한 목사님이 다음과 같은 반응을 보이셨다.

"지 목사님! 한국을 떠나실 때 낱권별 통암송에 대해 말씀하셨지요. 저는 당시에도 설교 준비를 할 때 설교 속 인용 구절들을 암송해서 설교할 정도로 암송을 좋아했기 때문에 목사님의 견해에 동의가 되었어요. 그래서 될 수 있으면 권별 암송을 하자고 매년 초 계속 다짐했는데, 결심만 했지 정작 시작하지 못하고 오랜 세월이 흘러 다시 그 말씀을 들으니 후회가 됩니다. 이제 정말 해보겠습니다."

목사님은 그 뒤로 낱권별 통암송을 드디어 시도하셔서 마가복음, 갈라디아서, 베드로전후서, 야고서 등 여러 낱권들 암송을 마스터했고, 요한복음 암송도 진행 중이신 상태다. 그 후로 나는 해마다 두세 번 한국을 방문하여 한 목사님과 긴밀한 교제를 나누며 아주 놀라운 효과를 경험한다는 목사님의 피드백을 들을 수 있었다.

"낱권별 통암송이 정말 놀랍습니다. 제가 암송하게 된 책들이 모르는 책들이 아닌데 통째로 암송하다보니 '이런 표현도 있었나?'라는 신기한 현상이 있어요. 낱권별 통암송은 토씨 하나 안 빠트리고 반복해야 하니 놓치는 표현이 있을 수가 없는 것 같아요. 그리고 늘 낱권별 통암송으로 성령님을 예배하며 걸으니까 설교 준비가 훨씬 쉬워지고 깊어졌어요. 낱권별 통암송을 통하여 저자의 의도가 전체적으로 보이게 되니 성령님께서 정말 원하시는 선포가 뭔지 알게 되어 그 뜻을 전하는 설교 준비가 되더라고요. 낱권별 통암송의 은혜가 정말 큽니다."

통독도 우리에게 큰 유익이 있지만 통독할 때 주의해야 할 점도 분명히 있을 것이다. 성령님은 한 목사님의 피드백을 통해서 통독의 한 계점을 바로 알게 하셨다.

통독하는 모든 시간 동안 완벽하게 집중하는 것은 불가능하다. 처음에는 신선한 마음으로 통독을 시작하지만, 시간이 지나면서 수시로 다른 생각을 하는 자신을 발견하게 된다. 성경을 읽는 중에 과거의 아픈 상처와 후회, 현재 당면해 있는 문제들에 대한 걱정, 다가오고 있는 미래의 불안함 등 여러 감정들이 계속 떠오른다.

그리고 눈과 입술은 기록된 순서에 따라 분명히 계속 성경을 읽고 있지만, 조금 전에 읽었던 어떤 표현이나 사건들에 대해 이모저모 생각해보기도 하고, 삶 속에 적용해보기도 하고, 의문점을 느끼기도 한다. 결국 다른 생각을 하고 있는 순간 읽고 있는 부분의 내용은 놓치게 되는 것이다.

그러다가 통독을 한 지 15분, 20분, 30분쯤 지나다보면 지루해짐을 느끼게 되어 버겁게 통독을 하고 있는 모습을 발견하게 된다. 성경 통독 자체가 복된 시간이라고 인정하면서도 단순 동작을 반복하게 되면서 지루하게 느껴지기도 한다. 그 순간에 잘 알고 있는 내용이 나오면 안다는 선입견 때문에 초집중하기보다는 대충 읽게 된다.

그러나 닢권별 통암송은 한 단어부터 시작하여 한 구절, 한 문장, 한 문단 등 어느 표현도 놓치지 않고 반복을 거듭하는 과정의 연속이다. 통독할 때처럼 혹시 다른 생각을 하게 될 수 있지만, 암송되어진 내용을 기억 창고에서 계속 퍼 올려 소리를 내며, 계속해서 그다음 표현들을 갈망하며 이어가기 때문에 다른 생각들이 수시로 젖혀진다. 기록된 흐름을 따라 암송된 것을 소리로 빈틈없이 따라가며 진행하게 되므로, 통독할 때 온전히 집중하지 못하고 건너뛰었던 부분들이 발견되어지는 것이다.

통독할 때 수시로 읽기에 집중하지 못하는 이유는, 눈으로 글씨를 보고 읽을 수 있다는 무의식적인 안도감으로 인해 충분히 다른 생각을 할 수 있다는 자아의 본성 때문이다. 야고보가 말하고 바울이 말한 것처럼 우리는 성경을 통독할 때조차 두 마음을 품는 자들이며 사망의 몸을 가진 곤고한 자들인 것이다. 그러나 낱권별 통암송은 눈에 의존하지 않고 뇌(마음) 속과 입술에 암송된 말씀을 기록된 흐름을 따라 계속해서 퍼 올리며 성령님을 예배하므로 다른 생각을 하게 되는 자아가 계속해서 차단된다. 따라서 낱권별 통암송은 수시로 자기중심적으로 향하는 옛 자아를 부인하며 회개하게 하는 최적의 소리로 성령님께 집중할 수 있는 최고의 예배다.

2020년 1월 26일 주일, 집회 일정이 없어서 숙소인 부모님 댁 근처에 있는 순복음 늘기쁜교회로 주일예배를 드리러 갔다. 그런데 그날 한 목사님의 주일 설교를 통해 말씀 소리로 길을 걷는 삶의 중요성을 더욱 깊이 알게 되었다. 한 목사님은 말씀을 암송 소리로 선포하는 신앙으로 성도들을 세우고 계셨다. 그날 주일 설교 본문은 마침 시편 1편 1-2절이었다.

"시편 1편 2절의 원어를 충실히 번역하면 여호와의 율법, 즉 말씀을 주야로 '하가'(소리를 내는) 하는 자가 복이 있다는 뜻이 됩니다. 말씀을 암송하는 '하가'의 습관이 깊어질수록 하나님께서 주시는 복을 더 많이 받게 됩니다. 우리가 습관을 만들면 습관이 우리를 만들어갑니다.

본문 1절에 '복 있는 사람은 악인들의 꾀를 따르지 아니하며 죄인들의 길에 서지 아니하며'에서 '길'의 히브리어가 '데레크'입니다. 그런데 예레미야서 22장 21절에는 '데레크'가 "습관"이라는 뜻으로도 쓰여졌습니다. 여호와의 율법을 즐거워하여 그의 율법을 주야로 '하가' 하는 습관을 가지십시오. 습관은 인생을 결정짓는 힘입니다. 훈련은 이론을 습관으로 만드는 것입니다. 훈련의 핵심은 반복입니다. 성경 말씀을 암송으로 '하가' 하며 반복으로 소리 내는 습관을 가지십시오. 말씀을 하가 하는 습관을 통해 성령께서 성도님들을 말씀으로 만들어갈 것입니다."

목사님의 가르침을 듣고 나는 기뻤다. 낱권별 통암송으로 길을 걸을 때마다 놀라운 일들을 경험하게 하시어 하나님과 동행하게 하시는 원리가 '데레크'(길, 습관) 속에 있었다. 쉐마가 앉았을 때나 길(데레크)을 걸어갈 때나 낱권별 통암송 습관(데레크)으로 말씀을 새기라는 명령인데, 29년 동안 성령께서 시편 1편 1,2절의 의미 그대로, 낱권별 통암송 습관(데레크)으로 길(데레크)을 걷게 하신 은총이 너무 컸던 것이다.

그리고 바로 다음 날, 한 벤처 기업을 방문했을 때 '데레크'를 더 깊이 알게 되는 일이 있었다. 그 기입의 창입 멤버 두 정넌이 내가 3박 4일 동안 섬기는 '여호사밧 복음캠프'를 통해 배출된 사람들이라서 늘 복음과 비전을 지속적으로 나누는 사이였다. 정오 12시에 기업을 방문하여 점심을 먹고 나서 하나님의 말씀을 나눌 때 바로 어제 주일에 배운 데레크에 대해 이야기하기 시작했다. 신랑 되신 예수님을 맞이하기 위한 신부의 삶에 있어서 낱권별 통암송 소리로 길(데레크)을 걸어가는 습관(데레크)이 참으로 중요하다는 것을 확증받은 이야기를 진행하던 중 갑자기 번득이는 생각이 있었다.

"그래서 유대인이셨던 예수님이 '내가 곧 그 길이다'라고 하셨을 때 히브리어로 '데레크'를 사용하셨겠죠? 찾아보면 좋겠네요." 그렇게 말하고 원어성경 앱을 열어보려고 하는데 한 자매가 "목사님, 제가 요즘 히브리어를 본격적으로 배우고 있는데 히브리어 신약성경 책도 가지고 있어요"라고 하며 이미 책상 위에 놓여 있던 신약성경을 가리켰다. 히브리어에 관심이 있는 분들은 대부분 히브리어 구약 성경만 가지고 있는데 신기하게도 그 날 그 자매가 히브리어로 된 신약성경을 가지고 있었던 것이었다. 요한복음 14장 6절을 펼치자 정확히 '그 길'의 히브리어가 '하(정관사) 데레크(길)'였다.

예수님이 내가 '그 길'이요 '그 진리'라고 하셨으니(한글 성경은 정관사 없이 '길이요 진리요'라고 번역되어 있으나 헬라어 원어는 호(the)호도스(way), 호(the)알레떼이아(truth) 이다) 예수님이 말씀하신 '그 진리'의 소리로 '그 길'을 걷는 '그 습관'이 삶이 되면 우리가 걷는 그 모든 길이 그 진리의 길이 되는 것이다. 입을 다문 채 진리에 대해 생각으로 길을 걷는 것이 아니라, '그 진리' 소리로 '그 길'을 걷는 삶이 진리의 영의 인도하심을 받는다. 그것이 깨달아지니까 예수님이 "내가 그 길(데레크)이며 그 진리(말씀)이다"라고 하신 것은 앉아 있을 때뿐만 아니라 '그 길을 걸을 때에도', '그 진리의 말씀'을 새기라는 쉐마 명령을 염두에 두고 하신 말씀이라는 것을 알게 되었다. 왜냐하면 이스라엘 백성들의 가장 중요한 정체성이 쉐마 정체성이기 때문이다.

1907년 영적 대각성 운동의 근원지였던 장대현교회의 전신은 평양 최초의 교회 널다리골교회다. 널다리골교회에 얽힌 성경책 도배 사건을 살펴보자. 평양에 처음 성경책으로 도배된 집이 영문주사 박영식의 집이다. 박영식은 12세 소년 최치량으로부터 한문성경 3권을 받게 되었는데 당시 성경이 금서였기 때문에 자기 집 벽지로 사용했다. 그런데 최치량이 성경으로 도배된 박영식의 집을 출입하다가 벽에 붙어 있는 성경 말씀을 읽고 기독교인이 되었고, 박영식도 호기심으로 별 뜻 없이 도배된 성경을 읽었는데, 죽음 후에 영생이 있고 심판이 있다는 말씀에 붙잡히게 되어 그도 결국 예수님을 영접하였다. 그리고 성경으로 도배된 자신의 집을 예배 처소로 내놓아 평양 최초의 교회인 널다리골교회가 되었고 후에 1907년 영적 대각성 운동의 근원지가 되었다.

주님은 한 구절이나 중요한 구절들 속에 충분히 계신다. 그러나 성경의 저자들은 자신이 쓴 저서 한 권 전체를 통하여 주님을 온전히 드러내고 있다. 우리가 낱권 전체를 선포해 드리며 길을 걷는 습관을 주님께 드린다면, 주님께서 오실 길을 진리의 말씀으로 도배해 드리게 되어, 영원한 시상식을 하기 위해서 오시는 주님께 레드 카펫을 깔아 드리는 셈이 될 것이다.

선지자 이사야의 글에 보라 내가 내 사자를 네 앞에 보내노니 그가 네 길을 준비하리라 광야에 외치는 자의 소리가 있어 이르되 너희는 주의 길을 준비하라 그의 오실 길을 곧게 하라 기록된 것과 같이 막 1:2,3

침례 요한은 예수님을 보고 "세상 죄를 지고 가는 하나님의 어린 양, 성령으로 침례를 주실 분, 하나님의 아들이시다"라고 외쳤다(요 1:29,33,34). 그가 길(데레크)을 걸으며 외친 진리의 말씀이 그 길 되어,

'그 길'이자 '그 진리'이신 예수님이 그 길로 오셨다. 하나님께서 크고 두려운 날이 이르기 전에 엘리야를 보내시겠다고 하셨는데(말 4:5), 예수님은 오리라 한 엘리야가 '침례 요한'이라고 하셨다(마 11:14). 초림 메시아의 오실 길을 예비하기 위하여 광야의 외치는 소리였던 침례 요한처럼, 주님께서 다시 오실 길을 예비하기 위하여 교회가 신부로서 쉐마에 순종하여 낱권별 통암송 습관(데레크)으로 진리를 외치며 길을 걸어갈 때 그 길로 '길과 진리' 되신 예수님이 다시 오실 것이다.

## 빛의 자녀들처럼 걷는 삶, 쉐마

2022년 5월 31일은 뉴욕 예수가족교회(현, 예수동행교회)의 야유회 날이었고, 담임이신 홍 목사님께서 점심 바비큐 파티에 나를 초청해주셨다. 나는 오전 10시 30분쯤 집을 나서며, 전날부터 이어오던 낱권별 통암송 순서에 따라 에베소서를 1장부터 암송하기 시작했다. 목적지에 거의 도착할 즈음, 길은 막다른 골목으로 끝이 났고, 나는 잘못 들어선 길 위에 서 있었다.

'나는 비교적 길을 잘 찾는 편인데 왜 이랬을까? 우연은 아닐 텐데…'라고 생각하는 순간, 에베소서 5장 8절, "빛의 자녀들처럼 행하라"는 말씀을 암송하고 있었다. 그때 바로 앞에 'arrow'(화살)라는 간판 글씨가 눈에 들어왔고, 그 옆에는 배가 정박할 때 사용하는 닻이 함께 보였다. 순간 '화살'과 '빛'이라는 단어가 들어 있는 말씀이 떠올랐다. "날아가는 주의 화살의 빛과 번쩍이는 주의 창의 광채로 말미암아 해와 달이 그 처소에 멈추었나이다"(합 3:11). 그 순간 낱권별 통암송으로 말씀 큐브에 잠겨 길을 걷는 삶이란 말씀이 빛의 화살처럼 쏘아져 어둠을 깨뜨릴 뿐 아니라, 빛을 내는 해와 달조차 멈추게하는 능력의 영역을 경험하게 되는 삶이라는 확신이 마음 깊이 일어났다.

그러면서 방금 암송했던 에베소서 5장 8절 속 '행하라'라는 표현이 "순종"을 뜻하는 헬라어 '포이에오'나 '히파쿠오'가 아니라, 쉐마를 연상케 하는 "걷다"(히, 할라크)의 의미를 지닌 동사가 쓰였을 것이라는 강한 직감이 들었다. 나는 곧바로 원어성경을 찾아보았다. 그 단어는 예상대로 '페리파테오', 곧 "걷다"였다. 낱권별 통암송으로 성령님을 예배하며 길을 걷던 중, 길을 잃은 그 상황을 통해 성령님은 "말씀의 소리로 빛의 자녀처럼 걷는 삶"이 무엇인지 몸으로 알게 하신 것이다. 쉐마 신앙으로 앉아 있을 때뿐 아니라 길을 걸어갈 때에도 모세오경을 낱권별로 암송하며 살았던 바울은, 그래서 "빛의 자녀들처럼 걸어라"라는 표현을 통해 쉐마의 정신을 담아낸 것이었다.

흔히 많은 주의 종들이 예배를 마치며 "이제 예배가 끝났습니다. 예배당을 나서는 이 순간부터 가정과 학교와 일터, 삶의 모든 현장에서 빛의 자녀로 말씀을 살아내시기 바랍니다"라고 말한다. 그러나 성도들이 삶의 현장에서 말씀을 살아내려 할 때, 한 가지 중요한 사실을 놓치지 말아야 한다. 예배 시간에 설교를 들었다는 것은 본질적으로 설교자의 선포를 수동적으로 듣고, 일시적인 감동과 자극을 받은 상태일 뿐, 그 말씀이 아직 '내 안에 새겨진 것'은 아니라는 점이다.

좋은 설교를 계속 듣고, 찬양을 통해 뜨거움을 경험하면서도 삶에서 빛의 자녀로 승리하지 못하는 이유가 바로 거기에 있다. 그러므로 설교자가 성도들에게 삶 속에서 말씀을 살아내도록 돕고자 한다면 예배 시간에 선포된 주제 말씀을 암송으로 새기게 하고, 삶의 현장에서도 그 말씀을 계속 입술로 선포하도록 쉐마 신앙을 권면해야 한다. 예배당이라는 제한된 공간과 시간 속에서, 앉아서 수동적으로 들었던 말씀만으로 감동이 되었다면, 예배당 문을 나서며 하나님께서 직접 말씀하신 성경을 내 입술로 선포하고, 내 귀로 직접 들으며 길을 걷는다면, 예배의 감동이 삶으로 이어지지 않을 이유가 없다.

성경 전체가 성령의 감동을 받은 저자들을 통해 기록된, 하나님의 입에서 나온 모든 말씀임을 믿는다면, 쉐마의 신앙대로 앉아 있을 때뿐 아니라 삶의 길을 걸어갈 때에도, 그 모든 말씀을 내 입으로 직접 선포하고 내 귀로 직접 듣자. 말씀 큐브에 잠겨, 말씀을 낱권별로 암송하며 "나는 없고, 구속하신 주만 보입니다"라고 고백하는 빛의 자녀의 걸음이 맺는 열매가 무엇이겠는가? 말씀 선포의 걸음 가운데, 빛 되신 주님이 앞서 가시니 어둠은 물러갈 것이다. 또한 빛의 자녀가 암송으로 말씀을 선포하며 걸을 때, 그 말씀이 자연스럽게 전도로 이어질 것이다. 그리고 일터와 학교, 가정이라는 삶의 현장에서 선포되는 말씀이 빛으로 역사하여 사람들을 살리고, 영생에 이르게 하며, 아버지의 일을 이루게 될 것이다.

오늘날 교회 안팎에는 훌륭한 영적 프로그램들이 많다. 그러나 그 형태가 어떠하든, 모든 프로그램의 핵심은 결국 '말씀'이다. 그러므로 나는 영적 프로그램과 훈련을 이끌어가는 이들에게 간곡히 호소하고 싶다. 성도들을 몇 박 며칠간의 일시적인 자극에만 머물게 하지 말고, 그 훈련 기간 동안 선포된 성경 말씀들을 총망라하여 유인물로 제공하고 쉐마 신앙을 강조하여 그들이 앉을 때나 길을 걸을 때나, 눕거나 일어설 때마다 훈련 중에 선포되었던 말씀들을 자기 입술로 직접 암송하며 살아가도록 권면하자.

성도들이 훈련 기간 동안 수동적으로 들었던 말씀을 능동적으로 선포하기 시작할 때, 훈련의 열매는 삶 속에서 자연스럽게 드러나게 될 것이다. 앉고, 길을 걷고, 눕고, 일어설 때마다 말씀이 입에서 떠나지 않게 암송으로 '하가' 하는 쉐마 신앙은, 모든 영성 훈련과 프로그램의 맨 마지막 순서에 반드시 강조되어야 할 공통 사상이다. 쉐마는 하나님께서 친히 제정하신 가장 중요하고도 본질적인 신앙의 패턴이기 때문이다.


## 영적 식스팩을 위해 말씀 큐브에 잠긴 삶, 쉐마

성령님은 2020년 7월 31일에 말씀PT(영어성경암송 유튜브, 2026년 3월 현재 구독자 9만 명) 유튜버 스티브 형제를 만나게 하셨다. 나는 스티브 형제가 출석하는 교회에서 말씀을 전했는데, 그는 집회 현장에 없었지만 이후 설교 영상을 시청하고, 말씀을 소리로 선포하는 것이 얼마나 중요한지, 그리고 암송 신앙이 얼마나 본질적인지를 깨닫게 되었다고 했다. 그리고 그 깨달음을 동기로 삼아, 영어성경 암송을 통해 말씀 사랑과 영어 향상을 함께 돕는 '말씀PT' 유튜브를 시작하게 되었다고 고백했다.

스티브 형제는 육체를 단련하는 PT(Personal Training)에 착안하여, 영을 단련하는 차원의 PT는 곧 말씀 암송이라고 생각했고, 그래서 '말씀PT'라는 이름을 붙였다고 했다. 그러면서 자신의 채널에 업로드할 인터뷰 영상을 함께 찍고 싶다고 요청해왔다. 나는 기쁘게 응했고, 그 첫 인터뷰를 시작으로 한국을 방문할 때마다 스티브 형제와 계속해서 영상을 제작했고, 우리는 영적으로 깊은 친구가 되어 갔다.

그러던 어느 날, 성령께서 '말씀PT'라는 타이틀에 대해 새로운 통찰을 주셨다. 육체 강화에 도움이 되는 지식을 머리로 아무리 많이 습득한다 해도 몸을 직접 움직이지 않으면 육체는 결코 강해질 수 없다. 육체를 단련하기 위해서는 단순하고 일정한 동작을 끊임없이 반복해야 한다. 마찬가지로 성경 지식을 많이 쌓고 깨달음을 많이 얻는 것도 중요하지만, 머리로만 공부하고 깨달음에 머물면 머리만 커질 뿐이다.

예수님은 "내가 너희에게 이른 말은 영이요 생명이라"(요 6:63)라고 하셨는데, 여기서 "말"로 번역된 헬라어 '레마'에는 "소리"라는 의미가 내포되어 있다. 그러므로 영이신 말씀은 입술을 움직여 소리 내어 반복하여 암송함으로써 영적 근육이 직접 강화되어야 한다. 하나님의 입에서 나온 모든 말씀, 곧 '소리'였던 성경을 기록된 그대로 입술로 반복하는 암송 신앙, 곧 쉐마는 영적 근육을 단련하는 하나님의 방법이다.

복근이 강화될 때 식스팩이 형성되듯이 말씀 큐브에 잠긴 삶인 쉐마를 실천할 때 영의 식스팩이 형성된다. 쉐마인 신명기 6장 4-9절, 이 여섯 절을 면밀히 살펴보면, 그 안에 영적 과정의 여섯 영역이 구조적으로 담겨 있음을 발견하게 된다. 7절의 "네 자녀에게 부지런히 가르치며"라는 표현은 이 여섯 절 전체가 부모 세대에게 주어진 명령임을 분명히 보여준다. 이를 참작하여 장, 절, 숫자에 얽매이지 않고 내용을 재배열해보면, 쉐마 안에 심겨진 여섯 영적 영역이 선명하게 드러난다.

1영역 : 들으라 이스라엘아 (히, 쉐마 이스라엘)

쉐마의 첫 영역은 하나님의 음성을 '듣는' 단계다. "들으라, 이스라엘아!"라는 명령은 하나님께서 우리를 향해 지금도 말씀하고 계시며 끊임없이 부르고 계신다는 선언이다. 하나님을 알 만한 것이 우리 안과 창조 세계에 나타나 있기 때문에(롬 1:19-20), 하나님은 우리의 내면과 외면, 곧 안과 밖에서 동시에 말씀하고 계신다.

2영역 : 우리 하나님 여호와는 오직 유일한 여호와이시니

쉐마의 두 번째 영역은 하나님의 절대 주권이라는 의미가 남겨 있으므로 하나님 앞에서 '회개'하는 단계다. 타락한 인간은 하나님 자리에 앉아 있다. 하나님께서는 "내가 유일한 너의 하나님 여호와다"라고 말씀하시며, 인간이 그 자리에 앉지 말 것을 명하신다. 하나님의 그 음성이 들리기 시작할 때, 우리는 스스로 주인 노릇을 했던 삶을 회개하게 된다. "유일하신 하나님 자리에 앉아 있었던 것을 회개합니다." 이 고백을 입으로 시인할 때, 우리는 하나님의 자녀가 된다.

3영역 : 너는 마음을 다하고 뜻을 다하고 힘을 다하여 네 하나님 여호와를 사랑하라

쉐마의 세 번째 영역은 하나님을 '사랑'하는 단계다. 회개하여 예수

님을 믿고, 성령의 침례 및 내주하심을 경험한 하나님의 자녀는 마음과 뜻과 힘을 다해 하나님을 사랑하게 된다. "소망이 우리를 부끄럽게 하지 아니함은 우리에게 주신 성령으로 말미암아 하나님의 사랑이 우리 마음에 부은 바 됨이니"(롬 5:5).

4영역 : 이 말씀을 너는 마음에 새기라… 앉고 길을 걸어갈 때에도 눕고 일어설 때에도 말하라

쉐마의 네 번째 영역은 하나님 사랑이 관념이나 감정에 머물지 않고 구체적인 삶으로 표현되는 단계다. 하나님을 사랑하는 것은 곧 '말씀'을 사랑하는 것이다. 하나님 자신이 말씀이시기 때문이다. 하나님은 말씀을 마음에 새기고, 손목에 매고, 미간에 붙여 표로 삼으라고 하셨다. 쉐마의 요약이라 할 수 있는 여호수아 1장 8절에서는 이를 더욱 분명히 하여, 이 율법책(모세오경 다섯 권)을 앉고 길을 걷고 (주) 눕고 일어날 때에도(야) 네 입에서 떠나지 말게 하며 '하가'(소리로 선포) 하라고 명령하신다. 이는 곧, 모세오경을 낱권별로 통째로 소리 내어 암송하며 새기라는 뜻이다.

5영역 : 네 자녀에게 부지런히 가르치라

쉐마의 다섯 번째 영역은 말씀의 내용뿐 아니라 말씀을 간직하고 보존하는 방법까지 자녀에게 전수하는 단계다. 모세오경은 본래 자음만으로 기록되었다. 부모 세대는 자녀에게 성경의 내용만이 아니라, 그 말씀을 암송하고 보존하는 방식 자체를 가르쳐야 했다. 그러나 많은 이들이 말씀의 '내용'만 전하고, 말씀을 간직하는 '방법'은 전

수하지 않는다. 그 결과, 자녀 세대에서 신앙의 유업이 끊기게 된다.

### 6영역 : 네 집 문설주와 바깥 문에 기록하라

쉐마의 여섯 번째 영역은 가정을 말씀의 집으로 세우고, 그 집이 하나님을 섬기는 집임을 이웃과 지나가는 사람들에게 선포하는 단계다.

1997년 복음의 온전성을 깨닫고 전도와 성경 암송의 삶이 시작된 후 9년이 지난 2006년, 성령님은 새벽마다 나를 집 근처 공원으로 이끄셔서 매일 1시간 반에서 2시간씩 걷게 하셨다. 그 길 위에서 나는 신약의 성령 관련된 모든 구절들과 낱권별 통암송을 하도록 인도받았다. 이는 "앉을 때뿐 아니라 길을 걸을 때에도, 율법책에 기록된 대로 입에서 떠나지 않게 하라"는 쉐마의 삶으로 이끄시는 여정이었다. 그 새로운 인도하심 속에서 나는 영적으로 생수의 강에 더 깊이 잠기는 유익을 얻었고, 동시에 육체적으로도 놀라운 변화를 경험했다. 거의 100킬로그램에 이르던 체중이 73킬로그램으로 줄어든 것이다. 영과 육의 강화를 위한 '단순 반복'-말씀 암송과 걷기-을 꾸준히 실천하며 동시에 거둔 결실이었다.

육체든 영이든, 강건해지기 위한 결정적인 요소는 지식이나 깨달음에 머무는 것이 아니라, 단순한 동작의 반복과 말씀을 소리로 단순히 반복 선포하는 암송이다. 쉐마는 영적 식스팩을 형성하시는 하나님의 가장 실제적인 훈련 방식이다.

## 말씀 큐브에 잠겨 영혼몸을 흠없이 보존하자

평강의 하나님이 친히 너희를 온전히 거룩하게 하시고 또 너희의 온 영과
혼과 몸이 우리 주 예수 그리스도께서 강림하실 때에 흠 없게 보전되기를
원하노라 살전 5:23

인간론에 있어서 영혼과 육체라는 이분설과 영과 혼과 육이라는
삼분설의 의견들이 대립했지만, 사실상 히브리어와 헬라어 원문에서
는 영(히, 루아흐 ; 헬, 프뉴마)과 혼(히, 네페쉬 ; 헬, 프쉬케)과 몸(히, 바싸르 ;
헬, 쏘마, 싸르크스)라는 단어가 언제나 다 따로 쓰였다. '영혼'(히, 루아
흐, 네페쉬 ; 헬, 프뉴마, 프쉬케)라는 합성어는 원어상 단 한 번도 쓰이지
않았다. 이렇게 분명히 구분된 영과 혼과 육의 차원에서 바라보면 구
원론도 아주 명확해진다. 그런 의미에서 말씀 소리로 혼적 자아를 부
인하고, 자기 십자가를 지고, 주를 따르는 것이 중요하다는 것을 알
게 된다.

첫째, 구원의 과거성인 영의 구원이다.

이는 만물이 주에게서 나오고 주로 말미암고 주에게로 돌아감이라 그에
게 영광이 세세에 있을지어다 아멘 롬 11:36

예수께서 이르시되 내가 곧 길이요 진리요 생명이니 나로 말미암지 않고
는 아버지께로 올 자가 없느니라 요 14:6

그가 우리를 흑암의 권세에서 건져내사 그의 사랑의 아들의 나라로 옮기셨으니 그 아들 안에서 우리가 속량 곧 죄 사함을 얻었도다 골 1:13-14

이 구절들을 자세히 살펴보면, 죄사함 받은 자, 속량을 받은 자는 그 위치가 아들 안이며, 그 아들과 함께 흑암의 권세(만물) 위로 이미 옮겨져 들어간 것이다. 그런데 아들과 함께 죽지 않으면 새 생명으로 거듭나지 못하여 아버지에게로 올라갈 수 없다. 그래서 예수님은 공생애 첫 번째 선포로서 회개하고 복음을 믿으라고 하셨다(막 1:15). 회개하고 복음(예수 그리스도)을 믿은 자(내가 주인 된 삶을 포기하고 예수님을 주인으로 모셔들인 자)는 그리스도와 함께 죽음으로 연합된다(갈 2:20). 그리고 그리스도와 함께 부활로 연합되어 새 생명(영)으로 그리스도와 함께 만물 위 아버지 안에 들어간다(엡 2:5-6).

아버지여, 아버지께서 내 안에, 내가 아버지 안에 있는 것 같이 그들도 다 하나가 되어 우리 안에 있게 하사 세상으로 아버지께서 나를 보내신 것을 믿게 하옵소서 요 17:21

내가 그리스도와 함께 십자가에 못 박혔나니 그런즉 이제는 내가 사는 것이 아니요 오직 내 안에 그리스도께서 사시는 것이라 갈 2:20

그리스도 예수 안에서 함께 하늘에 앉히시니 엡 2:6

영원한 하늘 보좌에 이미 앉혀진 것은 새 영이다. 이것이 영의 구원이다. 이것은 구원의 과거성으로 이미 이루어진 구원의 상태다.

둘째, 구원의 미래성인 육의 구원이다. 그리스도의 십자가 앞에서 회개하고 삶의 주인을 예수님으로 바꾼 자는 그리스도와 함께 옛 생명이 죽었고 그리스도와 함께 새 영으로 살리심을 받아 그리스도와 함께 만물 위에 계신 영이신 아버지 안에 잠겨 영이신 아버지께서 내 안에 계심으로 영의 구원이 이루어졌다. 그러나 아직 여전히 썩을 몸을 입고 있다. 영이 만물 위에 이미 앉혀져서 구원이 이루어진 것을 지식으로가 아니라 경험적으로 알게 된 자(성령 침례 경험자)는 결국 모든 믿음의 근원이 만물 위에 계신 아버지께 있으므로 미래에 육의 구원이 이루어질 것이다. 예수께서 다시 오실 때에 썩지 않을 영광스러운 몸으로 변화될 것이다. 그래서 육의 구원은 미래적 차원이다.

> 그러나 우리의 시민권은 하늘에 있는지라 거기로부터 구원하는 자 곧 주 예수 그리스도를 기다리노니 그는 만물을 자기에게 복종하게 하실 수 있는 자의 역사로 우리의 낮은 몸을 자기 영광의 몸의 형체와 같이 변하게 하시리라 빌 3:20-21

셋째, 구원의 현재성으로 혼의 구원이다. 영의 구원은 이미 이루어졌고, 육의 구원은 앞으로 이루어질 것이다. 영의 구원도 육의 구원도 하나님의 주권이다. 마찬가지로 구원의 현재성인 혼의 구원도 하나님의 주권적 역사다. 날마다 매 순간마다 성령께 온전히 의지할 때 성령께서 혼적 구원을 날마다 매 순간마다 이루어주신다.

그러므로 나의 사랑하는 자들아 너희가 나 있을 때뿐 아니라 더욱 지금 나 없을 때에도 항상 복종하여 두렵고 떨림으로 너희 구원을 이루라

빌 2:12

예수님의 십자가 죽음 앞에서 총체적으로 절망적인 나를 깨닫고 회개한 자는 예수 그리스도의 이름으로 성령 침례를 받음으로써, 그리스도와 함께 죽고 살아서 그리스도와 함께 만물 위 아버지(성령) 안에 잠김으로써 성령께서 선물로 그 속에 임재하시게 되어 죄사함을 받은 것이다. 그렇다면 이제 매일 매 순간 항상 계속되는 '지금'의 삶 속에서 두렵고 떨림으로 성령님을 의지하여 혼의 구원도 누리게 된다. 갈라디아서 5장 16-17절을 원어로 직역해보면 '길'이라는 단어가 있고 '행하라'는 원어가 "걷다"라는 단어다.

내가 이르노니 너희는 성령을 따라 행하라 그리하면 육체의 욕심을 이루지 아니하리라 육체의 소욕은 성령을 거스르고 성령은 육체를 거스르나니 이 둘이 서로 대적함으로 너희가 원하는 것을 하지 못하게 하려 함이니라

갈 5:16-17

성령의 소욕을 거스르는 혼을 부인하기 위해 율법책에 기록된 대로 낱권별 암송 소리로 말씀 큐브에 잠겨 기록된 성경의 흐름에 나의 삶의 리듬을 맡기며 성령님을 계속해서 예배할 때 혼의 구원이 지속적으로 이루어지게 된다. 예수님도 "자기를 부인하고 자기 십자가를 지고 나를 따를 것이니라"(마 16:24)라고 말씀하셨다. 주님께 삶의 주권을

이양한 자에게는 내가 '죽어야 할' 십자가가 아니다. 내가 '이미 죽은' 십자가다! 그래서 복음이다. 성경은 여러 군데에서 혼적 자아의 부인으로 구원을 이루어가야 하는 것을 말하고 있다.

다음 구절들 속에서 한글성경은 '영혼'이라고 번역했으나 '혼'이라고 번역해야 뜻이 명확해진다.

누구든지 제 목숨(헬, 프쉬케 : 혼적 생명)을 구원하고자 하면 목숨을(헬, 프쉬케, it 주어 충실 번역) 잃을 것이요, 누구든지 나를 위하여 제 목숨(헬, 프쉬케 : 혼적 생명)을 잃으면 목숨을(헬, 프쉬케 : 혼적 생명) 찾으리라 마 16:25

자기 생명(헬, 프쉬케 : 혼적 생명)을 사랑하는 자는 (그 프쉬케를) 잃어버릴 것이요 이 세상에서 자기 생명(프쉬케)을 미워하는 자는 영생하도록 (그 프쉬케를) 보존하리라 요 12:25

내 혼(히, 네피쉬 : 혼적 자아)을 소생(히, 슈브 : 회개)시키시고 시 23:3

여호와의 율법은 완전하여 내 혼(히, 네피쉬)을 소성(히, 슈브 : 회개)시키시며… 시 19:7

말씀은 영이다(요 6:63). 입술(몸)로 말씀을 선포할 때 혼적 자아가 부인되는 것이다. 그때 육체의 소욕이 죽고 성령께서 행하시게 된다. 말씀 소리로 성령님을 예배할 때 그 말씀대로 말하고 살도록 역사하시는 분도 성령님이시다. 그래서 혼적 구원도 성령님의 주권적인 역사다. 이미 만물 위에 앉혀진 '영'의 존재로서 주님께서 다시 오실 때에 '몸'이 썩지 아니할 것으로 부활되는 미래를 향하여 날마다 매 순간 항상 계속되는 '지금' 속에서 말씀 소리로 성령님을 예배하며 걸을 때 율법의 요구가 이루어지게 된다.

육신을 따르지 않고 그 영을 따라 걷는(헬, 페리파테오, "걷다"가 더 확실한 번역) 우리에게 율법의 요구가 이루어지게 하려 하심이니라 **롬 8:4**

그의 안에서 건물마다 서로 연결하여 주 안에서 성전이 되어 가고 너희도 성령 안에서 하나님이 거하실 처소가 되기 위하여 그리스도 예수 안에서 함께 지어져 가느니라 **엡 2:21-22**

회개하고 예수님을 구주로 모신 자가 혼적 자아(지, 정, 의)를 매 순간 부인하기 위해서는 성령님을 전적으로 의지해야 한다. 그러기 위해서는 성령님을 향해 매 순간 말씀 소리로 자아를 돌이켜야 한다. 잘못을 저질렀을 때 즉각 회개해야 하고, 더 나아가 죄 된 행동의 근원인 혼적 자아(생각, 마음)를 늘 말씀을 향해 돌이켜 성령님을 예배하며 임재 안에 머물러야 한다.

성령님을 예배하기 위하여 날권별 통암송 말씀 소리로 말씀 큐브에 잠겨 혼적 자아의 비움이 잘 이루어지는 만큼 잘못을 저지르게 되는 빈도수가 점점 줄어들게 된다.

이 율법책을 네 입에서 떠나
지 말게 하며 주야로
그것을 묵상하여 그 안에
기록된 대로 다 지켜 행하라
그리하면 네 길이 평탄하게
될 것이며 네가 형통하리라
여호수아 1:8

KEEP THIS BOOK OF THE
LAW ALWAYS ON YOUR
LIPS; MEDITATE ON IT DAY
AND NIGHT, SO THAT YOU
MAY BE CAREFUL TO DO
EVERYTHING WRITTEN IN IT
JOSHUA 1:8

BIBLE
CUBE

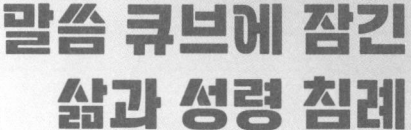

# 말씀 큐브에 잠긴
# 삶과 성령 침례

PART 3

# 07

# 성령 침례로 존재적 연합을 경험하라

## 말씀 큐브에 잠긴 삶과 성령 침례의 구조적 연관성

사역자들이 성도들에게 성령 침례를 경험하도록 권면할 때, 대체로 네 가지 방향에서 접근한다. 그것은 기도, 찬양, 말씀, 그리고 순종이다.

첫째, 그들은 기도를 통해 성령 침례를 구하라고 권면한다. 상처로 인해 용서하지 못한 마음과 숨겨진 죄에 대한 철저한 회개를 강조하며, 자신의 죄를 분명히 자각하고 고백하는 회개 기도로 이끈다. 그 위에 성령 침례를 향한 갈망과 간절한 요청의 기도가 더해질 때 성령의 역사가 임한다고 가르친다. 이 과정에서 소리를 높여 통성으로 부르짖는 기도를 강조하는 경우도 많다.

둘째, 찬양이다. 찬양이 깊어지고 찬양을 통해 마음이 열릴 때 성령께서 임하신다고 권면한다. 반복되는 찬양과 고조된 예배의 흐름 속에서 감정이 만져질 때, 성령의 임재를 경험하게 된다고 설명한다.

셋째, 체험 자체보다 말씀이다. 크게 부르짖는 기도나 뜨거운 찬양의 흐름과 같은 특정 체험을 강조하기보다 성령께서 말씀을 통해 지속적으로 역사하신다는 점을 강조한다. 말씀 안에 거함으로써 성령 침례가 경험된다고 이해시키는 경우다.

넷째, 순종이다. 삶의 주권을 전적으로 하나님께 드리는 결단의 태도가 선행될 때 성령의 역사가 삶 가운데 분명해진다고 가르친다.

이 네 가지 권면은 모두 성경에서 그 근거를 찾을 수 있는 원리들이다. 그런데 많은 이들이 성령 침례를 위한 기도, 찬양, 말씀, 순종이라는 요소들을 개별적으로 설명하는 경향이 있다. 그러나 내가 권면하고 싶은 성령 침례를 경험하기 위한 가장 안전하고 확실한 방법은 하나님께서 직접 제정하신 쉐마 신앙에 따른 낱권별 통암송이다. 왜냐하면 앞서 나열한 기도, 찬양, 말씀, 순종, 이 네 가지 요소들이 다 집약되어 있는 것이 쉐마 신앙이기 때문이다.

쉐마 신앙은 앉아 있을 때나 길을 걸을 때나 누웠을 때나 일어설 때나, 기록된 말씀의 흐름대로 성경 한 권을 통째로 입에서 떠나지 않게 히는 삶의 방식이다. 이때 성도는 주의 뜻인 말씀으로 기도하게 되고, 말씀의 소리로 자아를 부인하게 되니 이는 회개 기도의 본질에 해당한다. 또한 하나님의 하나님 되심이 풍성히 묘사된 말씀을 소리 내어 주님께 올려 드리니, 이것이 곧 찬양이다. 말씀이 입에서 떠나지 않도록 하며 성령을 향하는 삶은 성령 침례를 경험하는 데 요구되는 핵심 요소인 기도와 찬양을 자연스럽게 모두 포괄한다. 더 나아가 쉐마의 명령에 그대로 순종함으로써, 삶의 주권을 주야로 하나님께 드리는 실제적 삶에 이르게 된다.

따라서 나는 쉐마 신앙에 따른 낱권별 통암송을 성령 침례와 연결하여 이해할 때, 다음 두 가지 관점에서 균형 잡힌 이해가 가능하다고 본다. 그러나 이 모든 요소들은 쉐마 신앙, 곧 기록된 성경의 흐름에 삶의 리듬을 온전히 맡기는 말씀 큐브에 잠긴 삶 안에 하나로 통합되어 있다.

첫째, 쉐마 신앙은 성령 침례를 얻기 위한 하나의 방법론이나 기술이 아니라, 말씀에 온전히 잠기게 하는 삶의 구조다. 앉고, 걷고, 눕고, 일어서는 모든 일상의 리듬을 낱권별 통암송으로 기록된 성경의 흐름에 삶을 맡기는 이 구조 안에서는, 기도, 찬양, 회개, 순종이 분리된 행위로 존재하지 않는다. 오히려 말씀의 흐름 속에서 기도, 찬양, 회개, 순종이 동시에, 그리고 자연스럽게 발생한다. 이 점에서 쉐마 신앙은 성령 침례를 '유도'하려 하지 않고, 성령께서 역사하시기에 가장 안정적인 삶의 토양을 형성한다. 나는 성령 침례를 쉐마라는 어떤 행위의 결과물로 설명하려는 것이 아니다. 오히려 하나님께서 이미 말씀하신 방식대로 사는 쉐마의 삶에 성령께서 어떻게 자연스럽게 역사하시는지를 말하고자 하는 것이다.

둘째, 쉐마는 사도행전에 묘사된 성령 침례와 실제적으로 깊은 관련성을 지닌다. 예수님은 사도행전 1장 4, 5, 8절에서 성령 침례를 예언하셨고, 이에 따라 예수님의 모친과 동생들, 그리고 제자들은 그 약속을 기다리며 한마음으로 기도에 힘썼다(행 1:14). 유대인인 이들이 드린 기도는 곧 쉐마였다.

그들은 집과 회당에 모여 정해진 기도 시간마다 쉐마의 명령을 따라 모세오경과 시가서, 선지서의 말씀을 통째로 암송하며 하나님 앞에 자신을 세워 왔던 자들이었다. 성령의 침례를 경험하기 위해서 오순절을 기다리며 드린 예수님의 가족들과 제자들의 기도는 어떤 새로운 형식의 영적 훈련이 아니라, 유대인들이 수 세기 동안 이어온 쉐마의 전통 위에 서 있었다고 보아야 한다.

그들은 성령 침례를 기다리며 율법책(모세오경)이 입에서 떠나지 않게 '하가'(묵상의 히브리어, "소리를 내다", "선포하다"라는 뜻) 하며(수 1:8), 말씀 안에 자신을 잠기게 하는 방식으로 하나님 앞에 머물렀고, 바로 그 자리에 성령 침례가 임한 것이다. 이는 성령의 역사가 쉐마적 신앙, 곧 말씀에 전 존재를 잠기게 하는 순종 위에서 열매를 맺었음을 보여 준다.

하나님은 영이시며 말씀이시다(요 1:1, 4:24). 그러므로 낱권별 통암송으로 형성되는 말씀 안에 잠긴 삶과, 생수의 강이신 성령 안에 잠기는 성령 침례의 관계는 매우 밀접하다. 성경이 사용하는 '침례'라는 언어는 어떤 요소 안으로 잠겨 들어가는 상태를 가리킨다. 이러한 의미에서, 낱권별 통암송을 통해 형성되는 말씀의 큐브, 곧 정육면체 모양의 지성소 안에 잠기는 삶은 성령 침례의 개념과 동일한 뉘앙스를 지닌다.

흔히 성령 충만을 위해서는 먼저 말씀 충만해야 한다고 말한다. 질그릇과 같은 우리 안에 성령께서 충만히 거하시기 위해서는 역설적으로 우리가 먼저 성령 안에 잠겨야 한다. 그 결과로 성령께서 질그릇 안에 충만히 채워지시는 것이다. 그러므로 성령 안에 잠기기 위해서는 성령께서 친히 기록하신 성경 말씀 안에 온전히 잠기는 길 외에는 다른 길이 없다.

문제는 자아의 부인이다. 성령 침례란 성령께 완전히 점령당하는 상태를 의미하는데, 이를 위해서는 본질적인 회개 차원에서 '나'가 부인되어야 한다. 그러나 인간은 행위적으로, 의지적으로 자신을 온전히 부인할 수 없다. 인간의 마음은 만물보다 거짓되고 심히 부패했기 때문이다. 따라서 성령께 잠기기 위해 요구되는 회개 차원의 자기 부인은 인간의 결단이나 노력이 아닌, 누군가의 교리나 해석 체계에 몰입하는 것이 아닌, 기록된 성경의 흐름 날것 그대로 집중하는 것이다. 말씀이 입에서 떠나지 않도록 앉고 길을 걷고 눕고 일어설 때마다 삶의 리듬을 기록된 성경의 흐름에 맡길 때, 자아는 계속해서 부인된다.

하나님께서 에스겔에게 보여주신 성전에서 흘러나오는 물의 환상은 바로 이 성령 침례의 실체를 예언적으로 보여준다. 물이 발목에서 무릎으로, 무릎에서 허리로, 마침내 헤엄치지 않으면 건널 수 없는 강이 되는 과정은, 인간의 인위적인 영역을 넘어 전적으로 삶이 온전히 맡겨지는 점진적인 상태를 말한다. 쉐마인 낱권별 통암송은 성령 침례를 얻기 위한 조건이나 공식을 제안하려는 의도가 아니다. 성령 침례는 절대적으로 하나님의 주권적 역사다. 쉐마 신앙은 하나님의 주권적 은총에 "나를 불쌍히 여기소서!"라는 회개의 태도다. 그러므로 아직 성령 침례를 경험하지 못한 이들은, 주님과 존재적으로 연합되는 은총인 성령 침례를 갈망하는 마음으로 하나님의 긍휼을 구하며 쉐마인 낱권별 통암송에 순종해보아야 한다.

복음서 속의 베드로는 유대인이었고, 쉐마 신앙 안에서 살아온 사람이었다. 그가 성실히 쉐마를 실천했음에도 불구하고, 아직까지 성령 침례 이전의 상태에 머물러 있었기 때문에 그의 메시아 이해는 여전히 자기중심적이어서, 로마의 압제로부터 이스라엘을 해방시킬 정치적 메시아를 기대했다. 그 결과, 인류 구원을 위해 죽으러 오신 예수님의 죽음을 가로막음으로써 자기 부인에 실패하고 말았다.

그러나 예수님의 죽으심과 부활과 승천을 목격한 이후, 베드로는 자신의 삶이 자기 주장에 기반해 있었음을 깊이 자각하게 된다. 그는 성령 침례를 경험하기 위하여 기도에 힘썼는데, 유대인으로서 삶의 구조 안에서 쉐마에 집중했다. 다만 이제 그 쉐마 실천의 목적이 완전히 달라졌다. 이전에는 자기 사상을 강화하는 종교적 열심이었다면, 이제는 "예루살렘을 떠나지 말고 내게서 들은 바 아버지께서 약속하신 것을 기다리라"(행 1:4)는 예수님의 말씀에 단순하게 순종하여, 자기를 부인하는 차원으로 쉐마에 순종했던 것이다.

베드로는 성령 침례를 경험한 이후에도 쉐마 신앙에 따른 낱권별 통암송의 삶을 지속했다. 쉐마는 성령 침례에 이르기 위한 준비에 머물지 않는다. 쉐마는 유대인들의 가장 중요한 정체성이므로 이제는 쉐마가 성령과 동행하는 삶의 구조가 되었다. 이전의 쉐마는 자신을 주장하고 강화하는 차원이었으나 이제는 썩을 육신에 여전히 남아 있는 옛 습관, 곧 죽은 옛 자아가 드러나는 것을 부인하며 성령님을 집중하는 쉐마가 되었다. 앉고, 길을 걷고, 눕고, 일어설 때마다 말씀에 자신을 맡기는 이 삶의 리듬 속에서, 그는 성령을 의지하여 자기를 부인하고 자기 십자가를 지며 기꺼이 예수님을 따르는 삶으로 나아갔고, 그 끝은 거룩한 순교였다.

이처럼 쉐마에 따른 낱권별 통암송 신앙은, 아직 자기 주장 가운데 살아가는 사람이 '성령 침례', 곧 주님과의 존재적 연합으로 나아가게 하는 자아 부인적 회개의 길이며 동시에, 이미 성령 침례를 경험한 자가 성령을 의지하여 끝까지 그 연합을 누리기 위한 자아 부인의 길이기도 하다. 따라서 성령 침례(성령으로 거듭남)에 대하여, 어떤 개인이나 단체의 교리가 아닌, 하나님께서 성경 그 자체를 통해 어떻게 말씀하시는지를 조명하는 일은 매우 중요하다.

## 내 안에 거하라 나도 너희 안에 거하리라

사도행전 2장의 성령 침례 사건은 예수께서 이 땅에 오신 가장 궁극적인 목적이다. 하나님께서 원하시는 참된 제자의 모습이 드러난 지점은 복음서 속 제자들의 모습이 아니라, 사도행전 2장 이후의 제자들의 모습이다. "예수님은 이 땅에 왜 오셨습니까?"라고 물으면 많은 사람들이 "죽으시려고요"라고만 대답한다. 물론 맞는 말이다. 하나님의 사랑은 성육신하신 예수께서 십자가에 죽으신 사건에서 완전하게 시작되었다.

그러나 십자가에 나타난 그 사랑은 거기서 멈추지 않고 절정을 향해 계속 흐른다. 그 사랑은 부활과 승천으로 이어지고, 승천 후 열흘 뒤 성령 침례 사건으로 완성된다. 바로 이 성령 침례 사건이 하나님의 사랑의 절정이다(롬 5:5). 성령 침례가 임하지 않으면 우리는 주님의 성육신과 죽으심, 부활과 승천의 의미를 알 수 없으며, 죽으시고 부활하시고 보좌에 앉으신 그 주님과 존재적으로 연합될 수도 없다. 예수께서 죽음을 앞두고 "내가 떠나가는 것이 너희에게 유익이라"(요 16:7)라고 하시며 성령의 오심을 약속하신 이유가 바로 여기에 있다. 또한 승천 직전, 제자들에게 "몇 날이 못 되어 성령으로 침례를 받으리라"라고 유언하신 것도 같은 맥락이다(행 1:4-5).

복음서 속에서 베드로는 예수님이 누구신지를 정확히 고백했고, 그분을 가까이 따르며 귀신을 쫓고 병자를 고치며 물 위를 걷기까지 했다. 그러나 십자가의 길 앞에서 그는 예수님을 모른다고 부인함으로써 자기 부인에 실패했다. 그 근본 원인은 아직 성령 침례를 경험하지 못하여 예수님과 존재적으로 연합되지 못했기 때문이다. 베드로가 날마다 자기를 부인하고 자기 십자가를 지고 주님을 따를 수 있었던 때는, 예수님의 죽음과 부활과 승천 이후, 사도행전 2장에서 성령 침례를 경험하고 주님과 존재적으로 연합된 이후였다.

성령 침례라는 개념과 정확히 동일한 개념이 예수께서 표현하신 "너희가 내 안에 내가 너희 안에"이다. 성경에서 가장 핵심적인 개념을 꼽는다면, "너희가 내 안에 거하면 내가 너희 안에 거하리라"라는 이 존재적 연합의 말씀이라 할 수 있다. 바울이 서신서들에서 반복하여 사용하는 "그리스도 안에"라는 표현도 같은 맥락이다. 이 표현은 결코 관념적이거나 비유적인 개념이 아니다. 이를 관념론적으로만 이해하면 신앙은 추상적이고 모호해진다.

더 나아가 이것을 어떤 행위나 삶의 태도로 해석하는 것은 중대한 오류다. 그 어떤 선한 행위로도 거룩하신 삼위일체 하나님과 존재적으로 연합될 수 없기 때문이다. 곧 "너희가 내 안에 내가 너희 안에"는 성령 침례 사건을 통해 실제로 경험되어야 할 연합을 가리킨다. 그것을 가장 선명하게 드러내는 본문이 바로 요한복음 15장이다.

우리의 존재는 태어날 때부터 죽은 자요 죄인으로, 밑이 깨진 빈 그릇과 같다. 예수님과 예수님의 영이신 성령님을 생수의 강으로 비유해 보자. 깨진 빈 그릇에 물을 채우려는 태도에는 두 가지가 있다. 하나는 큰 주전자의 물을 계속 붓는 방식이다. 물이 잠시 채워지지만, 그

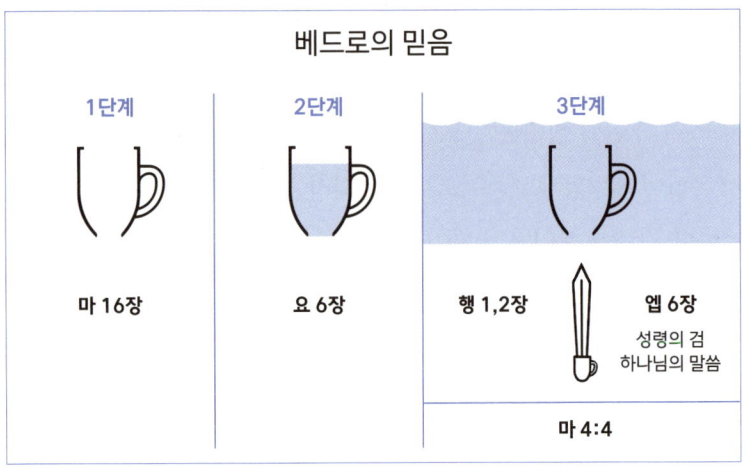

베드로의 믿음

| 1단계 | 2단계 | 3단계 |
|---|---|---|
| 마 16장 | 요 6장 | 행 1,2장  엡 6장 |
|  |  | 성령의 검  하나님의 말씀 |
|  |  | 마 4:4 |

룻이 깨져 있으므로 곧바로 새어 나간다. 다른 하나는 그 깨진 그릇을 강 안에 잠기게 하는 방식이다. 예수님이 성령님을 '생수의 강'으로 비유하신 것을 따르자면, 우리가 그 강 안에 잠길 때 - 곧 성령께 침례를 받을 때 - 강물이 그릇 안을 가득 채운다. 생수의 강이신 성령 안에 우리가 잠기는 성령 침례의 경험이 바로 "우리가 주님 안에, 주님이 우리 안에" 거하시는 존재적 연합의 상태이다. 예수께서 요한복음 14장과 15장에서 말씀하고자 하신 핵심이 바로 이것이다.

요한복음이 어떤 책인가에 대하여, '생명' 혹은 '영생'이라는 대주제로 설명하는 탁월한 해석들이 있다. 이는 요한복음의 본질을 정확히 짚은 옳은 설명이다. 그러나 잠시 그 고정관념을 내려놓고 싶다. 요한복음을 반복하여 통권으로 반복 암송한 결과, 나는 요한복음의 대주제를 '성령 침례'라고 말하고 싶다. 생명과 영생은 성령 침례를 경험한 결과로 주어지는 것이기 때문이다. 그러므로 요한복음을 성령 침례라는 중심 사건으로 읽을 때, 신앙은 훨씬 실제적인 구심점을 갖게 된다.

　요한복음 15장은 특히 많은 오해를 받아왔다. 많은 사역자들이 포도나무와 가지의 비유를 "열매를 맺어야 붙어 있을 수 있다"는 식의 율법적 강조로 해석한다. 그러나 그것은 예수님의 의도가 아니다. 이러한 오해는 장, 절 구분에 갇힌 디지털적, 헬레니즘적 독해에서 비롯된다. 요한복음을 장과 절이라는 숫자의 나누어짐에서 벗어나 반복하여 암송하는 동안, 나는 예수님이 요한복음 15장에서 포도나무와 가지의 존재적 연합, 곧 성령 침례를 강조하고 계심을 분명히 보게 되었다. 요한복음 15장 1-10절 사이에서 예수님은 이 존재적 연합을 무려 열 차례나 반복하여 강조하신다.

　요한은 처음 복음서를 기록할 때 6장, 14장, 15장이라는 숫자를 붙이지 않았다. 이 본문들은 낳어지지 않은 한 흐름 안에서 기록되었다. 그 맥락을 따라가보자.

> 내 살을 먹고 내 피를 마시는 자는 내 안에 거하고 나도 그의 안에 거하나니 요 6:56

　예수님은 오병이어의 기적을 통해, 음식이 몸 안에 들어와 하나가 되는 경험을 먼저 하게 하신 뒤, 자신의 살과 피를 먹고 마시는 자는 주님 안에 거하게 되고, 주님도 그 안에 거하신다는 표현으로 존재적 연합을 선포하셨다. 6장의 이 말씀은 요한복음 14장과 15장을 여는 결정적인 열쇠다. 십자가에서 죽으신 예수님 앞에서 자신이 죽은 자임을 고백하고 회개함으로써 예수님의 살과 피를 믿음으로 먹는 자를 예수님은 자신의 죽음에 연합된 자로 인정하신다.

그러나 오병이어의 기적을 체험하고 예수님을 왕으로 삼으려 했던 무리들은 "내 살을 먹고 내 피를 마시라"라는 말씀을 받아들이지 못하고 떠나갔다(요 6:52,60-66). 그들은 주님과 존재적으로 연합되는 성령 침례를 거부한 것이다. 예수님은 요한복음 7장부터 11장까지 계속해서 성령 침례를 말씀하시다가, 14장에 이르러 "그 날에는 내가 아버지 안에, 너희가 내 안에, 내가 너희 안에 있는 것을 너희가 알리라"(요 14:20)라고 하시며 그 사건이 일어날 날과 그 의미를 더욱 선명히 밝히신다. 성령에 대해 설명하신 후(요 14:16-19), 예수님은 성령 침례가 임하는 그 날에 이루어질 존재적 연합을 선언하신 것이다(요 14:20). 요한은 이 말씀을 끊지 않고 곧바로 15장의 포도나무 비유로 이어 간다. 15장은 6장과 14장의 "너희가 내 안에, 내가 너희 안에"라는 선언을 포도나무와 연합된 가지 비유로 풀어낸 것이다.

여기서 "거하다"와 "붙어 있다"에 해당하는 헬라어는 모두 '메노'이다. 이는 행동 양식이나 태도를 뜻하는 말이 아니라, 존재적 연합을 의미한다. 이를 '살아내야 할 행위'로 가르치는 것은 율법적 오해다. 더욱이 15장 2절의 "붙어 있어"에 해당하는 헬라어 '엔'은, "안에"(in)라는 존재적 연합의 의미다. 이는 14장 20절의 "너희가 내 안에"와 정확히 같은 개념이다. 곧 성령 침례의 결과로 이루어지는 존재적 연합을 다시 한번 강조하신 것이다. 요한복음 15장은 열매 맺는 행동을 강조하는 장이 아니라, 성령 침례를 통해 포도나무이신 그리스도 안에 존재적으로 연합된 자의 실재를 선포하는 장이다.

요한복음 14장 20절의 의미를 요한이 15장 4, 5, 6절에서 동일한 개념으로 반복하여 풀어내고 있다는 사실을 아는 것이 매우 중요하다. 15장 4절을 보라. "내 안에 거하라 나도 너희 안에 거하리라"라는 말씀은 14장 20절에서 "그 날에는… 너희가 내 안에, 내가 너희 안에 있는 것을 너희가 알게 되리라"라고 하신 말씀과 본질적으로 동일한 표현이다. 여기서 말하는 "그 날"은 성령 침례가 실제로 경험되는 날을 가리킨다.

그리고 15장 4절에서 예수님은 다시 한 번 "가지가 포도나무에 붙어 있지 아니하면 스스로 열매를 맺을 수 없음 같이 너희도 내 안에 있지 아니하면 그러하리라"라고 강조하신다. 이는 가지가 포도나무에 존재적으로 붙어 있을 때 자연스럽게 열매를 맺게 되는 것처럼, 성령 침례를 경험하여 주님 안에 거하고 주님이 그 안에 거하시는 존재적 연합이 이루어지면, 열매는 스스로 맺히게 된다는 사실을 거듭 확인해주시는 말씀이다.

생각해보라. 줄기에 붙어 있으려고 애쓰는 가지가 어디 있겠는가? 가지는 그 실존 자체가 이미 줄기와 존재적으로 연합되어 있다. 그러므로 뿌리요 줄기이신 예수께서 수분과 영양분을 공급하시고, 그 결과 가지는 애쓰지 않아도 열매를 맺게 된다. 이 복음의 핵심적 표현을 가지고 "여러분, 나무에 붙어 있으려고 노력하셔야 합니다. 그러기 위해서 열매를 맺으셔야 합니다"라고 설교하는 것은, 본문의 의도를 정면으로 거스르는 율법적 설교다.

5절의 "나는 포도나무요 너희는 가지라"라는 선언은 더욱 결정적이다. 이 말씀은 하나님께서 창세 전에 주권적으로 선택하신 자에 대한 존재론적 규정이다. 예수께서 이미 13장 18절에서 "나는 내가 택한 자들이 누구인지 앎이라"라고 말씀하신 것처럼 이는 존재적 연합에 대한 분명하고도 구체적인 선포다. 그리고 이어지는 말씀 "그가 내 안에, 내가 그 안에 거하면 사람이 열매를 많이 맺나니 나를 떠나서는 너희가 아무것도 할 수 없음이라"는 선언을 통해, 4절의 내용을 다시 한번 반복하신다. 6절 역시 동일한 흐름 안에 있다.

요한이 이처럼 4절, 5절, 6절을 일관되게 말하고 있는 상황에서, 우리는 2절의 "제거해 버리시고"라는 표현을 다시 번역해야 한다. 이 구절에 사용된 헬라어 '아이로'는 가장 기본적이고 빈번한 의미가 "들어 올리다", "일으켜 세우다", "들어 주다"이다. 반면 "제거하다"라는 뜻은 사용 빈도도 낮고, 사전에서도 의미 목록의 후반부에 위치해 있다 (Blue Letter Bible 참조). 그럼에도 불구하고 이 단어를 가장 보편적이고 핵심적인 의미로 번역하지 않고, 상대적으로 덜 사용되는 "제거하다"로 옮긴 것은 요한복음 15장 4,5,6절의 문맥을 무시한 번역이다. 더 나아가 15장 1-6절을 14장 20절, 곧 "그 날에는 내가 아버지 안에, 너희가 내 안에, 내가 너희 안에 있는 것을 너희가 알리라"라는 성령 침례의 존재적 연합이라는 개념 차원에서 말하고 있다는 사실을 놓친 번역이기도 하다.

인간은 모두 전적으로 타락한 존재다. 그러나 그중에 창세 전에 하나님께서 은총으로 선택하신 자가 있다. 그는 하나님의 주권적 섭리 속에서 결국 성령 침례를 경험하게 되고, 그리스도와의 존재적 연합이 이루어져, 창세 전에 하나님께서 이루신 뜻이 삶 속에서 성취된다. 성령 침례를 경험하여 그리스도와 존재적으로 연합된 자는, 비록 하나님께서 원하시는 완전한 열매를 아직 맺지 못하는 가지일지라도, 하나님께서 주권적으로 그 가지를 계속 들어올려주셔서 마침내 열매를 맺게 하신다.

그러나 이러한 하나님의 절대 주권적 은총을 이해하지 못하면, 구원의 기준은 자연스럽게 인간의 행위로 옮겨진다. 그 결과 "행위가 선하면 구원받고, 열매를 맺지 못하면 버림받는다"는 사고로 흐르게 된다. 이것은 구원의 주권을 하나님께 두지 않고 인간에게 두는 행위구원론의 시각이며, '아이로'를 "제거하다"로 번역한 것은 그러한 신학적 전제 위에서 나온 번역이다. 요한복음 15장 2절의 '아이로'를 "제거하다"가 아니라 "들어올려주다"로 반영하여, "무릇 내게 붙어 있어 열매를 맺지 아니하는 가지는 아버지께서 그것을 열매맺도록 들어올려주신다"라고 이해하는 것이 옳다고 확언하는 것은 어느 유명한 신학자의 이론에 근거한 것이 아니다. 그 이유는 전적으로 요한복음 본문 안에서 예수님이 직접 사용하신 말씀의 맥락에 있다.

"나무에 붙어 있는 가지인데 열매를 맺지 못하면, 열매를 맺도록 들어올려준다"라는 이 표현은 아직 연약하고 좌충우돌하던 베드로를 향해 예수께서 계속해서 사용하신 언어와 정확히 일치한다. 요한복음 13장과 14장에서 예수님은 자신을 배신하여 실패할 베드로에게 "열매를 맺지 못하면 잘라버리겠다"라고 경고하지 않으셨다. 오히려 그를 위하여 거처를 예비하러 가실 것이라고 하시며, 당신의 주권적 섭리로 그를 끝까지 들어올려주고 붙드시겠다고 선언하셨다.

이 맥락에 귀를 기울이면, 15장 2절을 '제거'가 아니라 '들어올림'으로 이해하는 것이 자연스럽게 납득된다. 다시 말하지만 13장, 14장,

15장이라는 장, 절 구분을 잠시 내려놓고, 예수님의 말씀을 하나의 흐름으로 경청해야 한다. 그 흐름을 따라가면, 예수께서 베드로에게 하신 말씀은 다음과 같이 요약된다.

"베드로야, 너는 이미 목욕한 자이므로 깨끗하니 발만 씻으면 된다(요 13:10). 그러나 너는 닭이 울기 전에 나를 세 번 부인하게 될 것이다(요 13:38). 그렇지만 마음에 근심하지 마라. 내가 너를 위해 거처를 예비하러 간 것이다(요 14장). 너는 이미 내가 일러준 말로 깨끗하니, 내 안에 거하라. 그러면 내가 너희 안에 거하리라(요 15장)."

이러한 맥락적 흐름 사이에 요한복음 15장 2절이 놓여 있다. 그러므로 2절, 3절, 4절을 종합하면 예수님의 말씀은 다음과 같이 이해할 수 있다.

"너는 창세 전부터 내가 선택한 자로서 이미 내게 붙어 있는 가지다. 비록 잠시 뒤에 나를 배반하는 행동과 같이 열매 맺지 못하는 순간이 오더라도, 내가 너를 위해 영원한 거처를 예비하러 가는 것처럼, 너를 다시 열매 맺도록 들어올려줄 것이다. 그러므로 네가 붙들어야 할 길은 하나뿐이다. 내 안에 거하라. 즉 성령 침례를 경험하라. 그러면 내가 성령으로 네 안에 거하여 열매를 맺게 할 것이다."

이처럼 예수께서 "너희가 내 안에, 내가 너희 안에 있다"는 존재적 연합, 곧 성령 침례의 실재를 이 짧은 분량 안에서 여러 차례 반복하시며 그 중요성을 강조하고 계심을 알 수 있다.

예수님은 이 존재적 연합을 충분히 강조하신 후, 15장 10절에서 성령 침례를 경험하는 길로서 "내 계명을 지키면"이라고 말씀하신다. 여기서 "지키다"로 번역된 헬라어 '테레오'는 단순한 행위나 윤리적 순종을 뜻하는 말이 아니다. 이 단어는 하나님의 말씀을 마음에 간직하고, 붙들며, 사수하고, 보존하는 태도, 곧 쉐마 신앙을 가리킨다. 예수께서는 성령 침례를 경험하는 길 또한 선한 행위가 아니라, 바로 이 쉐마임을 분명히 밝히고 계신 것이다.


## 듣는 신앙을 넘어 성령 침례로 존재적 연합을 이루라

복음서 속에서 제자들, 특히 베드로가 예수님을 부인함으로써 삶이 실패로 귀결된 것은 그들이 말씀을 듣는 차원의 신앙에 머물렀을 뿐, 말씀 곧 성령 안에 존재적으로 잠기는 성령 침례의 단계에까지 이르지 못했기 때문이다. 예수님은 베드로가 예수님의 죽음을 막아서려 했을 때 "사탄아 내 뒤로 물러가라!"고 말씀하시며 그의 신앙의 상태가 아직 깨끗하지 않음을 드러내셨나(마 16:21-23).

그러나 예수께서 자신의 죽으심을 의미하는 차원으로 "내 살을 먹고 내 피를 마시라"고 하셨을 때, 베드로가 그 말씀을 받아들였을 때는(요 6:68-69), 그를 "이미 목욕한 자이므로 깨끗한 자"라고 선언하셨다(요 13:10, 15:3). 곧 구원이 인정된 자로 보신 것이다. 그런데 예수님은 거기에서 멈추지 않으시고, 곧이어 "내 안에 거하라 나도 너희 안에 거하리라"(요 15:4)라고 말씀하심으로써 그다음 단계, 곧 성령 침례 - 존재적 연합의 영역 - 으로 들어오라고 초청하신다. 이것이 바로 듣는 신앙을 넘어, 말씀 안에 잠기는 성령 침례를 경험한 신앙으로 나아가라는 부르심이다.

요한복음 8장은 예수님의 말씀을 듣는 것 같으나 실상은 듣지 않는 자들이 어떤 존재인지를 매우 분명히 보여준다. "예수께서 자기를 믿은 유대인들에게 이르시되 너희가 내 말에 거하면 참으로 내 제자가 되고 진리를 알지니 진리가 너희를 자유롭게 하리라"(요 8:31-32). 여기서 "믿는다"고 했던 무리들은 크게 두 부류로 나뉜다. 한 부류는 얼마 지나지 않아 예수님을 돌로 치려 하는 자들이었고(요 8:59, 가룟 유다 포함), 다른 한 부류는 그 자리에서 그 말씀을 듣고 받은 베드로를 포함한 열한 제자와 같은 자들이었을 것이다. 예수님은 이어서 "아브라함이 나기 전부터 내가 있느니라"(요 8:58)라고 하심으로써, 자신이 곧 하나님이시며 그 진리 자체이심을 선포하셨다.

그러나 자칭 믿는다는 유대인들은, 바로 그 순간이 진리이신 하나님을 만나는 순간임에도 불구하고 오히려 예수님을 돌로 치려 했다. 그들은 그 진리로 자유케 되지 못했고, 예수님의 제자가 되지 못했다. 그래서 예수님은 그들에게 "내 말이 너희 안에 있을 곳이 없으므로 나를 죽이려 하는도다… 하나님께 속한 자는 하나님의 말씀을 듣나니 너희가 듣지 아니함은 하나님께 속하지 아니하였음이로다"(요 8:37,47)라고 말씀하신다. 그러나 예수님은 요한복음 17장에서 열한 제자들에 대하여는 전혀 다른 평가를 하신다.

나는 아버지께서 내게 주신 말씀들을 그들에게 주었사오며 그들은 이것을 받고 내가 아버지께로부터 나온 줄을 참으로 아오며 아버지께서 나를 보내신 줄도 믿었사옵나이다 요 17:8

내가 그들과 함께 있을 때에 내게 주신 아버지의 이름으로 그들을 보전하고 지키었나이다 그(11명) 중의 하나도 멸망하지 않고 다만 멸망의 자식(가룟 유다)뿐이오니 이는 성경을 응하게 함이니이다 요 17:12

열한 제자들도 아직 온전히 순종하지 못했고, 잠시 후 예수님을 떠날 자들이었다. 그러나 그들은 하나님의 말씀을 들었고 받았으며, 그 말씀을 "지켰던"(헬, 테레오 : 간직하고, 붙들고, 사수한) 자들이었다. 그렇기에 그들은 앞으로 성령 침례를 받아 말씀 안에 잠기게 되고, 그리스도와 존재적으로 연합될 자들로 인정받은 것이다. 예수님은 "사람이 내 말을 지키면 영원히 죽음을 보지 아니하리라"(요 8:51)라고 말씀하셨고, 제자들에 대하여 "그들은 아버지의 말씀을 지키었나이다"(요 17:6)라고 아버지께 아뢰셨다.

그러면 누가 아버지의 말씀을 듣고 지켜 영생을 얻는 자인가? 여기서 중요한 관섬을 놓치면 안 된다. 하나님의 말씀을 진정으로 시킨나(간직 사수 보존한다)는 것은 성경을 단순히 읽는 것이 아니라, 아버지께서 성경을 통해 계속 강조하시는 그리스도 중심의 관점으로 말씀을 먹는 것이다. 곧 그리스도께서 구약을 그리스도의 관점에서 풀어주시는 차원에서 말씀을 간직하고, 붙들고, 사수하는 자가 하나님의 말씀을 제대로 먹는 자다.

너희가 성경에서 영생을 얻는 줄 생각하고 성경을 연구하거니와 이 성경이 곧 내게 대하여 증언하는 것이니라… 모세를 믿었더라면 또 나를 믿었으리니 이는 그가 내게 대하여 기록하였음이라 요 5:39,46

그러므로 믿음은 들음에서 나며 들음은 그리스도의 말씀으로 말미암았느니라 롬 10:17

"들음은 그리스도의 말씀으로 말미암았느니라"라는 것은 성경의 모든 내용을 그리스도에 대한 말씀으로, 그리고 그리스도께서 하시는 말씀으로 받을 때 비로소 참되게 듣는다는 뜻이다. 육신으로 오신 하나님, 곧 그리스도께서 직접 풀어주시는 말씀을 받아들이는 자가 진정으로 하나님의 말씀을 받은 자로 인정된다.

아브라함 역시 구전으로 들어왔던 말씀 속에서, 아담의 가죽옷 속에 계시된 "앞으로 오실, 세상 죄를 지고 갈 어린 양 그리스도"에 대한 말씀을 듣고 받은 자였다. 그는 삶의 절대 주권이 하나님께 있음을 고백하는 차원에서 이삭을 드리는 예배를 통해, 수풀 속에 숨겨진 하나님의 어린양을 만났다. 그 양을 통해 앞으로 오실 그리스도에 대한 말씀을 받았기에, "산 자"(막 12:26-27), 곧 성령의 생명에 참여한 자로 인정받게 된 것이다. 그래서 예수께서 "너희 조상 아브라함은 나의 때 볼 것을 즐거워하다가 보고 기뻐하였느니라"(요 8:56)라고 말씀하신 것이다.

하나님의 말씀을 그냥 듣는 것이 아니라, 그리스도에 대한 말씀으로, 그리스도께서 하시는 말씀으로 들어야 성령 침례의 단계로 넘어간다. 그런 차원에서 예수께서 베드로에게 "너희는 내가 일러준 말로 이미 깨끗하여졌으니"(요 15:3)라고 하신 것은 베드로가 예수님의 말씀을 듣고 받았음을 의미한다. 그리고 그 직후 "내 안에 거하라 나도 너희 안에 거하리라⋯ 너희가 내 안에 거하고 내 말이 너희 안에 거하면"(요 15:4,7)이라고 말씀하신 것은 베드로가 듣고 받는 단계를 넘어, 그의 존재 자체가 말씀 안에 잠기는 성령 침례를 경험하게 되면, 그 말씀이 베드로 안에 거하시게 되는 새로운 차원이 있음을 알려주신 것이다.

우리가 얻는 교훈은 분명하다. 성경을 읽고 낱권별로 암송할 때, 그것을 그리스도 중심적으로 먹지 않으면, 그 행위는 쉽게 율법적 종교 행위나 극기 훈련에 머물게 된다. 그러나 그리스도를 사랑하는 마음으로, 그리스도에 대한 관점으로, 그리스도께서 하신 말씀을 먹는 차원에서 쉐마에 순종하여 앉을 때나 길을 걸을 때나 누울 때나 일어설 때나 율법책이 입에서 떠나지 않게 할 때, 그리스도께서는 그를 "말씀을 듣고 받는 옥토"로 인정해주신다. 그리고 마침내, 듣는 신앙을 넘어 말씀 안에 잠기는 성령 침례의 경험을 통하여, 그는 존재적 연합으로 들어가게 된다. 그 결과, 사도행전 2장 이후의 베드로처럼, 9장 이후의 바울처럼, 날마다 자기를 부인하고 자기 십자가를 지며 예수님을 따르는 삶으로 이끌림을 받게 되는 것이다.

## 거듭남, 영생, 죄 사함에 대한 오해

교회 안에서 가장 많이 오해되고, 가장 빈번하게 잘못 사용되는 단어 중 하나가 '거듭남'이다. 이 단어를 잘못 사용함으로써, 교회 안의 구원론은 혼탁해지게 된다. 오해들을 나열하기에 앞서, 먼저 거듭남의 본질을 짚어보자. 예수님은 요한복음 3장 3절에서 니고데모에게 "진실로 진실로 네게 이르노니 사람이 거듭나지 아니하면 하나님의 나라를 볼 수 없느니라"라고 말씀하셨다. 그러자 니고데모는 "사람이 늙으면 어떻게 다시 날 수 있습니까? 두 번째 어머니 뱃속에 들어갔다가 날 수 있습니까?"라고 질문했다.

여기서 우리가 알 수 있는 것은 예수님은 모든 사람이 모태에서 태어나는 상태를 배경으로 거듭남(다시 태어남)을 가르쳐주신다는 것이다. '거듭남'은 영어로 'born again'이며, 직역하면 "다시 태어남" 또는 "두 번 태어남"이다. 신학적 교리적 해석을 잠시 내려놓고, 이 사전적 의미에 성경이 말하는 바(요 3:3-5)를 그대로 받아들이면, 거듭남에 대한 이해는 오히려 매우 단순해진다.

니고데모의 질문에 예수님은 "진실로 진실로 네게 이르노니 사람이 물과 성령으로 나지 아니하면 하나님의 나라에 들어갈 수 없다"라고 말씀하셨다. 이는 "어머니의 태 속에 잠겨 한 번 태어나야 하고, 두 번째 성령께 잠겨 다시 태어나야 한다"라는 의미다. 그러므로 교회에서 흔히 사용하는 '거듭남'이라는 표현은, 엄밀히 말하면 '성령으로 거듭남'(다시 태어남, 두 번째 태어남)이라고 해야 정확하다.

여기서 "물로 태어남"이 어머니의 자궁 속 양수에 잠겼다가 태어나는 것을 의미한다는 근거는, 곧이어 말씀하신 "육으로 난 것은 육이요 영으로 난 것은 영이니"(요 3:6)라는 표현 속에 있다. 어머니의 육체로부터 태어나는 것은 '육'이며, 성령으로 다시 태어나는 것은 '영'이라는 뜻이다. 이 성령으로 다시 태어남, 곧 성령으로 거듭남이 바로 성령 침례. 태중의 아이가 어머니의 자궁 속 물에 잠겨 있었던 것처럼, 회개하고 예수님을 왕으로 모셔드린 새 생명은 생수의 강이신 성령께 잠기는 것이다. 그것이 곧 성령 침례이며, 성령으로 거듭남이다.

거듭남과 성령 침례를 별개의 사건으로 구분하는 신학적 관점이 있다. 하지만 요한복음을 그 자체의 맥락 속에서 읽어보면, 예수님은 성령으로 거듭남과 성령 침례를 동일한 개념으로 말씀하시는 것을 쉽게 알 수 있다. 모든 육체는 어머니의 자궁 속 물에 잠겨, 죄 가운데 첫 번째로 태어난다. 그러므로 육으로 태어난 인간은, 삶의 어느 순간 하나님의 은총의 빛을 받아, 자신이 하나님과 단절된 채 죽은 자로 죄 가운데 태어난 존재임을 자각하게 된다.

그때 그는 회개하며 삶의 주권을 주님께 내어드리게 된다. 그 순간, 옛 생명은 그리스도와 함께 죽고(갈 2:20), 부활하신 예수님과 연합하여(엡 2:5), 새 생명으로 다시 태어나게 된다. 그리고 그리스도와 함께, 하늘에 계신 아버지, 곧 성령 안으로 들어가게 된다. 이때 성령 침례가 경험되는 것이다. 그래서 예수님은 요한복음 14장 20절에서 "그 날에는 내가 아버지 안에, 너희가 내 안에, 내가 너희 안에 있는 것을 너희가 알리라"라고 말씀하신 것이며, 여기서 "그 날"은 성령 침례가 임하는 날이다. 곧 회개하여 그리스도의 죽음과 부활에 연합된 자, 옛 생명이 죽고 새 생명으로 다시 태어난 자가 그리스도와 함께 하늘에 계신 아버지 안에 잠기게 되었음을 알게 되는 날이다.

바울이 그 진리를 "그리스도와 함께 살리셨고 또 함께 일으키사 그리스도 예수 안에서 함께 하늘에 앉히시니"(엡 2:5-6)라고 표현했다. 성령 침례로 말미암아 내 안에 계시게 된 성령님은, 내가 이미 그리스도와 함께 죽었고, 그리스도와 함께 부활하였으며, 그리스도와 함께 하늘에 계신 아버지 안에 연합된 자임을 증언해주시는 분이시다.

이 말씀을 그대로 받아들이면, 오늘날 교회 안에 만연한 또 하나의 심각한 오해가 드러난다. 사람들에게 "주님은 어디 계십니까?"라고 물으면, 대개 이렇게 대답한다. "주님은 내 안에 계십니다. 저는 성령을 받았습니다." 그런데 그에게 다시 "그렇다면, 당신의 자아가 그리스도와 함께 죽었음을 경험하셨습니까?"라고 물으면 많은 이들이 이렇게 말한다. "어휴, 자아가 잘 안 죽어요. 날마다 시퍼렇게 살아 있어서 괴롭습니다. 그래서 자아를 죽이려고 계속 노력합니다."

이 고백은 매우 경건해 보이고 겸손한 표현처럼 들린다. 그러나 실상 이것은 자기중심적인 신앙의 고백이며, 그가 실제로는 성령으로 거듭난 존재가 아닐 수도 있다는 비복음적인 표현이다. 왜냐하면, 내 안에 계신 성령님은 내가 그리스도와 함께 이미 죽은 자임을 알게 하시는 분이기 때문이다. 따라서 그 생각은 성령께서 주시는 생각이 아니다. 그것은 누군가에게서 배운 잘못된 가르침이거나, 자기 안에 남아 있는 인본주의적 사고일 가능성이 크다. 그는 실제로 거듭난 존재가 아닐 수도 있고, 주님이 그 안에 계시지 않을 수도 있으며, 성령 침례를 경험하지 않은 것일 수 있다. 왜냐하면 성령님은 진리의 영이시기 때문이다. 그분은 예수께서 하신 말씀을 다 생각나게 하시는 분이시다. 그러므로 진정으로 내 안에 진리의 영이 계신다면, "나는 아직 죽지 않았다"라고 말할 수 없다.

그러면 누군가는 이렇게 반문할 것이다. "바울도 '나는 날마다 죽노라'라고 하지 않았습니까?" 그러나 이 질문은 하나만 알고 둘은 모르는 데서 나온 것이다. 바울은 여러 곳에서 자신이 이미 그리스도와 함께 죽은 자임을 분명히 선포한다(롬 6:1, 7:4,6 ; 갈 5:24, 6:14 ; 엡 2:4 ; 골 3:3 등). 그러면서도 고린도전서 15장 31절에서 "날마다 죽노라"라고 말한 것은, 자신이 이미 그리스도와 함께 죽은 자라는 '이루어진 진리'를 믿음으로 선포함으로써, 그 죽음을 날마다 실제로 누린다는 의미다. '날마다 죽는다'는 말은 아직 죽지 않았으니 매일 죽이겠다는 뜻이 아니라, 이미 죽은 자라는 정체성을 날마다 믿음으로 취하여 자아의 권세를 내려놓는다는 고백인 것이다.

바울은 이렇게 말한다. "이는 죽은 자가 죄에서 벗어나 의롭다 하심을 얻었음이라"(롬 6:7). 죄 사함과 칭의는 그리스도와 함께 죽은 자에게 임하는 은총이다. 그러므로 "나는 아직 죽지 않았다"고 말하는 자는 아직 성령으로 거듭난 존재가 아닐 가능성을 진지하게 점검해야 한다. 이 의미는 옛 자아의 연약한 모습이 전혀 드러나지 않는 완벽한 삶을 의미하지 않는다. 절대 주권을 예수께 맡기며 예수님을 왕으로 모셔드린 자들도 여전히 죄에 물든 옛 자아의 성품이 드러나게 되어 있다.

하지만 그것은 그리스도와 함께 죽지 않은 것이 아니라, 아직 썩을 육신을 입고 있기에 죄에 물든 죽은 옛 자아의 습관이 흘러나오는 것이다. 따라서 그가 왕권을 예수께 맡기는 회개를 한 자라면, 이미 이루어진 진리인 "나는 그리스도와 함께 죽은 자입니다"라는 선언으로 옛 자아의 현상을 죽여버려야 하는 것이지, "나는 아직 안 죽은 자입니다"라고 고백해서는 안 된다. 왜냐하면 그리스도와 함께 죽지 않은 자는 그리스도인이 아니기 때문이다.

또 하나의 오해는, 성령으로 거듭남과 죄 사함이라는 단계를 믿음의 '초보'인 것처럼 표현하는 것이다. 그러나 앞서 살펴본 바와 같이, 거듭남과 죄 사함의 본질은 성령으로 거듭나 죄 사함을 받은 자가 사실상 성령 침례의 영역에 들어온 존재라는 데 있다. 실제로 거듭난 존재는 그리스도와 함께 이미 죽은 자이며, 그리스도와 함께 산 자이고, 그리스도와 함께 하늘 보좌에 계신 아버지 안에 잠긴 자이다. 다시 말해, 성령으로 거듭난 자는 이미 죄 사함을 받아 하나님의 나라 안으로 옮겨진 자다.

그러므로 성령 침례, 성령으로 거듭남, 죄 사함, 속량(구속)은 본질적으로 같은 실재를 가리키는 표현들이다. 바울은 개념들을 분리하지 않고 하나의 구원 사건으로 묶어 "그가 우리를 흑암의 권세에서 건져내사 그의 사랑의 아들의 나라로 옮기셨으니 그 아들 안에서 우리가 속량 곧 죄 사함을 얻었도다"(골 1:13-14) 이렇게 설명한다. 바울은 '속량'을 "흑암의 권세에서 건짐받는 것"으로 설명하며, 그 건짐이 곧 하나님의 나라로 옮겨짐이고, 그것이 곧 죄 사함이라고 말한다. 이는 그리스도의 십자가와 부활에 연합되어 존재가 옮겨진 표현과 동일한 개념을 가리킨다.

그래서 그는 "내가 그리스도와 함께 십자가에 못 박혔나니"(갈 2:20), "그리스도와 함께 살리셨고"(엡 2:5), "또 함께 일으키사 그리스도 예수 안에서 함께 하늘에 앉히시니"(엡 2:6)라고 고백한 것이다. 이 연속된 고백은 거듭남이 단순한 초보적 믿음의 출발점이 아니라, 가장 핵심이라는 것을 나타낸다. 성령으로 거듭나 죄 사함을 받은 상태는 '초보'가 아니라, 그리스도와의 존재적 연합에 들어간 가장 결정적인 상태이다.

한편, 인본주의적 하나님나라 운동을 강조하는 일부 흐름에서는, 거듭남(중생, 영생)을 초보 신앙으로 폄하하며 "거듭남에 머물지 말고 이제는 하나님나라의 삶을 살아내야 한다"고 주장한다. 그러나 예수님은 "사람이 거듭나지 아니하면 하나님의 나라를 볼 수 없고 들어갈 수도 없다"고 말씀하셨다. 성령으로 거듭난 자는 이미 하나님의 나라에 들어간 자이며, 그 나라를 보는 자다. 그리고 하나님나라를 보는 자는 곧, 하나님나라의 삶을 살게 된다. 어떤 추가적인 훈련이나 별도의 단계를 거쳐야 비로소 하나님나라의 삶이 시작되는 것이 아니다. 거듭난 자, 곧 영생을 얻은 자는 성령 침례를 통해 성령께서 안에 거하시므로, 성령께서 이루시는 하나님나라의 통치가 그 안에서 이미 시작된다. 그러므로 그는 자연스럽게 성령의 인도하심을 따라 하나님나라를 선포하며 살게 된다.

또 하나의 오해는 '영생'이라는 개념이다. 영생 역시 성령으로 거듭남, 곧 성령 침례와 같은 차원의 실재다. 헬라어에서 생명은 '프쉬게'(혼석 생명)와 '조오에'(영적 생명)로 구분되는데, 영생에 사용된 생명은 모두 '아이오니오스 조오에', 곧 하나님께 속한 영적 생명을 의미한다(요 3:16, 5:39, 6:27, 6:68).

많은 사람들이 영생을 단순히 "영원히 사는 것"으로만 이해한다. 그러나 영원히 산다는 것은 영생의 증상일 뿐, 본질은 아니다. 영생의 본질은 영이신 하나님의 생명이다. 그러므로 영생을 얻었다는 것은 죄로 죽었던 영이 다시 살아났다는 뜻이며, 성령으로 거듭나 주님과 존재적으로 연합되었다는 의미다. 바울도 로마서 5장 21절에서 "우리 주 예수 그리스도로 말미암아 영생에 이르게 하려 함이라"라고 말한 뒤, 바로 이어지는 6장에서 그 의미를 "그리스도와 함께 죽고 함께 살아난 것"으로 풀어낸다. 바울은 장과 절을 나누지 않고 기록했으나,

후대에 구분된 장절 때문에 그의 연결된 의도가 다소 희석되었다.

> 만일 우리가 그의 죽으심과 같은 모양으로 연합한 자가 되었으면 또한
> 그의 부활과 같은 모양으로 연합한 자도 되리라… 만일 우리가 그리스도
> 와 함께 죽었으면 또한 그와 함께 살 줄을 믿노니… 이와 같이 너희도 너
> 희 자신을 죄에 대하여는 죽은 자요 그리스도 예수 안에서 하나님께 대하
> 여는 살아 있는 자로 여길지어다 롬 6:5,8,11

또한 바울은 디도서에서 거듭남, 죄 사함, 성령의 새롭게 하심, 칭
의, 영생을 모두 하나의 구원 사건으로 묶는다.

> 우리를 구원하시되 우리가 행한 바 의로운 행위로 말미암지 아니하고 오
> 직 그의 긍휼하심을 따라 중생의 씻음과 성령의 새롭게 하심으로 하셨나
> 니… 우리에게 그 성령을 풍성히 부어 주사 우리로 그의 은혜를 힘입어 의
> 롭다 하심을 얻어 영생의 소망을 따라 상속자가 되게 하려 하심이라
> 딛 3:5-7

사람은 죽음이라는 절망적 실존 가운데 산다. 인간은 죽음을 해결
하기 위해 수많은 종교적 철학적 시도를 하지만, 어떤 노력으로도 죽
음을 극복할 수 없음을 깨닫고 좌절한다. 그러다 십자가에서 죽으
시고 부활하신 예수를 입으로 고백하면 영원한 생명을 얻는다는 소
식을 듣고, 예수를 시인한 뒤 "나는 영생을 얻었다"고 믿으며 살아가
는 이들도 있다. 그러나 삶의 주권이 여전히 자기 자신에게 있다면 실

상 그들은 진정으로 영생을 얻은 것이 아니다. 진정으로 영이 다시 산 자, 곧 영생을 얻은 자는 성령으로 거듭난 자이기에, 삶의 주권을 주님께 맡기고 살게 되어 있기 때문이다.

또 하나의 오해는 '거듭난 자'라는 표현을 '구원받은 자'에 대한 포괄적 명칭으로 사용하는 것이다. 그러나 구원이 인정된 상태라 하더라도, 아직 성령으로 거듭남을 실존적으로 경험하지 못한 단계가 존재한다. 베드로의 삶이 바로 그 예다.

## 회개의 본질과 성령 침례

많은 사람들이 영접기도를 따라 하는 행위만으로 구원받았다고 착각한다. 단지 영접기도를 따라 했다는 이유로 "당신은 하나님의 자녀가 되었습니다!"라고 선언하는 이들 때문일지도 모른다. 그러나 하나님의 자녀가 되는 일은 하나님께서 결정하실 일이지, 영접기도를 인도하는 자가 결정할 일이 아니다. 한 사람을 회개로 인도하고, 예수님을 구주로 모시도록 그 고백을 이끌어주는 일은 분명 귀한 사역이다. 그러나 그 고백을 인도한 사람이 해야 할 일은, 그 영혼의 구원을 스스로 확정하는 것이 아니라, 그 영혼을 하나님께 온전히 의탁하는 기도로 마무리하는 것이다.

내가 구원의 확신을 가지고 있다고 해서 구원이 이루어지는 것이 아니다. 우리가 주님을 영접한다고 해서 구원이 완성되는 것이 아니라, 주님께서 우리를 영접해주셔야 구원이 완성된다. 자신은 구원을 확신하지만, 하나님 앞에 설 때 "나는 너를 알지 못한다!"라는 말씀을 들을 자들이 있다. 삶의 모든 선택의 주관자가 여전히 자신인 자는, 아무리 교회에 출석하고, 성경을 읽고, 기도하고, 예배하고, 봉사하고, 구제하고, 전도하고, 선교한다 해도 아직 성령으로 거듭난 그리스도인이라 할 수 없다.

사람들이 흔히 "교회에 다닌다면서 왜 저 모양이냐"고 손가락질하는데, 사실 그 질책은 진정 성령으로 거듭난 그리스도인에게 해당되는 말이 아니다. 한때 어느 유명인의 복음 강의가 큰 이슈가 된 적이 있었다. 그 강의 내용과 그 강의에 대한 한 사역자의 피드백을 살펴보던 중, 나는 그 안에 결정적인 오류가 있음을 보게 되었다. 그들은 "복음이 이성적으로 이해되고 믿어지면, 그 사람은 거듭난 것이다"라고 선언했다. 그러나 거듭남은 이성적 이해나 '그냥 믿어짐'의 차원에서 이루어지는 사건이 아니다. 거듭남에는 반드시, 하나님께 삶의 주권을 온전히 내어드리는 회개가 수반되어야 한다.

그런데 겉보기에 그럴듯하지만, 실상은 율법적 회개에 머무는 방식이 있다. 보통 많은 이들이 회개를 지적 회개, 감정적 회개, 의지적 회개의 세 단계로 설명한다. 죄에 대해 머리로 동의하는 것만으로는 회개가 아니며, 눈물을 쏟으며 후회하는 감정에 머무는 것도 회개가 아니며, 결국 그 죄의 행동을 끊어내는 의지적 단계에까지 이르러야 온전한 회개라는 주장이다. 이 가르침은 매우 유익해 보인다. 그러나 이 역시 자칫하면 율법적 회개에 머무를 수 있다.

마르틴 루터 역시 로마서 1장 17절로 회심하기 전까지 지적 감정적 회개에 머무르지 않고 의지적 회개의 단계까지 철저히 이루어 내던 사람이었다. 그는 고해 담당 신부에게 몇 시간씩 고해성사를 했고, 죄의 행동에서 돌이키기 위해 끊임없이 애썼다. 그러나 그 모든 노력에도 불구하고 그는 결코 자유를 얻지 못했다. 아무리 죄의 행동에서 돌이켰다 하더라도, 여전히 삶의 주인이 자신이라면 그는 성령으로 거듭남(성령 침례)을 경험하지 못한 자이며, 그리스도와 존재적으로 연합될 수 없다.

예수께서는 "내가 진실로 진실로 너희에게 이르노니 아들이 아버지께서 하시는 일을 보지 않고는 아무것도 스스로 할 수 없나니 아버지께서 행하시는 그것을 아들도 그와 같이 행하느니라"(요 5:19)라고 하셨다. 예수님은 자신의 모든 삶을 아버지께 온전히 맡기신 아들이셨다. 하나님께서는 바로 이 아들처럼, 삶의 주도권을 하나님께 온전히 맡기고 삶 전체를 드리는 참된 회개가 드려진 자를 영접하신다.

제자들이 "구원받을 자가 적습니까?"라고 물었을 때, 예수님께서는 "좁은 문으로 들어가기를 힘쓰라"고 하시며, 구원받을 자가 적다고 말씀하셨다(눅 13:23-24). 여기서 말하는 좁은 문, 좁은 길은 크기가 좁다는 의미가 아니다. 예수께서 들어가신 문이 좁은 문이며, 예수께서 가신 길이 바로 좁은 길이다. 그 문과 그 길은 어떤 인간의 노력으로도 들어갈 수 없고, 따를 수 없는 길이기에 좁은 것이다. 오직 삶의 주권을 포기하여 주께 드리는 회개로, 예수님과 존재적으로 연합되는 자만이 그 좁은 문으로 들어간다. 성경은 분명히 말한다. "누구든지 그리스도의 영이 없으면 그리스도의 사람이 아니라"(롬 8:9). 그러므로 이 회개의 단계는 그리스도인의 삶에서 가장 중요한 시작이다.

그렇다면 예수님과 함께 자아가 죽고, 새 영으로 다시 태어나며(거듭나며), 건짐(속량)을 받아 함께 하늘에 앉혀질 만한 회개, 곧 하나님께서 인정하실 만한 복음적 회개는 무엇인가? 회개는 단순히 입으로 "주님!"이라고 부르는 차원이 아니다. 우리가 계산할 수 있는 죄 목록을 나열하는 차원도 아니다. 물론 그러한 회개도 하나님께서 받으신다. 그러나 하나님께서 원하시는 회개는 그보다 더 깊다.

창조주께서 인간으로 오셔서 십자가에서 죽으신 사건은, 사실상 모든 인류를 그 십자가의 죽음 앞에 세워 회개케 하시려는 하나님의 의도였다. 아담의 죄로 인해 모든 인간은 죄인이 되었고, 살아 있는 것 같으나 실상은 죽은 존재임을 드러내신 것이다. 아담과 하와가 선악과를 따먹은 결정은 단순한 불순종이 아니었다. 그것은 하나님의 말씀을 무시한 사건이었고, 창조주 하나님을 주인으로 섬기지 않겠다는 선언이었다. "이제는 내가 내 삶의 주인으로 살겠다"라는 선언이 바로 죄의 본질이다. 그 결과 하나님과의 분리가 일어났고, 사망이 임했다.

대표기도를 하는 이들 가운데 "죽을 수밖에 없는 우리를…"이라는 표현을 사용하는 경우가 종종 있다. 그러나 성경적 표현은 "죽었던 우리를" 혹은 "죽은 우리를"이다. 그러므로 그리스도와 함께 죽고 부활하여 성령으로 거듭날 수 있는 회개란, 십자가에서 죽으신 예수님 앞에서 자신이 이미 죽은 자임을 자백하고, 죽은 자임에도 불구하고 스스로 주인 노릇해왔음을 고백하며, 심판받아 마땅한 죄인임을 인정하고 하나님의 의를 시인하는 것, 바로 그것이다. 생명을 얻는 길, 곧 성령으로 거듭나는 길은, 죄로 인해 이미 죽은 자임을 시인하고, 다시 주인을 바꾸는 것이다. 이것이 회개의 본질이다.

예수께서 마가복음 1장 15절에서 "회개하고 복음을 믿으라"고 하시기 직전에 "하나님의 나라가 가까이 왔다"고 선포하셨다. 원어의 뉘앙스는 "The Kingdom of God is near!"이다. 이는 단지 "곧 임할 것이다"라는 말이 아니라, 예수님께서 말씀하시는 그 현장에 이미 하나님의 나라가 임했다는 선언이다. 곧, 예수님 자신이 하나님이시라는 뜻이었다. 그러므로 예수께서 "회개하고 복음을 믿으라"라고 말씀하신 의미는 "스스로 주인 노릇하던 삶을 내려놓고, 나를 주인으로, 유일한 창조주요 구원자로 모셔들이는 차원의 회개를 하라"는 초청이었다.

베드로는 사도행전 2장의 사건, 곧 거듭남과 성령 침례를 경험하기 이전의 삶을 통해, 자기중심적 회개가 무엇인지를 우리에게 생생하게 보여준다. 그리고 사도행전 1장에서는, 결국 성령으로 거듭나야만 한다는 예수님의 명령에 순종하기 위해 도달해야 할 복음적 회개의 사리가 무엇인지를 또한 분명히 드러내준다. 베드로는 시적 동의, 감정적 동의, 그리고 의지적 동의의 차원까지 이르러 모든 것을 버리고 예수님을 따랐다(눅 5:8 ; 막 1:16-18, 10:28). 그는 "우리가 모든 것을 버리고 수를 따랐나이다"라고 고백할 만큼 철저했다. 그리고 그는 예수님의 이름으로 병도 고치고 귀신도 쫓아냈으며, 전도도 했다. 영생에 대한 가르침도 들었고, 예수님이 누구이신지도 알았다. 겉으로 보기에는 이미 풍성한 열매가 맺힌 제자였다. 그러나 바로 그가 "주는 그리스도시요 살아 계신 하나님의 아들이십니다"라는 정답을 말한 그 순간, 인류 구원의 핵심인 예수님의 죽음을 막았다(마 16:16-23). 그리고 마침내, 고난당하시는 예수님을 저주하며 부인하고 도망쳤다.

예수님은 전지하신 하나님이시기에, 베드로가 자신을 부인할 것까지 이미 다 알고 계셨다. 그럼에도 불구하고 예수님은 베드로에게 "내가 너희를 위하여 거처를 예비하러 간다"고 말씀하셨고(요 13:38-14:3), 죽으시기 전에 "그 날에는 내가 아버지 안에, 너희가 내 안에, 내가 너희 안에 있는 것을 너희가 알리라"(요 14:20)라고 선포하셨다. 예수님은 베드로를 "깨끗한 자"라고 하시며 그를 구원받은 자로 인정해주셨지만(요 13:10,15:3), 그럼에도 불구하고, 곧이어 "내 안에 거하라 나도 너희 안에 거하리라"(요 15:4)라고 하시며, 그다음 단계, 곧 성령 침례로 인한 존재적 연합의 단계가 있음을 암시하셨다. 그리고 승천 직전에도 베드로에게, 성령 침례를 받게 될 것이니 그것을 기다리라고 명하신 후 하늘로 오르셨다(행 1:5).

베드로는 이미 "깨끗한 자", 곧 구원받은 자로 인정은 받았으나, 아직 성령의 침례를 경험하지 못했기에 예수님을 부인하고 저주하며 배반할 수밖에 없었다. 그는 예수님의 죽음과 부활, 그리고 승천을 모두 목격한 후에야 비로소 자신이 인류의 구원인 예수님의 죽음조차 막으려 했던 자였음을, 그리고 그 모든 열심과 헌신이 결국 자기중심에서 나온 것이었음을 알게 된다. 그때 베드로는 자신을 바라보며 완전히 절망한다. 자신에 대한 철저한 절망, 그것이 진정한 회개의 출발점이었다. 그는 그제서야 "자기를 부인하고 자기 십자가를 지고 나를 따르라" 하신 예수님의 말씀을 떠올렸을 것이다. 그리고 이제 더 이상 자신을 붙들지 않고, 자신의 삶을 전면적으로 부정하는 자리로 내려간다. 그는 예수님의 유언과도 같은 한 가지 기도 제목, 곧 '성령 침례'만을 붙잡고 오로지 기도에 힘쓴다(행 1:14). 이것이 바로 복음적 회개다.

그 결과, 사도행전 2장에서 그는 성령 침례를 실제로 경험한다. 그리고 그 순간부터 성령님의 도우심으로 성경을 바라보는 관점이 자신의 관점에서 하나님의 관점으로 완전히 바뀐다. 베드로는 자신이 경험한 성령 침례가 요엘이 예언한 성령의 부으심임을 깨닫고 그것을 선포한다(행 2:16-21). 그는 다윗이 예언한 그리스도의 죽으심과 부활, 승천과 보좌에 앉으심, 그리고 그리스도와의 연합을 깨닫고 그것을 선포한다(행 2:25-34).

그제서야 베드로는 자신이 경험한 거듭남과 성령 침례가, "사람이 거듭나지 아니하면 하나님의 나라를 볼 수 없느니라"(요 3:3-6), "누구든지 목마르거든 내게로 와서 마시라"(요 7:37-39), "내가 아버지께 구하겠으니 또 다른 보혜사를 너희에게 주사 영원토록 너희와 함께 있게 하리니"(요 14:16-20), "아버지께서 약속하신 것을 기다리라"(행 1:4-5,8) 이 모든 예수님의 말씀이 성취된 사건이었음을 알게 된다. 성령 침례를 경험한 베드로는 더 이상 자기 확신으로 사는 사람이 아니었다. 그는 성령 안에서, 그리스도와 존재적으로 연합된 사람이 되었다. 그리고 바로 그 자리에서, 참된 교회와 참된 제자의 삶이 시작되었다.

## 성령 침례를 주러 오신 예수님

우리 삶의 완전한 모델은 예수님이시다. 예수님은 성령으로 잉태되셨고, 침례 요한에게 물 침례를 받으신 후, 하나님으로부터 성령 침례를 받으시고 나서 하나님의 뜻을 구체적으로 이루어가기 시작하셨다(요 1:32-34). 예수님은 늘 하늘에 계신 아버지의 입에서 나오는 모든 말씀으로 사셨는데, 그 삶의 핵심 동력은 언제나 '성령'이셨다. 시간적으로 서로 이어지는 책인 요한복음과 사도행전의 구조 속에서 보면, 예수님께서 이 땅에 오신 시작점부터 이 땅을 떠나시기까지, 성령 침례가 가장 중요한 주제로 반복 강조되고 있음을 발견하게 된다.

요한복음 1장에서 침례 요한은 물 침례를 받으러 오시는 예수님을 보고 "보라 세상 죄를 지고 가는 하나님의 어린 양이로다"(요 1:29)라고 소개한다. 이는 예수께서 이 땅에 오신 첫 번째 중요한 목적, 곧 십자가의 죽음을 선포한 것이다. 그리고 요한은 예수께 물 침례를 행하면서, 성령이 그 위에 임하는 것을 보고 "성령이 내려서 누구 위에든지 머무는 것을 보거든 그가 곧 성령으로 세례를 베푸는 이인 줄 알라 하셨기에, 내가 보고 그가 하나님의 아들이심을 증언하였노라"라고 증언한다(요 1:33-34). 침례 요한은 예수님을 세상 죄를 지고 가는 하나님의 어린 양"으로, 그리고 "성령으로 침례를 베푸실 분"으로 동시에 선포한 것이다.

두 번째 목적, 곧 성령 침례는 사실상 궁극적인 목적이다. 왜냐하면 예수께서 친히 내가 떠나가고 보혜사가 오는 것이 너희에게 유익이라고(요 16:7) 말씀하셨기 때문이다. 예수께서 그렇게 말씀하신 이유는, 예수님이 이 땅에서 이루실 일이 덜 중요하기 때문이 아니다. 오히려 예수님의 죽으심과 부활, 승천과 보좌에 앉으심이 예수님을 구주로 모셔들이는 자에게 완전한 유익이 되도록 그 의미를 깨닫게 하시고, 그 죽으심과 부활과 승천하신 주님과 존재적으로 연합하게 하실 분이 바로 성령이시기 때문이다.

침례 요한이 예수님을 "성령 침례를 주러 오신 분"이라고 소개한 때는 예수님의 공생애가 막 시작될 무렵이었다. 그리고 예수님은 공생애를 마치려는 시점에서, 죽기 전과 승천 직전에 두 번의 유언을 남기셨는데, 그 유언의 핵심 역시 모두 성령 침례였다. 죽기 전 유언은 요한복음 14-16장으로 성령님에 대해 집중적으로 소개하시는 말씀이다(요 14:16-20,26, 15:26-27, 16:7-8,13-14). 그리고 부활 후 40일이 지나, 하늘로 오르시기 직전에 남기신 마지막 유언 역시 "성령 침례를 기다리라"는 말씀이었다(행 1:4-9). 알파요 오메가이신 예수님의 탄생의 시작, 공생애의 시작, 공생애의 끝, 이 모든 지점에 성령 침례가 강조된 것은, 성령 침례가 복음의 중심이라는 사실을 분명히 보여준다.

이제 요한복음 1장부터 21장까지, 장과 절의 숫자를 의식하지 않고, 요한이 성령의 감동으로 배치한 흐름을 따라가보자. 그에 앞서, 한 가지를 다시 분명히 해둘 필요가 있다. 예수님께서 "영생(생명)을 주신다"고 하신다는 것은, 죄로 인해 죽었던 영을 다시 살리신다는 뜻이다. 그러므로 영생은 곧 거듭남이며, 거듭남이란, 물로 한 번 태어난 존재가 다시 성령으로 태어나는 것이다. 그리고 그 거듭남은, 성령께 잠기는 사건, 곧 성령 침례를 통해 이루어진다. 이 관점에서 보면, 요한복음 전반에 반복되는 물과 성령으로 거듭남, 영생, 생명이라는 표현들은 모두 '성령 침례'를 가리키는 언어로 읽혀야 한다. 이제 요한의 강조를 따라가보자.

1장에서 침례 요한은 예수님이 "성령 침례를 주러 오신 분"임을 분명히 선포한다.

요한이 또 증언하여 이르되 내가 보매 성령이 비둘기같이 하늘로부터 내려
와서 그의 위에 머물렀더라… 그가 곧 성령으로 세례를 베푸는 이인 줄 알
라 하셨기에 내가 보고 그가 하나님의 아들이심을 증언하였노라 하니라
요 1:32-34

2장에서 예수님은 물을 포도주로 바꾸시는 기적을 통해, 육으로 태
어난 존재가 전혀 다른 존재로 새로워지는 것을 보여주신다. 요한은
1장 33절에서 예수님은 "성령으로 세례를 베푸는 분"이라고 말한 직
후, 3장에서 "물과 성령으로 거듭나야 한다"는 예수님의 선언을 기록
한다. 그 사이에 2장이 삽입되어 있다는 사실은 매우 의미심장하다.
물이 전혀 다른 본질인 포도주로 변화되는 표적을 통해, 예수님은 성
령으로 거듭나는 사건, 곧 성령 침례를 비유적으로 보여주신 것이다.
3장에서 예수님은 니고데모에게 "사람이 거듭나지 아니하면 하나님의
나라를 볼 수 없느니라… 사람이 물과 성령으로 나지 아니하면 하나
님의 나라에 들어갈 수 없느니라 육으로 난 것은 육이요 영으로 난 것
은 영이니"(요 3:3-6)라고 말씀하신다. 어미의 태 안에서 물에 잠겨 태
어난 존재가 이제는 영적 물이신 성령께 다시 잠겨야 하나님의 나라에
들어갈 수 있다는 선언이다.
4장에서 예수님은 사마리아 여인에게 "예수께서 대답하여 이르시
되 이 물을 마시는 자마다 다시 목마르려니와 내가 주는 물을 마시
는 자는 영원히 목마르지 아니하리니 내가 주는 물은 그 속에서 영생
하도록 솟아나는 샘물이 되리라"(요 4:13-14)고 말씀하셨다. 예수께서
"생수"를 주신다는 것은, 영생, 곧 영이 다시 사는 사건을 위해 "샘",

곧 생수의 강이신 성령께 잠기게 하시겠다는 뜻이다.

이제 요한복음 5장부터 12장까지 이어지는 흐름을, 장과 절의 숫자를 내려놓고 하나의 맥락으로 따라가보자. 이 구간에서 반복되는 핵심 단어는 단연 '영생', '생명'이다. 그리고 그 생명은 단순한 사후 보장이 아니라, 지금 이 땅에서 죽음에서 생명으로 옮겨지는 사건으로 선포된다. 예수님은 "내 말을 듣고 또 나 보내신 이를 믿는 자는 영생을 얻었고 심판에 이르지 아니하나니 사망에서 생명으로 옮겼느니라"(요 5:24)라고 선언하신다. 영생은 '언젠가' 받는 것이 아니라, 지금 이 자리에서 사망에서 생명으로 옮겨지는 사건이다.

이어서 예수님은 생명의 근원을 밝히신다. "내 아버지의 뜻은 아들을 보고 믿는 자마다 영생을 얻는 이것이니… 살리는 것은 영이니 육은 무익하니라 내가 너희에게 이른 말은 영이요 생명이라"(요 6:40,63). 생명을 주시는 분은 영이시며, 육은 그 자체로는 아무 유익이 없다. 그러므로 영생은 종교적 열심의 결과가 아니라, 성령으로 말미암아 살아나는 사건이다.

7장에 이르면, 예수님은 이 생명을 '강'의 이미지로 선포하신다. "누구든지 목마르거든 내게로 와서 마시라 나를 믿는 자는 성경에 이름과 같이 그 배에서 생수의 강이 흘러나오리라." 요한은 곧바로 그 의미를 해석해준다. "이는 그를 믿는 자들이 받을 성령을 가리켜 말씀하신 것이라"(요 7:37-39).

영생은 안에서부터 흘러넘치는 강이다. 그 강은 곧 성령님의 캐릭터이다. 이 말씀은 성령 침례를 예언한 것이다. 예수님은 다시 말씀하신다. "사람이 내 말을 지키면 영원히 죽음을 보지 아니하리라"(요

8:51). 그리고 또 이렇게 선언하신다. "내가 그들에게 영생을 주노니 영원히 멸망하지 아니할 것이요 또 그들을 내 손에서 빼앗을 자가 없느니라"(요 10:28).

11장에서는 이 영생의 의미가 절정에 이른다. 나사로의 무덤 앞에서 예수님은 선포하신다. "나는 부활이요 생명이니 나를 믿는 자는 죽어도 살겠고 무릇 살아서 나를 믿는 자는 영원히 죽지 아니하리니 이것을 네가 믿느냐"(요 11:25-26). 여기서 예수님은 '부활을 가져오는 분'이 아니라, 자신이 곧 부활이며 생명이라고 선언하신다. 즉, 영생은 어떤 '선물'이기 이전에, 예수님 자신 안에 있는 생명에 참여하는 것이다.

12장에서는 그 영생의 길이 무엇인지를 분명히 밝히신다. "자기의 생명을 사랑하는 자는 잃어버릴 것이요 이 세상에서 자기의 생명을 미워하는 자는 영생하도록 보전하리라"(요 12:25). 여기서 말하는 '자기 생명'은 육으로 난 존재로서의 자기중심적인 혼적 생명(프쉬케)이다. 그 생명을 붙들면 영생을 잃고, 그 생명을 내려놓으면 그 생명(프쉬케)이 그 안에 보존된다. 그러므로 요한복음 5장부터 12장까지 흐르는 '영생'의 메시지는 단순히 "천국에 간다"는 약속이 아니다. 그것은 사망에서 생명으로 옮겨지는 사건이며, 육의 생명에서 영의 생명으로 전환되는 경험이며, 자기 생명을 내려놓고 하나님의 생명에 잠기는 길이다. 이 모든 표현들은 궁극적으로 한 가지를 가리킨다. 성령으로 거듭나는 사건, 곧 성령 침례다.

요한복음 14-17장은 흔히 고별설교, 중보기도로 구분되지만, 이 네 장을 하나의 흐름으로 꿰면, 이는 단순한 작별 인사가 아니라 예수님이 제자들에게 남기신 '유언'이다. 십자가를 눈앞에 두신 예수님은, 이제 무엇을 남기실 것인가를 말씀하신다. 그 유언의 핵심은 단하나, '성령'이시다. "그러나 내가 너희에게 실상을 말하노니 내가 떠나가는 것이 너희에게 유익이라 내가 떠나가지 아니하면 보혜사가 너희에게로 오시지 아니할 것이요 가면 내가 그를 너희에게로 보내리니"(요 16:7), "내가 아버지께 구하겠으니 그가 또 다른 보혜사를 너희에게 주사 영원토록 너희와 함께 있게 하리니"(요 14:16).

14장은 불안에 빠진 제자들에게 주신 첫 유언이다. "너희는 마음에 근심하지 말라 하나님을 믿으니 또 나를 믿으라 내 아버지 집에 거할 곳이 많도다 그렇지 않으면 너희에게 일렀으리라 내가 너희를 위하여 거처를 예비하러 가노니 가서 너희를 위하여 거처를 예비하면 내가 다시 와서 너희를 내게로 영접하여 나 있는 곳에 너희도 있게 하리라"(요 14:1-3), "내가 너희를 고아와 같이 버려두지 아니하고 너희에게도 오리라"(요 14:18).

예수님은 '떠남'을 말하면서 동시에 "다른 방식의 임재"를 약속하신다. 예수님은 육으로는 떠나시지만, 성령으로는 더 깊이 영원히 그들 안에 오신다. "그는 너희와 함께 거하심이요 또 너희 속에 계시겠음이라"(요 14:17). 이 말은 단순한 위로가 아니라, 존재적 연합에 대한 선언이다. 이것이 새 언약이다.

15-16장은 관계의 구조를 더욱 실질적으로 표현한다. "내 안에 거하라 나도 너희 안에 거하리라… 나는 포도나무요 너희는 가지라"(요 15:4-5). 이제 제자들은 예수님을 "따르는 사람들"이 아니라 그분 안에 붙어 있는 존재가 된다. 그러나 이 연합은 제자들의 결단이나 의지로 이루어지지 않는다. "보혜사 곧 아버지께서 내 이름으로 보내실 성

령 그가 너희에게 모든 것을 가르치고 내가 너희에게 말한 모든 것을 생각나게 하리라"(요 14:26). 성령은 예수님의 말씀을 기억나게 하실 뿐 아니라, 그 말씀을 살아 움직이게 하시는 분이다.

16장에서 예수님은 더 분명히 말한다. "그가 와서 죄에 대하여, 의에 대하여, 심판에 대하여 세상을 책망하시리라… 그러나 진리의 성령이 오시면 그가 너희를 모든 진리 가운데로 인도하시리니 그가 스스로 말하지 않고 오직 들은 것을 말하며 장래 일을 너희에게 알리시리라"(요 16:8,13). 즉, 성령은 예수님의 사역을 이어 가시며 제자들을 예수님의 방식으로 살게 하시는 분이다. 예수님은 육체로는 떠나시지만, 성령을 통해 제자들과 함께 영원히 계신다. 이것이 유언의 핵심이다.

그리고 요한복음 17장은 예수께서 제자들에게 하신 유언을 하늘 보좌에 계신 아버지께 올려드리며 인치심을 요청하시는 대제사장적 기도다. 예수님은 아버지께 "아버지여, 아버지께서 내 안에, 내가 아버지 안에 있는 것같이 그들도 다 하나가 되어 우리 안에 있게 하사…"(요 17:21). 이 기도의 핵심은 "삼위일체 하나님과 존재의 연합"이다. 예수님은 제자들이 더 많은 일을 하기를 기도하지 않으신다. 더 강해지기를 구하지도 않으신다. 그분의 유언은 이것이다. "곧 내가 그들 안에 있고 아버지께서 내 안에 계시어 그들로 온전함을 이루어 하나가 되게 하려 함은…"(요 17:23). 예수님이 아버지 안에 계신 것처럼, 제자들이 예수님 안에, 그리고 아버지 안에 거하는 연합, 이 연합을 가능하게 하시는 분이 바로 성령이시다. 그러므로 14-17장은 성령에 의해 성취될 존재적 연합에 대한 예수님의 유언이다.

요한복음 5-12장에서 예수님은 영생이 무엇인지를 계시하셨고, 요한복음 14-17장에서 그 영생이 어떻게 실제가 되는지를 유언으로 남기신 것이다. 그 유언의 결론은 분명하다. 예수님이 남기신 유언은 성령이시다. 예수님이 약속하신 영생은 천국의 좌석만이 아니라, 우리 안에 오시는 하나님의 생명이신 성령이시다.

요한복음은 20장에서 부활하신 예수님이 제자들에게 나타나시는 장면으로 절정에 이른다. 그 장면은 단순한 재회가 아니다. 그것은 14-17장에서 남기신 유언이 실제로 시작되는 지점이다.

예수님은 제자들 가운데 서서 말씀하신다. "너희에게 평강이 있을지어다 아버지께서 나를 보내신 것같이 나도 너희를 보내노라"(요 20:21). 그리고 이어서 요한복음 전체에서 가장 놀라운 행위를 하신다. "이 말씀을 하시고 그들을 향하사 숨을 내쉬며 이르시되 성령을 받으라"(요 20:22). 여기서 "숨을 내쉬다"라는 표현은 창세기에서 하나님이 아담에게 생기를 불어넣으실 때 사용된 언어와 일치한다.

그리고 요한복음과 연대기적으로 이어지는 책인 사도행전에서 누가는 전혀 다른 어조로 같은 의미를 선포한다. 부활하신 예수님은 제자들에게 이렇게 말씀하신다. "예루살렘을 떠나지 말고 내게서 들은 바 아버지께서 약속하신 것을 기다리라 요한은 물로 세례를 베풀었으나 너희는 몇 날이 못 되어 성령으로 세례를 받으리라 하셨느니라"(행 1:4-5). 그리고 또 바로 이어서 "오직 성령이 너희에게 임하시면 너희가 권능을 받고…"(행 1:8). 여기에서 "이미 받았다"는 표현이 아니다. 오히려 "기다리다", "곧 임할 것이다"라는 미래적이고 사건적인 표현이다. 요한복음 20장 22절의 "숨을 내쉬며 이르시되 성령을 받으라"라는 부분과 사도행전 1장 5,8절의 "몇 날이 못 되어 성령으로 세례를 받으리라"와 "성령이 너희에게 임하시면"은 모순이 아니다. 요한복음 20장 22절은 예수님의 입김을 통하여 생명의 씨앗이 심어진 순간이다. 예수님은 부활의 새 생명을 제자들 안에 불어넣으셨다. 그리고 "성령 침례를 받으라!"고 미래적 의미로 선포하신 것이다.

사도행전 1장 5,8절은 그 성령이 하늘로부터 충만히 덮이는 사건, 성령 침례를 기다리게 한다. 성령님은 "안에서" 시작되지만, "위로부터" 생수의 강으로 임하셔서 사람 전체를 잠그게 하셔서 성령 침례의 단계에 들어가게 하신다. 그래서 사도행전 1,2장은 요한복음 20장의 연장이며, 요한복음 20장은 사도행전 2장을 향한 씨앗이다. 예수님은 요한복음 20장에서 제자들을 살아 있는 존재로 일으켜 세우시고, 사도행전 1장에서 그 살아난 존재들이 하늘의 권능으로 완전히 잠길 것을 예고하신다. 그러므로 사도행전 1,2장은 "새로운 사건"이 아니라 요한복음 전체가 달려오던 방향 안에서 연장선에 있는 내용이다.

요한복음의 처음 1장에서 침례 요한은 이렇게 증언했다. "나는 물로 침례를 베풀거니와 그는 성령으로 침례를 베푸실 것이다." 그래서 예수님은 부활하신 직후에 제자들에게 "가서 일하라"고 하지 않으셨고, 오히려 "예루살렘을 떠나지 말고 성령 침례를 기다리라"고 하신 것이다. 왜냐하면 요한복음이 증언한 '영생'은 사도행전의 성령 침례라는 사건적 경험으로 완성되어야 하기 때문이다.

예수님께서는 요한복음을 통하여 "영생", "생명이 무엇인가"를 설명하셨고 그 영생을 얻기 위해서는 성령 침례의 경험이 있어야 함을 강조하셨다. 그리고 사도행전은 제자들이 성령 침례를 직접 경험하여

"그 생명이 어떻게 흘러가는가"를 보여준다.

베드로의 첫 설교에서 그 생명의 흐름이 묘사되어졌다. 그 핵심은 사도행전 2장 38절이다. "베드로가 이르되 너희가 회개하여 각각 예수 그리스도의 이름으로 세례를 받고 죄 사함을 받으라 그리하면 성령의 선물을 받으리니." 요한복음 내내 '영생', '생명'에 대해서 듣기만 하던 베드로는 말씀을 듣기만 하는 존재가 아니라, 말씀이신 성령 안에 잠긴(성령 침례가 경험된) 존재로서 예수님의 첫 선포 "하나님의 나라가 가까이 왔으니 회개하고 복음을 믿으라"(막 1:15)와 동일한 맥락을 선포한 것이다. "회개하라"는 삶의 주권을 완전히 주님께 드리고 존재의 방향을 돌이키라는 뜻이며, "예수 그리스도의 이름으로 침례를 받으라"는 선포는 회개를 한 자가 복음이신 예수님을 구주 하나님으로 믿어 그분의 죽음과 부활에 연합되어 죄 사함을 받으라는 초청이다.

그렇게 되면 성령의 선물, 즉 성령 침례를 경험하게 된다는 것인데, 베드로는 바로 지금 본인이 경험한 회개, 죄 사함 그리고 성령 침례를 그대로 전하고 있는 것이다. 사도행전 2장 38절은 단순한 전도 멘트가 아니다. 그것은 "예수께서 성령 침례를 주러 오셨다"라는 요한복음의 선언이 역사 속에서 처음으로 인간의 입을 통해 완전하게 선포된 순간이다. 요한복음은 "그분이 누구신가"를 보여주었고, 사도행전은 "그분이 성령님을 통하여 지금 무엇을 하시는가"를 보여주고 있는데, 베드로의 설교는 그 모든 계시를 한 문장으로 이 땅에 풀어놓은 것이다. 그것을 이루신 분이 성령님이시다.

## 동일한 개념인 거듭남과 성령 침례

사도행전은 여러 대목에서 예수 그리스도와 함께 죽고 함께 살아난 존재, 곧 거듭남을 뜻하는 "예수 이름의 침례"와 "성령 침례"가 분리될 수 없는 사건임을 드러낸다. 영적으로 볼 때, 그리스도와 함께 죽고 그리스도와 함께 산 자(거듭난 자)는, 그리스도께서 승천하셔서 만물 위 보좌에 계신 아버지 안으로 들어가실 때 함께 들어간 자다. 따라서 참된 거듭남은 이미 성령님 안에 잠긴 침례까지 이른 존재적 사건이다. 사도 베드로와 바울은 성령 침례를 경험한 이후, 죽음, 부활, 승천, 보좌에 이르기까지 그리스도 안에서 연합된 실재를 분명히 깨달았고, 그것을 자신의 서신 속에 정확히 표현했다. 베드로는 성령 침례를 경험하자마자 자신이 그리스도와 함께 만물 위에 올라가 있음을 알았다. 그래서 그는 만물 위 보좌에서 일어난 사건을 이렇게 증언한다.

> 하나님이 오른손으로 예수를 높이시매 그가 약속하신 성령을 아버지께 받아서 너희가 보고 듣는 이것을 부어 주셨느니라 행 2:33

이후 베드로는 자신의 서신서에서 성령 침례를 통하여 죽음과 부활에 연합되었고, 더 나아가 보좌에까지 연합된 실재를 반복하여 선포한다.

> 예수 그리스도를 죽은 자 가운데서 부활하게 하심으로 말미암아 우리를 거듭나게 하사 산 소망이 있게 하시며… 너희를 위하여 하늘에 간직하신

것이라 벧전 1:3-4

그리스도께서도 단번에 죄를 위하여 죽으사 의인으로서 불의한 자를 대신하셨으니 이는 우리를 하나님 앞으로 인도하려 하심이라 육체로는 죽임을 당하시고 영으로는 살리심을 받으셨으니 벧전 3:18

모든 은혜의 하나님 곧 그리스도 안에서 너희를 부르사 자기의 영원한 영광에 들어가게 하신 이가 잠깐 고난을 당한 너희를 친히 온전하게 하시며 굳건하게 하시며 강하게 하시며 터를 견고하게 하시리라 벧전 5:10

요한 역시 서신서에서 예수께서 요한복음 14장 20절에서 말씀하신 바로 그 맥락을 동일하게 선포한다.

그의 성령을 우리에게 주시므로 우리가 그 안에 거하고 그가 우리 안에 거하시는 줄을 아느니라 요일 4:13

이는 마가의 다락방에서 일어난 성령 침례 사건이, 곧 "내가 아버지 안에, 너희가 내 안에, 내가 너희 안에"라는 주님의 유언을 현실로 체험한 사건임을 증언하는 고백이다. 바울 역시 성령 침례의 충만을 경험한 이후, 죽음 연합, 부활 연합, 보좌 연합, 그리고 아버지 안에서의 생명 연합을 분명하게 선포하였다.

아나니아가… 안수하여 이르되 형제 사울아… 너로 다시 보게 하시고 성

령으로 충만하게 하신다 하니… 일어나 세례를 받고 행 9:17-18

그 이후 바울은 이렇게 고백한다.

내가 그리스도와 함께 십자가에 못 박혔나니… 갈 2:20

그리스도와 함께 살리셨고… 또 함께 일으키사 엡 2:5-6

그리스도 예수 안에서 함께 하늘에 앉히시니 엡 2:6

이는 너희가 죽었고 너희 생명이 그리스도와 함께 하나님 안에 감추어졌음이라 골 3:3

베드로와 요한과 바울이 이처럼 동일한 언어로 동일한 실재를 선포할 수 있었던 것은, 예수께서 말씀하신 바를 성령께서 다시 기억나게 하셨고, 그 의미를 가르쳐주셨기 때문이다. 예수께서는 제자들에게 "그 날에는 내가 아버지 안에, 너희가 내 안에, 내가 너희 안에 있는 것을 너희가 알리라"(요 14:20)라고 유언하셨고, 하늘에 계신 아버지께 기도하실 때도 같은 내용으로 간구하셨다. "아버지여, 아버지께서 내 안에, 내가 아버지 안에 있는 것같이 그들도 다 하나가 되어 우리 안에 있게 하사 세상으로 아버지께서 나를 보내신 것을 믿게 하옵소서"(요 17:21).

사도행전에는 주 예수 그리스도의 이름의 침례, 곧 그리스도와 함께 죽고 부활한 정체성을 상징하는 침례만 경험한 자들을 성령 침례로 인도하는 사건들이 기록되어 있다. 동시에 성령 침례를 먼저 경험한 자들에게, 주 예수 그리스도의 이름의 침례를 통하여 그 체험이 곧 그리스도와의 죽음과 부활의 연합임을 분명히 각인시키는 사건들도 함께 나타난다. 사마리아에서는 주 예수의 이름으로 침례만 받고 아직 성령님이 임하시지 않은 자들에게, 사도들이 내려가 안수함으로 성령님의 임재를 체험하게 하였다(행 8:16-17).

반대로 고넬료의 집에서는 성령이 먼저 임하였고, 그 후에 베드로가 그들에게 예수 그리스도의 이름으로 침례를 베풀게 한다(행 10:47-48).

또 에베소에서는 요한의 물 침례만 알고 예수의 이름도, 성령도 알지 못하던 자들에게, 동시에 그 이름의 침례와 성령이 임한다(행 19:5-6).

이 실제 사건들은, 예수 그리스도와 함께 죽고 부활한 존재임을 선포하는 주 예수 이름의 침례와 그 실재 안으로 우리를 존재적으로 잠기게 하는 성령 침례가 얼마나 긴밀하게 하나로 연결되어 있는지를 분명히 보여준다. 그렇다면 우리는 우리의 신앙이 베드로나 바울처럼, 거듭남과 성령 침례가 하나로 이어진 실재적 경험 위에서 시작되었는지 점검해야 한다.

# 08

# 구약 속에 나타난 그리스도에 대한 신앙

## 그리스도에 대한 아담의 신앙

히브리서는 모세가 "그리스도를 위하여 받는 수모를 애굽의 모든 보화보다 더 큰 재물로 여겼다"(히 11:26)라고 증언한다. 모세는 선조들로부터 어떤 신앙을 이어받았기에, 아직 오시지 않은 그리스도를 향한 신앙을 소유할 수 있었을까? 그것은 하나님께서 아담의 죄의 수치를 가려주시기 위해서 어린 양을 잡아 만들어주신 가죽옷 속에 선포된, 세상 죄를 지고 갈 하나님의 어린 양 그리스도에 대한 약속이 아담으로부터 아벨, 셋, 에노스, 에녹, 노아, 아브라함, 이삭, 야곱, 요셉을 거쳐 모세에게까지 계승되어 흘러왔기 때문이다(창 3:21).

바울은 로마서에서, 구약 시대의 백성이나 신약 시대 이후의 백성이나, 유대인이나 이방인이나, 민족적 시대적 차별 없이 모든 사람에게 미치는 하나님의 의는 "예수 그리스도를 믿음으로 말미암는 것"이며, 이 사실을 "율법과 선지서", 곧 구약이 이미 증언하고 있다고 말한다(롬 3:21-22). 그리고 그는 이 개념을 갈라디아서에서 더욱 분명하게 밝힌다.

또 하나님이 이방을 믿음으로 말미암아 의로 정하실 것을 성경이 미리 알고 먼저 아브라함에게 복음을 전하되 모든 이방인이 너로 말미암아 복을 받으리라 하였느니라… 이 약속들은 아브라함과 그 자손에게 말씀하신 것인데 여럿을 가리켜 그 자손들이라 하지 아니하시고 오직 한 사람을 가리켜 네 자손이라 하셨으니 곧 그리스도라 내가 이것을 말하노니 하나님께서 미리 정하신 언약을 사백삼십 년 후에 생긴 율법이 폐기하지 못하고 그 약속을 헛되게 하지 못하리라 갈 3:8,16–17

이 말씀은 이방 민족도 믿음으로 의롭다 하심을 받는다는 복음이 아브라함 시대 이전부터 이미 성경에 기록되어 있었으며, 그것이 아브라함에게 전해졌다는 뜻이다. 다시 말해, 아브라함이 등장하는 창세기 11장 26절 이전, 곧 창세기 1장 1절부터 11장 25절까지의 본문 안에 이미 "그리스도를 믿음으로 말미암아 얻는 의"가 하나님에 의해 선포되었고, 그것이 선조들을 통해 아브라함에게까지 전해졌다는 의미다.

"베레쉬트"(태초에), 성경의 첫 단어는 영원과 만물의 시작이 맞닿는 경계선에 서 있다. 이 '태초'는 천지가 창조되는 시작점이다. 그런데 그 시작점 이전의 영원한 태초는 요한복음 1장 1절에 "태초에 말씀이 계시니라 이 말씀이 하나님과 함께 계셨으니 이 말씀은 곧 하나님이시니라"라고 묘사되어 있다. 그 말씀은 곧 하나님이시며, 그 말씀이 육신이 되신 분이 그리스도이시다. "말씀이 육신이 되어 우리 가운데 거하시매…" 하나님께서는 창조 이전부터 그리스도를 통하여 십자가의 죽음으로 공의와 사랑을 이루실 계획을 품고 계셨다. 그래서 영원과 천지 만물의 경계에 해당하는 성경의 첫 단어, "베레쉬트" 속에서부터 그리스도를 선포하신 것이다. 히브리어 '베레쉬트'는 "집"을 뜻하는 알파벳 '베이트'와 "머리"를 뜻하는 '로쉬'의 합성으로 이해할 수 있다. 이는 영원한 집인 교회에 머리 되신 예수 그리스도께서 계신다는 의미를 담고 있다. 그분이 창조의 세계로 내려오기 시작하신 것이다.

천지가 창조되기 전의 태초에 계셨던 말씀이신 하나님께서, 천지가 창조되는 시점의 '태초'라는 단어 속에도 계신다. 그리스도는 히브리어로 '메시아'이며, 신약에서는 '그리스도'로 통일된다. "그리스도"라는 호칭은 본질적으로 십자가의 죽음과 결부된 단어다. 바울을 통해 하나님께서는, 창조 이전에 이미 그리스도의 십자가가 예비되었다고 증언하신다.

> 오직 은밀한 가운데 있는 하나님의 지혜를 말하는 것으로서 곧 감추어졌던 것인데 하나님이 우리의 영광을 위하여 만세 전에 미리 정하신 것이라 이 지혜는 이 세대의 통치자들이 한 사람도 알지 못하였나니 만일 알았더라면 영광의 주를 십자가에 못 박지 아니하였으리라 고전 2:7-8

이는 하나님께서 전지전능하셔서, 아담과 하와, 그리고 모든 인류가 죄를 지을 것을 이미 아셨기 때문이다. 창조주이신 하나님은 피조물인 우리를 구원할 책임과 뜻을 창조 이전에 이미 정하셨다. 아들을 그리스도로 보내어 십자가에 죽게 하실 것을 창세 전에 미리 결정하시고 나서 천지를 창조하신 것이다.

아담은 죄를 범하자마자 무화과나무 잎을 엮어 자신의 수치를 가

렸지만, 여호와 하나님의 얼굴을 뵐 수 없었다(창 3:6-10). 그러나 은혜의 하나님께서는 여자의 후손이 뱀의 머리를 상하게 할 것이라 약속하셨고(창 3:15), 아담과 하와에게 가죽옷을 지어 입히셨다(창 3:21). 가죽옷을 만들기 위해서는 어린 양이 희생되어야 했다. 그 가죽을 벗길 때 살점이 뜯겨지고 피가 흘렀다. 이는 사탄을 멸하시고 인류를 구원할 여자의 후손, 곧 메시아를 "세상 죄를 지고 갈 어린 양"으로 보내시겠다는 하나님의 구원이, 아담이 죄를 범한 직후 가죽옷을 통해 이미 선포되었음을 뜻한다.

사도 요한은 성령의 조명 가운데, 성령과 물과 피가 하나라고 증언한다(요일 5:6-8). 그 가운데 '피'는 죽음을 상징한다. 아담은 죄를 범함으로 죽은 자가 되어 생명이신 하나님과 분리되었으나, 어린 양의 죽음으로 만들어진 가죽옷을 입음으로써, 회개와 믿음 가운데 그 가죽옷 속에 예표된 그리스도와 연합하게 되었다. 그리하여 그의 영은 다시 살아났고, 하나님의 은혜를 힘입어 다시 하나님께 나아갈 수 있는 존재가 되었다. 그리고 그것을 자손들에게 전했을 것이다. 이것이 곧, 하나님의 의이신 그리스도에 대한 아담의 신앙이며, 그 신앙이 세대를 넘어 계승되어 모세에게까지 이르렀고, 마침내 십자가에서 완성된 것이다.


## 아벨, 셋, 에노스 그리고 에녹의 그리스도에 대한 신앙

죄를 지은 아담과 하와의 수치를 가려주시기 위하여 하나님께서는 친히 양을 잡으시고 가죽옷을 만들어 입히셨다. 아담은 하나님의 공의와 사랑의 행위를 본받아, 양을 잡아 자녀들에게 가죽옷을 지어 입히며 그 안에 담긴 복음을 전했을 것이다.

"아빠와 엄마가 죄를 지었단다. 죄로 인해 영이 죽어 하나님을 볼 수 없게 되었지. 죄의 수치를 가리려고 무화과나무 잎을 엮어 치마를 만들어 입었지만(창 3:7), 우리가 만든 옷은 우리의 죄를 가리기에 한계가 있었단다. 그래도 자꾸만 잎을 딸 수밖에 없었지. 우리의 힘으로는 죄의 수치를 가릴 수 없다는 것을 아신 하나님께서 어린 양을 잡으시고 가죽을 벗기실 때, 그 살점이 뜯겨 나가고 피가 흘렀단다. 그리고 그 가죽옷으로 우리 죄의 수치를 덮어주셨어(창 3:21). 그래서 우리는 그 가죽옷 속에 담긴 복음, 곧 살과 피를 흘린 어린 양 앞에서 죄를 회개하고 믿음으로 다시 하나님께 나아갈 수 있게 되었단다. 하나님께서 말씀하셨지. 우리를 죄짓게 한 뱀, 곧 사탄의 머리를 상하게 할 분이 여자의 후손으로 오실 것이라고(창 3:15). 그분은 세상 죄를 지고 갈 어린 양의 모습으로 오실 것이니, 가죽옷 속에 계시된 그 어린 양 앞에서 회개와 믿음으로 하나님께 의로운 제사를 드려야 한단다."

아담은 최초로 지음을 받은 자요, 최초로 하나님과 동행하며 계명을 받은 자요, 최초로 순종했던 자요, 최초로 죄를 지은 자이며, 최초로 어린 양의 가죽옷을 통해 회개와 믿음으로 앞으로 오실 그리스도로 옷 입은 자요, 최초로 세상 죄를 지고 갈 어린 양의 모습으로 오실 그리스도의 복음을 전한 자였다. 가인은 가죽옷을 입고 구원의 혜택을 받았으며 아담으로부터 복음을 들었으나, 그 말씀을 믿지 않았기 때문에 농산물로 제사를 드려 하나님께 인정을 받지 못했다. 그러나 아벨은 아담의 그 신앙을 계승하여 양의 첫 새끼와 그 기름으로 예배를 드렸고, 하나님께 의로운 제사로 인정받았다.

아벨은 자기도 양의 첫 새끼와 그 기름으로 드렸더니 여호와께서 아벨과 그의 제물은 받으셨으나 창 4:4

믿음으로 아벨은 가인보다 더 나은 제사를 하나님께 드림으로 의로운 자라 하시는 증거를 얻었으니 하나님이 그 예물에 대하여 증언하심이라 그가 죽었으나 그 믿음으로써 지금도 말하느니라 히 11:4

아벨은 어린 양의 제사를 통해 앞으로 오실 그리스도를 향한 믿음을 소유했고, 하나님께서는 그리스도를 향한 그의 믿음을 의로 여기셨다. 비록 아벨은 가인에게 죽임을 당했으나, 하나님께서는 아담과 하와 사이에서 태어난 셋을 통해 아벨의 신앙을 계승하게 하셨다. 히브리서 11장에 기록된 믿음의 조상들은 단지 "하나님을 믿은 사람들"이 아니라, 아벨의 신앙을 이어받아 세상 죄를 지고 갈 어린 양, 곧 그리스도에 대한 믿음을 소유한 조상들이다.

아담이 다시 자기 아내와 동침하매 그가 아들을 낳아 그의 이름을 셋이라 하였으니 이는 하나님이 내게 가인이 죽인 아벨 대신에 다른 씨를 주셨다 함이며 창 4:25

'셋'이라는 이름은 히브리어로 "보상"이라는 뜻을 지닌다. 이는 곧, 그리스도를 향한 아벨의 신앙이 보상처럼 다시 주어졌음을 암시한다. 셋의 신앙은 에노스로 이어진다.

> 셋도 아들을 낳고 그의 이름을 에노스라 하였으며 그 때에 사람들이 비로소 여호와의 이름을 불렀더라 창 4:26

'에노스'는 "사람"이라는 뜻이다. 창세기는 '사람'이라는 이름 자체가 하나님의 축복임을 밝힌다.

> 이것은 아담의 계보를 적은 책이니라 하나님이 사람을 창조하실 때에 하나님의 모양대로 지으시되 남자와 여자를 창조하셨고 그들이 창조되던 날에 하나님이 그들에게 복을 주시고 그들의 이름을 사람이라 일컬으셨더라 창 5:1-2

에노스가 태어났을 때 사람들이 비로소 여호와의 이름을 불렀다는 것은, 하나님께 나아가 예배할 수 있는 길이 다시 열렸음을 의미한다. 하나님께 나아가는 의로운 예배에는 반드시 아벨의 신앙, 곧 양의 첫 새끼와 그 기름으로 드리는 제사의 계승이 있었음을 확신하게 한다. 그리고 이 에노스의 신앙은 에녹에게로 흘러간다.

> 에녹은 육십오 세에 므두셀라를 낳았고 므두셀라를 낳은 후 삼백 년을 하나님과 동행하며 자녀들을 낳았으며 그는 삼백육십오 세를 살았더라 에녹이 하나님과 동행하더니 하나님이 그를 데려가시므로 세상에 있지 아니하였더라 창 5:21-24

의로우신 하나님과 동행할 수 있는 신앙은 오직 그리스도를 향한 믿음으로 얻은 의에서만 가능하다. 에녹이 하나님을 기쁘시게 할 수 있었던 이유는, 그가 앞으로 도래할 그리스도를 향한 믿음으로 의를 얻었기 때문이다.

믿음으로 에녹은 죽음을 보지 않고 옮겨졌으니 하나님이 그를 옮기심으로 다시 보이지 아니하였느니라 그는 옮겨지기 전에 하나님을 기쁘시게 하는 자라 하는 증거를 받았느니라 히 11:5

에노스의 신앙이 에녹에게 흘러갔을 뿐 아니라, 에녹은 첫 사람 아담에게서 가죽옷 속에 계시된 그리스도의 복음을 직접 들은 세대였다. 에녹이 태어날 당시 아담의 나이는 622세였고, 아담은 에녹과 함께 308년을 더 살았다. 에녹은 오랜 세월 동안 아담으로부터 창조의 이야기와 에덴동산의 기억, 그리고 여자의 후손과 가죽옷에 담긴 어린 양의 복음을 직접 들었다. 그러므로 그는 세상 죄를 지고 죽어갈 어린 양에 대한 믿음으로, 날마다 하나님과 동행할 수 있었던 것이다.

## 노아의 그리스도에 대한 신앙

에녹의 믿음은 노아에게 흘러갔다. 아담의 신앙이 직접적으로 노아까지 흘러간 차원을 생각해보자. 창세기 5장에 기록된 족보와 각 인물의 수명을 계산해보면, 아담은 노아의 아버지 라멕이 태어났을 때 874세였고, 930세에 죽었으므로 라멕과 56년을 함께 지냈다. 그 시간 동안 아담은 여자의 후손과 가죽옷 속에 계시된 그리스도에 대한 신앙을 라멕에게 전수했을 것이다. 그리고 라멕은 182세에 노아를 낳고 777세에 죽기까지 595년 동안, 아담에게서 들은 그 신앙을 노아에게 그대로 전해주었다. 노아는 곧, 아담에게서 직접 복음을 들은 아버지 라멕으로부터 가죽옷 속의 그리스도에 대한 믿음을 전수받았을 것이다.

또 다른 차원에서 노아의 신앙을 살펴보자. 에녹은 아담에게서 직접 들은 복음을 므두셀라에게 300년 동안 전해주었고, 죽음을 보지 않고 하늘로 옮겨지는 모습을 보여주었다. 므두셀라는 노아가 태어날 때 369세였으며, 969세에 죽기까지, 곧 홍수 심판 직전까지 약 600년 동안 노아에게 자신의 이름에 담긴 심판의 의미와 아버지 에녹에게 들은 어린 양의 모습으로 오실 구원자에 대한 복음을 그대로 전달했을 것이다.

하나님의 의, 곧 그리스도에 대한 노아의 신앙에 대하여 성령께서는 베드로를 통해 말씀하셨다. 홍수는 그리스도와 함께 죽고 다시 사는 거듭남의 의미를 지닌 침례의 상징이며, 노아는 그 의를 전파한 자라고 증언한다. 히브리서 기자는 노아가 "의의 상속자"가 되었다고 말한다(히 11:7). 앞서 살핀 것처럼 그 의는 오직 예수 그리스도를 믿음으로 얻는 하나님의 의다(롬 3:21-22).

그들은 전에 노아의 날 방주를 준비할 동안 하나님이 오래 참고 기다리실 때에 복종하지 아니하던 자들이라 방주에서 물로 말미암아 구원을 얻은 자가 몇 명뿐이니 겨우 여덟 명이라 물은 예수 그리스도께서 부활하심으

로 말미암아 이제 너희를 구원하는 표니 곧 세례라 벧전 3:20-21

옛 세상을 용서하지 아니하시고 오직 의를 전파하는 노아와 그 일곱 식구를 보존하시고 경건하지 아니한 자들의 세상에 홍수를 내리셨으며
벧후 2:5

믿음으로 노아는 아직 보이지 않는 일에 경고하심을 받아 경외함으로 방주를 준비하여 그 집을 구원하였으니 이로 말미암아 세상을 정죄하고 믿음을 따르는 의의 상속자가 되었느니라 히 11:7

바울은 하나님의 의가 예수 그리스도를 믿는 믿음으로 주어지며, 그것이 율법과 선지자들의 핵심 증언이라고 말했다.

이제는 율법 외에 하나님의 한 의가 나타났으니 율법과 선지자들에게 증거를 받은 것이라 곧 예수 그리스도를 믿음으로 말미암아 모든 믿는 자에게 미치는 하나님의 의니 차별이 없느니라 롬 3:21-22

노아가 하나님의 의를 전파했다는 것은(벧후 2:5), 단순히 "홍수로 세상이 심판될 것"을 경고한 차원만이 아니다. 온 인류를 물에 잠기게 하여 죽게 하는 그 심판의 메시지를 통하여, 가죽옷 속에 계시된 세상 죄를 지고 죽을 하나님의 어린 양, 곧 그리스도와 함께 죽고, 그와 함께 다시 사는 복음의 실체를 전파했던 것이다.

복음에는 하나님의 의가 나타나서 믿음으로 믿음에 이르게 하나니 기록
된 바 오직 의인은 믿음으로 말미암아 살리라 함과 같으니라 롬 1:17

하나님의 의, 곧 심판은 복음 안에서, 십자가의 그리스도의 죽음 안
에서 드러났다. 하나님께서는 온 인류를 향한 심판을 아들에게 행하
셨고, 그 공의가 이루어진 십자가 앞에 온 인류를 세우셔서, 회개하고
그의 죽음을 믿는 자들을 그의 죽음과 부활에 연합시켜 거듭나게 하
신다. 이것이 바로 아담의 가죽옷 속 어린 양의 죽음에서부터 선포된
복음이며, 노아는 그 하나님의 의를 전파한 자였다.

## 그리스도를 본 아브라함

모세에게 그리스도에 대한 신앙을 계승시킬 수 있었던 선조 가운데
대표적인 인물은 아브라함이다. 아브라함의 믿음이 어떤 본질을 지니
고 있는지에 대하여 예수 그리스도께서 직접 증언하셨다.

너희 조상 아브라함은 나의 때 볼 것을 즐거워하다가 보고 기뻐하였느니
라 유대인들이 이르되 네가 아직 오십 세도 못 되었는데 아브라함을 보았
느냐 예수께서 이르시되 진실로 진실로 너희에게 이르노니 아브라함이 나
기 전부터 내가 있느니라 하시니 저희가 돌을 들어 치려 하거늘 예수께서
숨어 성전에서 나가시니라 요 8:56–59

이 말씀의 근거는 창세기 22장, 아브라함이 이삭을 번제로 드리는

장면에 있다. 아브라함이 칼을 들어 아들을 치려는 순간 하나님께서 그를 멈추게 하시고, 수풀에 걸린 숫양을 보게 하셔서 이삭 대신 그 양을 드리게 하셨다. 하나님께서는 이미 제물을 준비하고 계셨던 것이다.

> 아브라함이 그 땅 이름을 여호와 이레라 하였으므로 오늘날까지 사람들이 이르기를 여호와의 산에서 준비되리라 하더라 창 22:14

이 구절 속 "여호와의 산에서 준비되리라"에 해당하는 히브리어 원문은 생략된 3인칭 남성 단수 주어를 반영하면 곧 "그 날에, 여호와의 산에서 그분이 보이게 될 것이다"(The day, He will be seen)라는 예언적 선언이다. 아브라함은 숫양을 통해 아담 때부터 전해져 내려오던 가죽옷 속의 죽은 어린 양을 떠올렸고, 세상 죄를 지고 가실 하나님의 어린 양, 곧 그리스도를 미리 본 것이다. 그러므로 예수께서 "아브라함이 나의 때를 보고 기뻐하였다"라고 말씀하신 것이다.

더 나아가 예수께서 "아브라함이 나기 전부터 내가 있느니라"라고 하실 때, "아브라함이 나기 전"은 과거 시제이지만, "내가 있느니라"는 "I am"이라는 현재적 존재 선언이다. 아브라함은 예수보다 이천 년 앞선 사람이지만, 그 아브라함이 태어나기 전부터 예수께서는 "I am"이라고 자신을 계시하신다. 이는 예수께서 어제나 오늘이나 영원토록 동일하신 영원하신 하나님이시기 때문이다. 하나님께서 모세에게 자신을 계시하실 때 "I am who I am"이라 하신 것도 같은 맥락이다(출 3:14). 히브리서 11장이 아브라함의 믿음이 하늘 본향을 향하고 있다고 말하는 이유는, 그가 하늘에 계신 그리스도를 미리 보았기 때문이다.

> 그들이 나온 바 본향을 생각하였더라면 돌아갈 기회가 있었으려니와 그들이 이제는 더 나은 본향을 사모하니 곧 하늘에 있는 것이라 히 11:15-16

아브라함은 갈대아 우르라는 고향을 떠났으나, 결코 그가 나온 땅을 그리워하지 않았다. 그는 더 나은 본향, 곧 하늘을 바라보며 사모했다. 그리스도를 통하지 않고서 어찌 하늘을 본향으로 사모할 수 있겠는가? 아브라함은 장차 오실 그리스도를 향한 믿음으로 하늘을 바라보았고, 그 소망으로 모든 역경을 이겨냈다. 바울은 로마서 4장에서 그리스도를 믿는 믿음이 의로 여겨진 아브라함의 신앙을 분명히 해석한다.

> 만일 아브라함이 행위로써 의롭다 하심을 받았으면 자랑할 것이 있으려니와 하나님 앞에서는 없느니라 성경이 무엇을 말하느냐 아브라함이 하나님을 믿으매 그것이 그에게 의로 여겨진 바 되었느니라 롬 4:2-3

그가 할례의 표를 받은 것은 무할례시에 믿음으로 된 의를 인친 것이니 이는 무할례자로서 믿는 모든 자의 조상이 되어 그들도 의로 여기심을 얻게 하려 하심이라 또한 할례자의 조상이 되었나니 곧 할례 받을 자에게뿐 아니라 우리 조상 아브라함이 무할례시에 가졌던 믿음의 자취를 따르는 자들에게도 그러하니라 아브라함이나 그 후손에게 세상의 상속자가 되리라

고 하신 언약은 율법으로 말미암은 것이 아니요 오직 믿음의 의로 말미암

은 것이니라 롬 4:11-13

부활을 부인하던 사두개인들과의 논쟁에서 예수께서는 "아브라함

의 하나님, 이삭의 하나님, 야곱의 하나님은 죽은 자의 하나님이 아

니요 산 자의 하나님"이시라고 하시며, 아브라함과 이삭과 야곱이 살

아 있다고 선언하셨다(막 12:26-27). 육체는 죽어 흙으로 돌아갔으나,

그들이 살아 있다는 말은 그들이 그리스도와 함께 죽고, 그리스도와

함께 살아나, 거듭난 영으로 하나님과 함께 하늘에 있다는 뜻이다.

그들이 어떻게 하나님과 함께 살아 있을 수 있는가? 그리스도에 대한

믿음이 의로 여겨졌기 때문이다. 바로 그 믿음으로 그들은 성령으로

거듭났고, 영이신 하나님과 함께 있는 존재가 된 것이다.


## 모세 신앙의 핵심, 그리스도

어느 유명 설교가가 "구약 시대의 사람들은 예수님을 믿은 것이 아니

라 하나님을 믿고 의로 여김을 받았습니다. 히브리서 11장을 보세요.

누가 예수님을 믿고 의로 여김을 받았나요?"라고 말하는 것을 들은

적이 있다. 그 설명은 구약에서도 하나님의 의가 그리스도를 통해 나

타난다는 복음의 핵심을 놓친 발언이다. 예수께서 모세가 나에 대하

여 기록하였다고 하신 말씀(요 5:46)을 그는 어떻게 해석할지 궁금하

다. 오히려 그의 견해를 무색하게 만드는 증거가 그가 언급한 히브리

서 11장에 분명히 기록되어 있다.

(모세는) 그리스도를 위하여 받는 수모를 애굽의 모든 보화보다 더 큰 재물로 여겼으니 이는 상 주심을 바라봄이라 히 11:26

　모세는 그리스도께서 성육신하시기 약 1500년 전의 사람이다. 그런데 히브리서 기자는 어찌하여 모세가 겪은 수치를 "그리스도를 위하여" 받은 것이라고 말하는가? 히브리서 기자는 구약에 정통한 인물이며, 성령께서는 그를 통하여 하나님의 의를 얻는 유일한 길이 그리스도임을 선포하고 계신다. 그 길은 구약과 신약 사이에 차별이나 단절이 없고 동일하다는 것이다(롬 3:21-22). 모세는 아담의 가죽옷 속에 담긴 세상 죄를 지고 갈 하나님의 어린 양에 대한 믿음의 상속을 계승받은 것이다. 그래서 그는 애굽의 종살이에서 이스라엘을 해방시키는 유월절 사건 속에서, 어린 양의 피와 살이 장차 메시아로 오셔서 세상 죄를 위하여 죽으실 그리스도를 가리킨다고 선포하였다. 홍해에 들어갔다가 나오는 사건을 통하여 그리스도의 죽음과 부활에 연합되는 침례를 선포하였고, 반석을 쳐서 물이 나오게 하신 사건을 통해 장차 오실 반석이신 예수 그리스도께서 몸을 깨뜨리시고 피와 물을 쏟으시며 생수의 강이신 성령을 부으실 것을 증거하였다. 또한 하늘에서 내리는 만나를 통하여 말씀이 육신이 되실 그리스도를 선포하였다.

　모세에게 속하여 다 구름과 바다에서 침례를 받고 다 같은 신령한 음식을 먹으며 다 같은 신령한 음료를 마셨으니 이는 그들을 따르는 신령한 반석으로부터 마셨으매 그 반석은 곧 그리스도시라 고전 10:2-4

또한 광야에서 나무에 달린 놋뱀을 쳐다보는 자가 살아나는 사건을 통하여, 나무에 달려 죽으실 그리스도를 바라보고 믿는 자가 구원을 얻게 될 것을 선포하였다. 그러나 이스라엘 백성들은 들은 복음에 믿음을 결부시키지 않았고(히 3:15-19, 4:2), 오히려 그리스도를 증거하는 모세에게 수모를 가하였다. 그러므로 히브리서 기자가 모세가 "그리스도를 위하여 수모를 받았다"라고 표현한 것은 충분히 신학적 필연성을 지닌 선언이다.

예수께서는 "너희가 성경에서 영생을 얻는 줄 생각하고 성경을 연구하거니와 이 성경이 곧 내게 대하여 증언하는 것이니라 그러나 너희가 영생을 얻기 위하여 내게 오기를 원하지 아니하는도다… 모세를 믿었더라면 또 나를 믿었으리니 이는 그가 내게 대하여 기록하였음이라 그러나 그의 글도 믿지 아니하거든 어찌 내 말을 믿겠느냐"(요 5:39-40,46-47)고 하셨다. 그리스도는 하나님의 아들이시며 곧 하나님이시다. 그는 영원하시며 어제나 오늘이나 영원토록 동일하시다. 그러므로 그리스도는 모세에게 자신을 현현하셨고, 모세로 하여금 자신을 선포하게 하셨으며, 자신에 대하여 기록하게 하셨던 것이다. 모세 신앙의 핵심은 곧 그리스도였다.


## 그리스도를 통해 은혜로 택하심을 받은 엘리야

아브라함과 모세의 신앙을 계승한 엘리야와 당시 성도들의 모습을 알 수 있는 놀라운 구절이 로마서 11장에 있다.

하나님이 그 미리 아신 자기 백성을 버리지 아니하셨나니 너희가 성경이 엘리야를 가리켜 말한 것을 알지 못하느냐 그가 이스라엘을 하나님께 고발하되 주여 그들이 주의 선지자들을 죽였으며 주의 제단들을 헐어 버렸고 나만 남았는데 내 목숨도 찾나이다 하니 그에게 하신 대답이 무엇이냐 내가 나를 위하여 바알에게 무릎을 꿇지 아니한 사람 칠천 명을 남겨 두었다 하셨으니 그런즉 이와 같이 지금도 은혜로 택하심을 따라 남은 자가 있느니라 만일 은혜로 된 것이면 행위로 말미암지 않음이니 그렇지 않으면 은혜가 은혜 되지 못하느니라 롬 11:2-6

성령께서 낱권별 암송의 혜택을 누리게 하시는 가운데 놀라운 깨달음을 얻게 하셨다. 어느 날 로마서 전체를 복습 암송하기 위해 1장부터 선포하다가 11장에 이르러 2절에서 "엘리야가 이스라엘을 고발했다"라는 구절을 암송하는 순간, 그 속의 '고발'이라는 단어가 몇 분 전에 암송했던 8장 33절, "누가 능히 하나님께서 택하신 자들을 고발하리요 의롭다 하신 이는 하나님이시니"라는 말씀과 순식간에 연결되었다. 엘리야가 우상 숭배에 빠진 이스라엘을 고발한 것까지는 옳았지만, 그는 하나님께서 은혜로 택하셔서 남겨 두신 자들, 곧 의롭다 하신 칠천 명까지 함께 고발하고 있었던 것이다.

바울은 엘리야가 이스라엘을 고발한 내용을 인용하면서, 하나님께서 자신을 위하여 바알에게 무릎을 꿇지 않은 칠천 명을 남겨 두셨다고 기록한다(롬 11:4). 그리고 곧바로 "이와 같이 지금도 은혜로 택하심을 따라 남은 자가 있느니라"라고 말한다(롬 11:5). 여기서 바울이 사용하는 "이와 같이 지금도"라는 표현은 구약과 신약을 관통하여 하나로 잇는 놀라운 접속어다. 바울이 말하고 있는 바로 그 시대에도 엘리야 때와 같이 은혜로 택하심을 따라 남은 자가 있다는 뜻이며, 이는 곧 엘리야 시대의 칠천 명 역시 은혜로 택하심을 따라 구원을 받은 자들이었다는 선언이다. 다시 말해 구약 시대에도 은혜로 택하심을 따라 구원을 받은 자들이 존재했다는 것이다. 은혜로 택하심을 따라 얻는 구원은 아버지 하나님께서 보내실 그리스도 앞에서 회개하고 믿지 않고는 성립될 수 없다. 모세가 바로 그 하나님께서 보내실 그리스도를 바라보는 신앙으로 모든 수모를 견뎌냈던 것이며, 엘리야와 칠천 명 또한 동일하게 그리스도를 향한 믿음 안에서 하나님의 은혜로 택하심을 받은 자임을 알았기에 바알과 아세라를 섬기지 않았던 것이다.

바울은 로마서 9·11장에서 유대인과 이방인의 하나됨을 다루는데, 그 하나됨은 오직 그리스도에 대한 믿음을 통하여 은혜로 택하심을 따라 얻는 구원 안에서만 가능하다고 말한다. 그는 이를 올리브나무 비유로 설명한다. 참 올리브나무의 뿌리, 곧 그리스도의 진액을 원 가지와 접붙임 받은 야생 가지가 함께 받아 누린다는 것이다(롬 11:17). 이것은 유대인과 이방인의 하나됨을 설명하는 데 있어 결정적으로 중요한 이미지다.

바울은 로마서 11장에 이르러 구약 시대 사람들인 엘리야와 칠천 명의 신앙을 "은혜로 택하심"을 받은 자들의 신앙으로 규정하기에 앞서, 이미 1장부터 10장까지에서 율법의 행위가 아닌 오직 믿음으로 하나님의 은혜를 따라 택하심을 얻는다는 사실을 집요하리 만큼 반복하여 선포해왔다. 그러므로 11장에 등장하는 "은혜로 택하심을 따라"(롬 11:5)라는 표현에는 1-10장에서 누적된 바울의 신학과 복음 이해가 그대로 응축되어 있다.

그 대표적인 구절들을 살펴보자(3:9-10, 21-24, 29-30, 4:3-16, 22-25, 5:8-10, 15-22, 7:4, 22-25, 8:1-2, 9:14-16, 22-29, 10:1-21)을 읽어보라.

예수 그리스도의 종 바울은 사도로 부르심을 받아 하나님의 복음을 위하여 택정함을 입었으니 이 복음은 하나님이 선지자들을 통하여 그의 아들에 관하여 성경에 미리 약속하신 것이라 그의 아들에 관하여 말하면 육신으로는 다윗의 혈통에서 나셨고 성결의 영으로는 죽은 자들 가운데서 부활하사 능력으로 하나님의 아들로 선포되셨으니 곧 우리 주 예수 그리스도시니라 그로 말미암아 우리가 은혜와 사도의 직분을 받아 그의 이름을 위하여 모든 이방인 중에서 믿어 순종하게 하나니 롬 1:1-5

그러므로 우리가 믿음으로 의롭다 하심을 받았으니 우리 주 예수 그리스도로 말미암아 하나님과 화평을 누리자 또한 그로 말미암아 우리가 믿음으로 서 있는 이 은혜에 들어감을 얻었으며 하나님의 영광을 바라고 즐거워하느니라 롬 5:1-2

죄가 너희를 주장하지 못하리니 이는 너희가 법 아래에 있지 아니하고 은혜 아래에 있음이라 롬 6:14

그 자식들이 아직 나지도 아니하고 무슨 선이나 악을 행하지 아니한 때에 택하심을 따라 되는 하나님의 뜻이 행위로 말미암지 않고 오직 부르시는

이로 말미암아 서게 하려 하사 롬 9:11

그런즉 우리가 무슨 말을 하리요 의를 따르지 아니한 이방인들이 의를 얻었으니 곧 믿음에서 난 의요 의의 법을 따라간 이스라엘은 율법에 이르지 못하였으니 어찌 그러하냐 이는 그들이 믿음을 의지하지 않고 행위를 의지함이라 부딪칠 돌에 부딪쳤느니라 기록된 바 보라 내가 걸림돌과 거치는 바위를 시온에 두노니 그를 믿는 자는 부끄러움을 당하지 아니하리라 함과 같으니라 롬 9:30-33

형제들아 내 마음에 원하는 바와 하나님께 구하는 바는 이스라엘을 위함이니 곧 그들로 구원을 받게 함이라 … 그리스도는 모든 믿는 자에게 의를 이루기 위하여 율법의 마침이 되시니라 … 네가 만일 네 입으로 예수를 주로 시인하며 또 하나님께서 그를 죽은 자 가운데서 살리신 것을 네 마음에 믿으면 구원을 받으리라 사람이 마음으로 믿어 의에 이르고 입으로 시인하여 구원에 이르느니라 … 그러므로 믿음은 들음에서 나며 들음은 그리스도의 말씀으로 말미암았느니라 롬 10:1,4,9-10,17

이 중에서 행위가 아닌 오직 믿음으로, 은혜로 택하심을 따라 얻는 구원에 대해 바울이 가장 탁월하게 표현한 구절들을 다시 살펴보자.

그러면 어떠하냐 우리는 나으냐 결코 아니라 유대인이나 헬라인이나 다 죄 아래에 있다고 우리가 이미 선언하였느니라 기록된 바 의인은 없나니 하나도 없으며 롬 3:9-10

그러므로 율법의 행위로 그의 앞에 의롭다 하심을 얻을 육체가 없나니 율법으로는 죄를 깨달음이니라 이제는 율법 외에 하나님의 한 의가 나타났으니 율법과 선지자들에게 증거를 받은 것이라 곧 예수 그리스도를 믿음으로 말미암아 모든 믿는 자에게 미치는 하나님의 의니 차별이 없느니라 모든 사람이 죄를 범하였으매 하나님의 영광에 이르지 못하더니 그리스도 예수 안에 있는 속량으로 말미암아 하나님의 은혜로 값없이 의롭다 하심을 얻은 자 되었느니라 롬 3:21-24

바울은 유대인이나 헬라인, 곧 이방인이나 모두 죄 아래 있으며, 율법의 행위로 의롭다 함을 얻을 육체가 하나도 없다고 선언한 뒤(롬 3:9-10), "율법 외에 하나님의 한 의"가 나타났다고 말한다. 이 표현만 보면 마치 율법이 아닌 다른 책이나 다른 경전에 그 의가 있는 듯한 인상을 주지만, 곧바로 그는 그것이 "율법과 선지자들에게 증거를 받은 것"이라고 밝힌다(롬 3:21-22). 여기서 말하는 율법은 모세오경이며, 그 외의 시가서와 역사서, 선지서 역시 모세오경과 깊이 연결된 책들이다. 바울은 예수 그리스도를 믿음으로 말미암아 모든 믿는 자, 곧 유대인과 이방인에게 차별 없이 미치는 하나님의 의가 이미 구약, 곧 "율법과 선지자들" 안에 증거되어 왔음을 선언하고 있는 것이다. 이는 놀라운 통찰이다. 유대인과 이방인 사이에 차별이 없을 뿐 아니라, 구약 시대와 신약 시대, 그리고 그 이후 지금에 이르기까지도 차별이 없는 동일한 하나님의 의, 곧 예수 그리스도를 믿음으로 말미암아 얻는 은혜가 역사 전체를 관통하고 있다는 선언이기 때문이다. 그러므로 엘리야 시대의 칠천 명과 사도 바울의 시대에 남겨진 자들, 그리고 오늘 우리에 이르기까지, 모두가 동일한 은혜, 동일한 복음, 동일한 그리스도 안에서 하나로 부름받은 자들이다. 할렐루야!

## 이사야, 예레미야, 에스겔, 다니엘, 스가랴가 본 그리스도

이사야가 본 그리스도에 대해서도 살펴보자. 그는 주전 8-7세기에 활동한 선지자다. 요한은 자신의 서신에서 이사야의 신앙을 이렇게 증언했다.

> 이렇게 많은 표적을 그들 앞에서 행하셨으나 그를 믿지 아니하니 이는 선지자 이사야의 말씀을 이루려 하심이라 이르되 주여 우리에게서 들은 바를 누가 믿었으며 주의 팔이 누구에게 나타났나이까 하였더라 그들이 능히 믿지 못한 것은 이 때문이니 곧 이사야가 다시 일렀으되 그들의 눈을 멀게 하시고 그들의 마음을 완고하게 하셨으니 이는 그들로 하여금 눈으로 보고 마음으로 깨닫고 돌이켜 내게 고침을 받지 못하게 하려 함이라 하였음이더라 이사야가 이렇게 말한 것은 주의 영광을 보고 주를 가리켜 말한 것이라 요 12:37-41

예수께서 많은 표적을 행하셨으나 유대인들은 믿지 않았다. 이사야 역시 주의 영광을 보고 주를 가리켜 말했으나 그 시대의 백성들은 믿지 않았다. 하나님께서는 이사야에게도 700년 뒤에 오실 그리스도를 미리 보여주셨던 것이다. 이사야가 주의 영광을 보았다는 것은 단순한 임재의 현상이 아니라, 그리스도의 탄생과 죽으심, 부활과 승천의 영광이었다. 그가 마리아에게서 태어나실 메시아를 정확히 예언한 것을 보면 분명해진다.

보라 처녀가 잉태하여 아들을 낳을 것이요 그의 이름을 임마누엘이라 하리라 사 7:14

이는 한 아기가 우리에게 났고 한 아들을 우리에게 주신 바 되었는데 그의 어깨에는 정사를 메었고 그의 이름은 기묘자라, 모사라, 전능하신 하나님이라, 영존하시는 아버지라, 평강의 왕이라 할 것임이라 사 9:6

사도 요한은 "주의 영광"이 무엇인지를 매우 정확하게 설명한다.

명절 끝날 곧 큰 날에 예수께서 서서 외쳐 이르시되 누구든지 목마르거든 내게로 와서 마시라 나를 믿는 자는 성경에 이름과 같이 그 배에서 생수의 강이 흘러나오리라 하시니 이는 그를 믿는 자들이 받을 성령을 가리켜 말씀하신 것이라 요 7:37-39

이어서 요한은 "예수께서 아직 영광을 받지 않으셨으므로 성령이 아직 그들에게 계시지 아니하시더라"라고 덧붙인다. 예수께서 영광을 받으셔야 성령이 임하신다는 이 설명은, 곧 예수께서 죽으시고 부활하여 승천하신 뒤 성령으로 임하실 것을 가리킨다. 인류 구원을 위한 예수님의 영광은 그의 죽으심과 부활과 승천, 그리고 보좌에 앉으심이다. 이사야는 바로 그 영광을 본 것이다.

예레미야 역시 성령의 감동 가운데 "내가 다윗에게 한 의로운 가지를 일으킬 것이라… 그의 이름은 여호와 우리의 공의라 일컬음을 받으리라"(렘 23:5-6)라고 예언하며, 하나님께서 메시아를 보내실 것을 선포했다. 신약의 마태와 누가는 예수 그리스도를 "다윗의 자손"(마 1:1 ; 눅 1:32-33)이라 증언함으로 이 언약이 정확히 성취되었음을 확증한다. 특별히 예레미야는 새 언약의 절정인 성령 침례에 대하여 선포했다.

> 그러나 그 날 후에 내가 이스라엘 집과 맺을 언약은 이러하니 곧 내가 나의 법을 그들의 속에 두며 그들의 마음에 기록하여 나는 그들의 하나님이 되고 그들은 내 백성이 될 것이라 여호와의 말씀이니라 렘 31:33

하나님의 말씀을 마음에 두신다는 것은 성령을 부어주셔서 싱령께서 그들의 마음 안에 거하시게 된다는 뜻이며, 히브리서 기자는 이 예언이 성취되었음을 선포한다(히 8:10, 10:16).

에스겔도 죄지은 인생들에게 새 영을 주시고 성령을 부으셔서 하나님의 율례를 행하게 하실 것을 예언했다.

> 또 새 영을 너희 속에 두고 새 마음을 너희에게 주되 너희 육신에서 굳은 마음을 제거하고 부드러운 마음을 줄 것이며 또 내 영을 너희 속에 두어 너희로 내 율례를 행하게 하리니 너희가 내 규례를 지켜 행할지라
>
> 겔 36:26,27

다니엘은 환상 가운데 인자 같은 이가 하늘 구름을 타고 오는 신적 존재로 나타나며, 그의 권세가 영원할 것을 보았다.

내가 또 밤 환상 중에 보니 인자 같은 이가 하늘 구름을 타고 와서 옛적부터 항상 계신 이에게 나아가 그 앞으로 인도되매 그에게 권세와 영광과 나라를 주고 모든 백성과 나라들과 다른 언어를 말하는 모든 자들이 그를 섬기게 하였으니 그의 권세는 소멸되지 아니하는 영원한 권세요 그의 나라는 멸망하지 아니할 것이니라 단 7:13-14

예수께서는 다니엘이 본 바로 그 인자가 자신임을 친히 선포하셨다(마 26:64 ; 요 5:27 ; 계 1:7, 14:14).

스가랴는 메시아께서 나귀를 타고 예루살렘에 입성하실 것과, 은 삼십에 팔리실 것과 장차 그를 찌른 자들이 재림하실 메시아가 바로 그분이심을 보게 될 것을 예언했다.

시온의 딸아 크게 기뻐할지어다 예루살렘의 딸아 즐거이 부를지어다 보라 네 왕이 네게 임하시나니 그는 공의로우시며 구원을 베푸시며 겸손하여서 나귀를 타시나니 나귀의 작은 것 곧 나귀 새끼니라 슥 9:9

내가 그들에게 이르되 너희가 좋게 여기거든 내 품삯을 내게 주고 그렇지 아니하거든 그만두라 그들이 곧 은 삼십 개를 달아서 내 품삯을 삼은지라 슥 11:12

이처럼 스가랴는 예수님의 초림과 수난, 그리고 장차 있을 회개의 날까지 내다보며 그리스도를 증언했다. 아담으로부터 아벨, 에녹, 노아, 아브라함, 모세, 다윗, 그리고 선지자들에게로 이어져 내려온 "세상 죄를 지고 갈 하나님의 어린 양"에 대한 믿음은, 마침내 그리스도 탄생 직전 구약의 마지막 선지자 침례 요한에게로 이어졌다.

이튿날 요한이 예수께서 자기에게 나아오심을 보고 이르되 보라 세상 죄를 지고 가는 하나님의 어린 양이로다 요 1:29

나도 그를 알지 못하였으나 나를 보내어 물로 세례를 베풀라 하신 그이가 나에게 말씀하시되 성령이 내려서 누구 위에든지 머무는 것을 보거든 그가 곧 성령으로 세례를 베푸는 이인 줄 알라 하셨기에 요 1:33

요한이 예수 그리스도를 "세상 죄를 지고 가는 하나님의 어린 양"이시며 "성령 침례를 주시는 분"이라고 선포할 수 있었던 것은, 아담으로부터 이어져 내려온 그리스도를 향한 신앙의 계승이 그의 안에 있었기 때문이다.

예수님의 제자가 된 빌립 역시 나다나엘에게, 모세오경과 선지서가 모두 그리스도에 대하여 기록한 책임을 분명히 말했다.

빌립이 나다나엘을 찾아 이르되 모세가 율법에 기록하였고 여러 선지자가 기록한 그이를 우리가 만났으니 요셉의 아들 나사렛 예수니라 요 1:45

예수께서는 육체로 오셨을 때도, 성령으로 임하셨을 때도, 다윗이 그리스도이신 자신을 보았다고 증언하셨다. 그리고 베드로는 성령 침례를 경험한 직후, 다윗이 항상 주님을 보았으며 주님의 부활을 미리 선포했다고 증거했다.

> 예수께서 성전에서 가르치실 때 대답하여 이르시되 어찌하여 서기관들이 그리스도를 다윗의 자손이라 하느냐 다윗이 성령에 감동되어 친히 말하되 주께서 내 주께 이르시되 내가 네 원수를 네 발 아래에 둘 때까지 내 우편에 앉았으라 하셨도다 하였느니라 다윗이 그리스도를 주라 하였은즉 어찌 그의 자손이 되겠느냐 하시니 많은 사람들이 즐겁게 듣더라
>
> 막 12:35-37

> 다윗이 그를 가리켜 이르되 내가 항상 내 앞에 계신 주를 뵈었음이여 나로 요동하지 않게 하기 위하여 그가 내 우편에 계시도다… 그는 선지자라… 미리 본 고로 그리스도의 부활을 말하되… 행 2:25,30-31

구약의 모든 믿음의 계보는 한 방향을 향해 흐르고 있다. 그것은 세상 죄를 지고 가실 하나님의 어린 양, 곧 그리스도를 향한 믿음이다. 아담에게서 시작된 그 복음은 아벨을 지나 에녹과 노아, 아브라함과 모세, 다윗과 선지자들, 침례 요한과 사도들로 이어졌고, 마침내 예수 그리스도 안에서 완전히 드러났다. 그러므로 구약의 신앙은 결코 막연한 '하나님 신앙'이 아니었다. 그것은 처음부터 끝까지 그리스도를 향한 신앙이었으며, 은혜로 말미암아 믿음으로 의롭다 하심

을 얻는 복음의 신앙이었다. 구약과 신약은 다른 길이 아니라, 한 분 그리스도를 향해 흐르는 하나의 구속사이며 하나의 믿음이다.


## 성령 침례 경험자의 특징, 복음 전도

침례 요한이 그리스도에 대한 신앙을 전수받아 복음을 외치며 주님 오실 길을 예비한 것처럼, 온전한 회개를 통하여 성령 침례를 경험하고 존재적으로 그리스도와 함께 죽음과 부활과 승천과 보좌의 자리까지 연합된 자는, 그리스도께서 다시 오실 것을 예비하는 "광야에서 외치는 자의 소리"로 살게 되어 있다. 영광스러운 복음은 내 안에만 감추어 둘 수 없다. "하나님의 아들 예수 그리스도의 복음의 시작이라"(막 1:1)에서 표현된 것처럼, 복음 자체이신 그분과 존재적으로 연합되었는데 어찌 그 빛 되신 주님이 나를 통하여 어두운 세상에 드러나지 않겠는가?

> 또 그들에게 이르시되 사람이 등불을 가져오는 것은 말 아래에나 평상 아래에 두려 함이냐 등경 위에 두려 함이 아니냐 드러내려 하지 않고는 숨긴 것이 없고 나타내려 하지 않고는 감추인 것이 없느니라 막 4:21-22

하나님께서 인정하시는 회개를 통과하여 성령으로 거듭남, 곧 성령 침례를 경험한 자인지 분별할 수 있는 기준은 사도행전 2장에 분명히 나타나 있다. 오순절 날 성령님이 임하시자마자 제자들은 성령이 말하게 하심을 따라 다른 나라의 언어로 말하기 시작했다. 이것은 고린도전서에서 말하는, 타인이 알아듣지 못하는 개인적인 기도 방언과는 다른 차원의 것이었다. 오순절을 지키러 온 천하 각국의 사람들이 각기 자기 나라의 언어로 듣게 되었는데, 그 내용은 "하나님의 큰 일"이었다(행 2:11). 곧 얼마 전에 성육신하신 하나님이신 예수께서 십자가에서 죽으시고 부활하시며 승천하신 사건을 선포하게 된 것이다. 이것이 바로 거듭남과 성령 침례를 받은 가장 분명한 표지다.

방언을 말하지만 복음 전도의 마음이 전혀 없는 사람은, 자신이 과연 그리스도와 존재적으로 연합된 성령 침례를 경험한 자인지 심각하게 점검해보아야 한다. 사도행전 2장에서 나타난 방언은 복음 전도의 의미를 품고 있으며, 성령 침례를 경험한 자에게서 자연스럽게 흘러나오는 모습이기 때문이다.

사도행전 2장에 사용된 "방언"이라는 헬라어를 살펴보면, 방언의 핵심이 결국 "말씀의 전파와 선포"에 있음을 보게 된다. 2장 4절에 사용된 단어는 '글로싸'로, 흔히 사람들이 알아듣지 못하는 언어로만 이해된다.

그러나 6절과 8절에서는 방언의 헬라어가 '디알렉토스'라는 단어가 사용되는데, 이는 "각 나라의 언어"라는 뜻이다. 오순절을 지키러 온 각국의 사람들이 자신들의 언어로 들었다는 의미다. 그런데 11절에서 다시 '글로싸'가 사용된다. 듣는 사람들이 분명히 알아들은 언어였음에도 불구하고 '디알렉노스'가 아니라 '글로싸'가 쓰였다. 이는 방언이 말하는 사람의 입장에서는 알 수 없는 언어일 수 있으나, 듣는 사람의 입장에서는 분명히 이해 가능한 언어가 될 수 있음을 보여준다. 원어를 면밀히 검토해보면 '디알렉토스'와 '글로싸'는 사실상 동의 어라는 것을 알 수 있다. 그러므로 사도행전 2장의 방언은 신비한 음성 자체보다, '전달되는 내용'이 핵심이다.

그 내용은 분명히 "하나님의 큰 일"이었다. 그 하나님의 큰 일의 중심은 예수 그리스도의 십자가와 부활과 승천이다. 거듭남과 성령 침례를 경험한 제자들의 입에서 흘러나온 것은, 언제나 주 예수 그리스도께서 행하신 하나님의 구원 사건이었다. 때를 얻든지 못 얻든지 예수께서 이루신 하나님의 큰 일을 선포하는 삶, 그것이 바로 거듭남과 성령 침례를 경험한 제자들의 가장 중요한 특징이었다.

예수께서는 성령 침례 가운데 자신이 하나님과 본체이심을 아셨고, 성령을 통하여 보좌에 계신 아버지의 입에서 나오는 모든 말씀으로 아버지의 나라를 선포하시며 순종의 길을 걸어가셨다. 자신이 주인 노릇했던 삶을 회개하고, 예수와 함께 죽고 부활하여 하늘에 앉혀진 존재적 정체성을 성령 침례로 깨닫게 된 베드로 역시, 가는 곳마다 회개와 주 예수 그리스도의 이름의 침례와 죄 사함과 성령을 선포했다. 바울도 사울이었을 때에는 예수 추종자들을 핍박하고 감옥에 가두며 죽이는 일에 앞장섰으나, 빛 가운데서 부활하신 주님을 만나 음성을 듣고, 식음을 전폐하며 회개와 기도 가운데 있을 때 아나니아의 안수를 받아 눈에서 비늘이 벗겨졌다. 그는 그리스도와 함께 죽었고(갈 2:20), 살리심을 받아 하늘에 앉혀진 존재임을 성령으로 깨닫게 되었다(엡 2:5-6). 그 성령 침례 이후 그는 곧바로 예수가 하나님의 아들이심을 전파하기 시작했다(행 9장). 예수님의 삶과 베드로와 바울의 변화는, 자신이 과연 거듭남과 성령 침례를 경험한 자인가를 점검할 수 있는 정확한 기준이 된다.

자신이 주인 노릇했던 삶을 진심으로 뉘우쳐 참된 회개에 이른 자는, 그리스도와 함께 죽고 그리스도와 함께 부활하며 승천하여 보좌에 계신 아버지 안에 잠기게 된다. 곧 성령 침례를 통하여 성령께서 그 안에 충만히 거하시게 된다. 성령 침례를 경험한 자는, 이 땅에 오셔서 아버지의 나라를 선포하시며 십자가의 길을 걸어가신 주님을 따라, 그가 가신 그 길을 함께 걸으며 십자가에서 못 박혀 죽으시고 부활하시고 승천하셨으며 다시 오실 예수 그리스도를 전하며 살게 된다(요 15:26-27).

창조주께서 인간이 되셔서 벌거벗겨진 채 죽으신 십자가 앞에서는 모든 만물이 다 벌거벗은 것같이 드러난다(히 4:13). 이것이 십자가의 능력이다. 하나님께서 우리에게 성경을 주신 목적은 단지 읽고, 공부하고, 묵상하고, 암송하여 지식을 쌓게 하려는 데 있지 않고, 말씀을 통하여 십자가 앞에 서서 스스로 벌거벗겨짐을 경험하게 하시고, 그 자리에서 참된 회개에 이르게 하려는 데 있다. 십자가에서 죽으신 예수님 앞에서, 자신이 스스로 주인 노릇하며 살아왔음을 자각하고, 그 죄로 말미암아 이미 죽은 존재임을 깨닫게 되어 절망 속에서 회개하며, 성령으로 거듭남, 곧 성령 침례를 갈망해야 한다.

복음적 회개를 통하여 거듭남과 성령 침례를 체험하지 않으면, 성경 지식이 많고 충성스럽게 봉사한다 해도 결국은 종교생활에 머물게 된다. 교회 출석, 성경 읽기와 묵상, 성경 공부와 각종 사역을 오래 해왔다는 사실만으로, 자신이 이미 거듭났고 성령 침례를 경험했다고 착각해서는 안 된다. 자신에게 베드로와 바울과 같은 존재적 전환과 복음을 선포하는 삶의 변화가 실제로 나타나고 있는지를 살펴보아야 한다.

나는 지금까지 전도자로 살면서 수많은 불신자들과 신자들을 만났다. 신자들에게는 "예수님을 어떻게 만나셨습니까?"라는 질문을 던져보았다. 불치의 병에서 치유받은 이야기, 사업의 실패 후 다시 일어서게 된 이야기, 자살 직전에 예수님을 만났다는 고백 등 다양한 간증들을 들었다.

그런데 그 많은 고백 속에서, 주권을 주님께 온전히 내어 맡기는 회개의 고백이 빠져 있고, 그 회개를 통하여 성령 침례를 경험했다는 내용이 빠져 있는 경우를 자주 발견했다. 그 상태는 아직 성령으로 거듭나지 못한 채, 존재적으로 그리스도와 연합되지 않은 상태로 예수님의 곁을 따라다니던 복음서 속 제자들의 모습과 흡사할 수 있다. 바로 그 제자들에게 주님께서 하신 말씀이, 오늘 그러한 이들에게도 그대로 들려지기를 소망한다.

너희는 내가 일러준 말로 이미 깨끗하여졌으니 내 안에 거하라 나도 너희 안에 거하리라 가지가 포도나무에 붙어 있지 아니하면 스스로 열매를 맺을 수 없음 같이 너희도 내 안에 있지 아니하면 그러하리라 나는 포도나무요 너희는 가지라 그가 내 안에, 내가 그 안에 거하면 사람이 열매를 많이 맺나니 나를 떠나서는 너희가 아무것도 할 수 없음이라 사람이 내 안에 거하지 아니하면 가지처럼 밖에 버려져 마르나니 사람들이 그것을 모아다가 불에 던져 사르느니라 요 15:3-6

KEEP THIS BOOK OF THE
LAW ALWAYS ON YOUR
LIPS; MEDITATE ON IT DAY
AND NIGHT, SO THAT YOU
MAY BE CAREFUL TO DO
EVERYTHING WRITTEN IN IT

JOSHUA 1:8

BIBLE
CUBE

# 성령 침례가 보증하는
# 구원의 안정성

PART 4

# 09

# 성령 침례와 구원의 영속성에 대한 성경의 선언

## 한 번 구원은 영원한 구원 논쟁

"한 번 구원은 영원한 구원이다", "아니다. 구원받은 자도 구원을 잃을 수 있다." 이 주제는 신앙생활을 하는 우리에게 가장 큰 관심거리다. 이 상반된 논쟁은 수백 년 동안 이어져 왔다. 양 진영은 모두 "성경은 성경으로 풀어야 한다"라고 하며 자기 논리의 정당성을 주장한다. 양측의 주장이 팽팽하게 대립하고 이 논쟁이 그치지 않는 데에는 분명한 이유들이 있다.

첫째, 성경을 인용하는 사람들이 자신의 주장에 맞는 구절들만 선택하여 해석하고 인용하기 때문이다. 둘째, 같은 구절일지라도 그것을 읽는 자들의 신학적 프레임이 서로 다르기 때문에 해석이 달라진다. 셋째, 이 두 가지 이유의 근원이 되는 더 본질적인 이유인데, 그것은 그가 성령으로 거듭남, 곧 성령 침례를 경험한 자인가 아닌가에 따라 성경 구절에 대한 이해와 원어에 대한 번역, 그리고 인용의 방향이 달라지기 때문이다. 넷째, 예수님을 따른다는 자들 안에 여러 단계와 상태가 존재함에도 불구하고, 이를 무시한 채 "구원을 잃는다", "잃지 않는다"라는 두 문장으로만 단순화하여 대립하기 때문이다.

'구원을 잃는다'와 '잃지 않는다'라는 문제는 크게 네 부류로 나누어 각각의 상태가 구원과 어떤 관계에 있는지 세밀하게 살펴보아야 한다. 첫째, 예수님 곁에 있었으나 믿지 않았던 가룟 유다와 같은 상태가 있다. 둘째, 예수님의 수제자였으나 예수님의 죽음을 받아들이지 않았기 때문에 구원과 무관했던 베드로의 상태가 있다. 셋째, 예수님의 죽음에 대한 말씀을 받아들임으로써 구원은 인정받았으나 아직 성령 침례를 경험하지 못해 예수님을 부인할 수밖에 없었던, 복음서 속의 베드로와 같은 상태가 있다. 넷째, 왕권을 주께 내어놓는 회개를 통해 사도행전 2장에서 성령으로 거듭남, 곧 성령 침례를 경험한 이후의 베드로의 상태가 있다. 이 네 단계를 구분하지 않고서는 이 논쟁을 바르게 풀 수 없다.

첫 번째 단계인 가룟 유다의 상태는 흔히 "구원을 잃을 수 있다"는 주장의 근거로 사용된다. 그들은 가룟 유다가 예수님을 믿었다가 타락했으므로 구원받은 자도 구원을 잃을 수 있다고 말한다. 그러나 이것은 틀린 주장이다. 가룟 유다는 믿었다가 타락한 자가 아니다. 그는 애초에 믿지 않았고 믿은 적이 없던 자였다. 주님은 그를 가리켜 "그러나 너희 중에 믿지 아니하는 자들이 있느니라 하시니 이는 예수께서 믿지 아니하는 자들이 누구며 자기를 팔 자가 누구인지 처음부터 아심이러라"(요 6:64)라고 하셨고, "깨끗하지 아니한 자"라고 하셨다(요 13:10-11).

가룟 유다는 예수님의 제자가 되어 귀신을 쫓고 병자를 고치며 수

많은 기적을 목격했지만, 예수님을 하나님으로 믿지 않았다. 복음서의 시점에서 '제자'라는 위치가 곧 "구원받은 자", 곧 거듭남과 성령 침례를 경험한 자를 의미하지 않는다는 것이 여기서 매우 중요한 포인트다.

"왜 구원받지 못한 유다가 제자가 될 수 있고 귀신도 쫓고 병자도 고쳤나? 제자가 되었고 기적을 행했다는 것은 이미 구원을 얻은 것이 아닌가?"라고 반문하는 이들이 있다. 그러나 그렇지 않다. 예수께서는 첫 복음 선포에서 "이르시되 때가 찼고 하나님의 나라가 가까이 왔으니 회개하고 복음을 믿으라 하시더라"(막 1:15)라고 하시며 제자들을 부르셨다(막 1:16-20, 3:16-19). 이는 믿는 자들을 제자로 삼으신 것이 아니라, 하나님이신 당신 앞에서 회개하고 믿도록 제자들을 부르셨다는 뜻이다. 그래서 주님은 당신이 죄 사함을 주실 하나님이심을 증거하시기 위하여 귀신을 쫓으시고 병자를 고치셨으며(막 1:22-45), 제자들에게도 예수 이름의 권세를 주어 병자를 고치고 귀신을 쫓게 하심으로써(막 3:14-15) 당신이 하나님이심을 확증하시며 당신 앞에 회개하기를 촉구하신 것이다. 그러나 가룟 유다는 그 모든 현장 속에서도 회개하지 않았고, 예수님을 하나님으로 믿지 않았다(막 6:7-13 ; 요 6:64).

두 번째 단계는 하나님을 사랑하고 예수님을 따르지만 하나님의 구원의 유일한 길인 예수 그리스도의 죽음을 받아들이지 않은 상태다. 베드로는 하나님을 사랑했고, 예수님을 따랐으며, 예수님의 이름으로 병자를 고치고 귀신을 쫓았고, "주는 그리스도이십니다"라고 고백하기까지 했다. 그러나 예수께서 죽으실 것을 말씀하셨을 때 그 죽음을 막았다. 그때 예수님은 그에게 "사탄아 물러가라"고 하셨다(마 16:16-23). 예수님의 죽음을 받아들이지 않는 자에게는 구원이 없다.

물론 예수님은 장차 베드로가 주님의 죽으심과 부활을 믿고 회개하여 성령으로 거듭나게 될 것을 아셨기에 그의 고백 위에 교회를 세우겠다고 하셨다. 그러나 베드로가 예수님의 죽으심을 거부하고 있던 바로 그 상태는 결코 구원받을 수 있는 상태가 아니었다.

세 번째 단계는 베드로의 한 단계 진전된 믿음의 상태다. 그는 예수님의 죽으심을 거부했던 상태였으나, 예수께서 떡의 기적 이후 "내 살과 피를 먹으라"고 하신 죽음의 상징에 대한 말씀을 받아들이게 된다. 많은 이들이 그 말씀이 어렵다 하여 떠나갔지만, 베드로는 "너희도 가려느냐"는 주님의 질문에 "영생의 말씀이 주께 있사오니 우리가 누구에게로 가오리이까"라고 고백했다. 예수께서 "내 말은 영이요 생명이라"(요 6:63)고 하신 직후, 베드로는 예수님의 죽음에 관한 영생의 말씀을 받아들인 것이다. 이때부터 베드로는 "내가 일러준 말로 이미 깨끗하여진 자"(요 13:10, 15:3), 곧 구원이 인정된 상태가 되었다.

그러나 그는 아직 성령 침례를 경험하지 못했기 때문에 존재적으로 그리스도와 연합되지 않은 상태였다. 이와 같은 상태에서는 구원이 완전히 보장되어 있지 못하다. 베드로는 아직 성령께 온전히 잠긴 상태가 아니었기에, 성령의 주권적 인도하심에 자신을 내어드리지 못한 채 여전히 자기 중심성 안에 머물러 있었기 때문이다. 그 결과 그는 예수님을 부인하는 모습으로, 자기 삶의 주권이 아직 전적으로 예수 그리스도께 드려지지 않았음을 드러내게 된다.

물론 베드로는 예수님으로부터 "너는 나를 부인할 것이나, 내가 너를 위해 거처를 예비하러 간다"(요 13:38, 14:1-3)는 특별한 확증을 받은 자다. 그러나 누구나 스스로 "나도 베드로처럼 연약하지만 구원을 잃지 않을 것이다"라고 자기 확신으로 단정해서는 안 된다. 구원은 우리의 확신으로 유지되는 것이 아니라 주님의 확증에 달려 있다. 베드로에게 하신 이 약속은 베드로에게 주신 주님의 확신이지, 모든 사람에게 자동으로 적용되는 보편적 선언이 아니다. 오히려 예수님은 구원이 인정된 베드로에게 더 높은 단계의 깊은 믿음의 상태가 있음을 나타내시기 위하여 "내 안에 거하라 나도 너희 안에 거하리라"(요 15:4)라고 하시며 성령 침례를 통한 존재적 연합을 요구하셨고, 이어 "사람이 내 안에 거하지 아니하면 가지처럼 밖에 버려져 마르나니 사람들이 그것을 모아다가 불에 던져 사르느니라"(요 15:6)라고 말씀하심으로써, 성령 침례를 경험하지 못한 상태는 구원이 완전히 보장된 것이 아니라고 분명히 경고하셨다.

네 번째 단계는 성령으로 거듭남(성령 침례)을 통해 주님과 존재적 연합을 경험한 이후의 베드로다. 예수께서 승천하신 직후, 베드로는 자신이 완전히 실패자임을 자각하고, 왕권을 주께 내어드리는 참된 회개 가운데 성령 침례를 갈망했다(행 1:5). 그리고 열흘 후, 그는 그리스도와 함께 죽고 함께 부활하며 함께 하늘에 계신 아버지 안에 잠기는 성령 침례를 경험했다. 그 순간부터 성령께서 충만히 내주하시는 존재가 되었다.

바울 또한 교회를 핍박하던 자에서 예수님을 직접 만나 회개하고 성령 침례를 경험하자마자, 유대 회당에서 돌에 맞을 위험 속에서도 예수가 하나님의 아들이심을 전파하기 시작했다. 사도들은 거듭남과 성령 침례를 직접 경험했기에, 예수께서 말씀하신 모든 것과 구약 속 그리스도의 의미를 성령 안에서 온전히 깨닫게 되었고, 마침내 성령님의 도우심으로 예수님처럼 살기 시작했다.

날마다 자기를 부인하며 그가 가신 십자가의 길을 기꺼이 따를 수 있었던 이유는, 성령 침례를 통해 하나님의 영원한 구원에 대한 확신을 받기 때문이다. 결론적으로, 사도행전 2장의 베드로와 같이 성령으로 거듭남, 곧 성령 침례를 직접 경험한 자는 결코 구원을 잃지 않는다.

이 네 단계를 구분하지 않고 모든 사람을 동일 선상에 놓은 채 "잃는다, 잃지 않는다"라고만 말하기 때문에, 기독교의 가장 큰 이 논쟁이 오늘날까지도 그치지 않는 것이다.


## 성령 침례로 연합된 자를 지키시는 그리스도

성령으로 거듭남, 곧 성령 침례를 경험하여 존재적으로 주님과 연합될 제자들을 예수께서 어떻게 영원히 지키시고 보존하신다고 하셨는지에 대하여, 요한은 매우 분명하게 "유월절 전에 예수께서 자기가 세상을 떠나 아버지께로 돌아가실 때가 이른 줄 아시고 세상에 있는 자기 사람들을 사랑하시되 끝까지 사랑하시니라"(요 13:1)라고 증언했다. 그리고 십자가를 앞두고 하늘에 계신 아버지를 향하여 "내가 그들과 함께 있을 때에 내게 주신 아버지의 이름으로 그들을 보전하고 지키었나이다 그 중의 하나도 멸망하지 않고 다만 멸망의 자식뿐이오니 이는 성경을 응하게 함이니이다"(요 17:12)라고 기도하셨다.

이 말씀은 멸망의 자식인 가룟 유다를 제외한 나머지 열한 제자를 끝까지 지켜주시겠다는 선언이다. 요한은 17장에서 이 기도를 기록한 직후, 18장에서 가룟 유다가 군대와 대제사장들과 바리새인들에게서 파송된 무리와 함께 예수님을 잡으러 왔을 때의 장면을 이어서 기록한다. 그때 예수님은 당신과 함께 있는 열한 제자를 가리키며 "예수께서 대답하시되 너희에게 내가 그니라 하였으니 나를 찾거든 이 사람들이 가는 것은 용납하라 하시니 이는 아버지께서 내게 주신 자 중에서 하나도 잃지 아니하였사옵나이다 하신 말씀을 응하게 하려 함이러라"(요 18:8-9)라고 말씀하셨다. 요한은 예수께서 17장에서 "멸망의 자식만 제외하고는 하나도 잃지 않게 했습니다"라고 아버지께 보고하신 그 말씀을 18장의 실제 사건 속에서 몸소 실천하신 것으로 증언하고 있는 것이다. 또한 요한은 예수께서 다음과 같이 선포하셨다고 기록한다.

> 내 양은 내 음성을 들으며 나는 그들을 알며 그들은 나를 따르느니라 내가 그들에게 영생을 주노니 영원히 멸망하지 아니할 것이요 또 그들을 내 손에서 빼앗을 자가 없느니라 그들을 주신 내 아버지는 만물보다 크시매 아무도 아버지 손에서 빼앗을 수 없느니라 요 10:27-29

영생 얻은 자를 아들과 아버지에게서 결코 아무도 빼앗을 수 없다는 말씀은 "구원을 잃을 수도 있다"고 보이는 모든 구절들을 잠재우는 결정적인 선언이다. 창조주이시며 구원자이시며 동시에 심판주이신 그분께서 친히 "아무도 빼앗을 수 없다"고 선언하셨기 때문이다.

이 말씀은 개별 구절들의 해석을 넘어서는 최상위 개념이자 모든 반대 주장을 판단하는 기준점에 해당한다.

그럼에도 불구하고 바울이 고린도전서 9장 27절에서 "내가 내 몸을 쳐 복종하게 함은 내가 남에게 전파한 후에 자신이 도리어 버림을 당할까 두려워함이로다"라고 고백한 대목을 근거로 바울 역시 구원을 잃을 가능성을 두려워했다고 주장하는 이들이 있다. 그러나 이는 바울의 신학 전체를 무시한 채 단편적인 표현 하나만을 확대 해석한 주장이다. 바울의 고백은 반드시 그의 서신서들(13권 내지 14권) 전체의 흐름 속에서 이해되어야 한다.

바울은 자신의 서신 곳곳에서 절대적인 구원의 확신을 분명히 드러낸다. 특히 로마서 8장에서 9장으로 이어지는 흐름을 장, 절 구분 없이 읽어보면, 어떤 것도 주 예수 그리스도 안에 있는 하나님의 사랑에서 우리를 끊을 수 없다는 확신 위에서, 차라리 자신이 그리스도에게서 넘어질지라도 동족 이스라엘의 구원을 원한다고까지 말할 정도로 강력한 구원의 확신을 표현한다. 이는 바울이 자신의 구원이 흔들릴 수 있다고 인식하고 있었다면 결코 나올 수 없는 고백이다.

이러한 바울 신학의 전체적 맥락에서 볼 때, 고린도전서 9장 27절의 고백은 구원을 상실할지도 모른다는 공포의 표현이 아니다. 그것은 세 차례에 걸친 선교 여행을 마친 이후에도 스스로 자만하지 않고, 사도라는 직분과 복음 전파자로서의 삶이 하나님 앞에서 온전히 합당하지 못할 수 있음을 경계한 고백이다. 바울이 두려워한 것은 구원의 상실이 아니라, 하나님나라의 가치에 부합하지 못한 사역자로서 상급을 잃거나 사역에서 폐기(disqualified)되는 것이었다.

따라서 이 고백은 구원론의 문제가 아니라 사역과 상급, 그리고 사도의 자기 절제에 관한 문제로 이해되어야 한다. 이는 빌립보서 2장 12절과 3장 12-14절에서 말하는 바울의 동일한 영적 태도와 정확히 맞닿아 있다. 바울은 "이미 얻었다 함도 아니요 온전히 이루었다 함도 아니라"고 고백하며, 자신이 그리스도 예수께 잡힌 바 된 그것을 붙들기 위해 푯대를 향해 달려간다고 말한다. 그는 결코 구원을 얻기 위해 달리는 것이 아니라, 이미 붙들린 자로서 그 부르심에 합당하게 살기 위해 두렵고 떨림으로 자신을 훈련시키고 있는 것이다. 결국 고린도전서 9장 27절의 표현은 구원의 불안이 아니라, 구원받은 자가 합당한 삶을 끝까지 살아내기 위한 경건한 자기 절제의 선언이며, 바울이 평생 붙들고 달려갔던 사도의 영적 긴장감을 드러내는 고백으로 이해되어야 한다.

영생이란 단순히 죽어서 천국에 가는 개념이 아니라 "영이 다시 산 것", 곧 성령으로 거듭남, 성령 침례를 의미한다. 그러므로 이 영생이 허락된 자, 다시 말해 성령 침례를 경험한 자는, 바울이 여러 곳에서 동일하게 선포하는 것처럼 자신이 그리스도와 함께 죽었고(롬 6:3-11 ; 갈 2:20 ; 엡 2:5 ; 골 3:3), 주와 함께 살리심을 받았으며(엡 2:5), 그리스도와 함께 이미 하늘에 앉혀진 존재임(엡 2:6)을 성령을 통해 알게 된다(요 14:20). 그는 자신이 존재적으로 그리스도와 연합되어 영원한 구원의 장소인 만물 위 보좌 안으로 들어왔다는 사실을 알게 되고, 성령님의 도우심을 받아 예수께서 가신 길을 그대로 따라가게 되어 삶 가운데 하나님의 통치가 실현된다.

그럼에도 불구하고 모든 단계의 사람들을 다 싸잡아서 구원을 잃어버릴 수 있다고 주장하는 이들은 성령 침례를 경험한 자를 결코 빼앗기지 않으신다고 아들과 아버지께서 직접 말씀하신 이 선언조차 가볍게 넘겨버리는 셈이다. 그들은 "아무리 성령 침례를 경험했어도 구원을 잃을 수 있다"라고 말하며, 하나님의 직접적인 약속보다 누군가가 만들어놓은 해석 체계나 자신이 가진 단편적인 지식에 더 묶여 있다.

혹 그들 중 다수는 성령 침례를 실제로 경험하지 못한 상태에서, 성령으로부터 오는 조명 없이, 자기 지식의 틀 안에서 성경을 재단하고 있는지도 모른다. 그런 영적 상태에서는 성경의 구절들이 살아 있는 생명의 말씀으로 읽히지 않고, 자기 프레임을 뒷받침하는 재료로만 사용되기 쉽다.

성령 침례를 경험하지 못한 채 성경을 해석하는 이들만 있는 것이 아니다. 심지어 그런 상태에서 성경을 번역하는 자들도 있다. 특히 구원과 직결되는 핵심 원어들에 대하여, 원어가 지닌 가장 기본적이고 빈번한 의미를 따르지 않고, 거의 사용되지 않는 생소한 뜻을 끌어와 번역함으로써, 결과적으로 성경 원저자의 의도를 왜곡하는 일까지 발생한다. 그 대표적인 사례가 요한복음 15장 2절이다.

무릇 내게 붙어 있어 열매를 맺지 아니하는 가지는 아버지께서 그것을 제거해 버리시고 요 15:2

여기서 "제거하다"는 결론적으로 헬라어 '아이로'를 잘못 번역한 것이다. 이 단어의 기본 의미는 "들어올리다", "일으켜 세우다", "높이다"

이다. 그런데 번역자는 거의 사용되지 않는 부차적 의미인 "제거하다"를 택함으로써, 요한복음 15장의 전체 맥락을 정반대 방향으로 틀어놓았다. 이것을 깨닫게 된 것은 전적으로 성령님의 은총이었다.

나는 거의 모태신앙으로 자랐지만, 여의도순복음교회 국제신학연구원 음악연구소에 있던 1992년, 서른 살 무렵, 억지로 앉아 있던 짧은 예배 자리에서 불현듯 찾아오신 하나님을 만나 회심하게 되었다. 문화적 교인으로 세상 향락과 벗하며 살던 나를 하나님께서 일방적으로 찾아오셔서 회개하게 하셨고, 술과 담배가 끊어지는 놀라운 변화가 일어났다. 그때부터 구원의 감격 속에 살기 시작했다. 그러나 1년, 2년, 5년이 지나도록 삶은 많이 변했지만, 여전히 정제되지 않은 말의 습관, 갑작스러운 분노, 혼자 있을 때 드러나는 또 다른 자아가 나를 괴롭혔다.

그때마다 나를 가장 힘들게 했던 말씀이 바로 요한복음 15장 2절이었다. 그때마다 나는 '하나님께서 결국 열매 맺지 못하는 나를 잘라버리시는 것인가? 내가 하나님을 먼저 찾은 것도 아닌데, 일방적으로 찾아오셔서 붙여놓으셨다가 다시 잘라버리신다는 것이 과연 하나님의 성품인가?'라는 생각이 들며 속으로 이렇게 외쳤다. '아닐 거야. 하나님은 그런 분이 아니셔. 나를 찾아오셔서 변화시킨 좋으신 하나님이시라면, 내가 연약해도 자르지 않으실 거야.' 그럼에도 그 구절을 읽을 때마다 나는 마음은 무거워졌다. 통독을 할 때 그 표현을 무심코 건너뛰기도 했다.

그러던 중 1997년, 다시 한 번 찾아오신 성령님을 만나면서, 완벽한 열매를 맺지 못하는 나는 그리스도와 함께 이미 죽었고(갈 2:20),

그리스도와 함께 살리심을 받았으며(엡 2:5), 하늘에 함께 앉혀진 존재가 되었다는 것을 알게 되는 성령 침례를 경험했다(요 14:20). 그 이후 전도자와 암송자로 변화된 삶을 살게 되었고, 주의 종으로 부르심을 받아 신학을 공부하고, 뉴욕으로 건너가 거리에서 복음을 전하는 삶을 살게 되었다.

그리고 세월이 흘러 2018년, 일본에서 말씀 사역을 하던 중, 요한복음 15장 2절이 새롭게 열리는 결정적 순간을 맞았다. 집회 마지막 날, 호텔 로비에서 쉐마에 순종하며 기록된 흐름을 따라 나의 삶의 리듬을 맡기며 요한복음을 암송하던 중, "제거하다"라는 그 표현 앞에서 문득 처음으로 원어를 확인해보고 싶다는 마음이 일어났다. 거의 30년 동안 나를 불편하게 했던 구절이었지만, 이상하게 그날 처음으로 원어를 찾아보고 싶어졌다. 그것은 분명 성령님의 조명이었다.

블루 레터 바이블(BLUE LETTER BIBLE) 앱을 열어 '아이로'를 확인하는 순간, 내 입에서 찬미가 터져 나왔다. 그 단어의 기본적이고 중심적인 의미는 "들어올리다", "일으켜 세우다", "높이다"였다. '아이로'의 사전적 의미는 "to raise up, elevate, lift up(들어올리다, 높이다)", "to raise from the ground(땅에서 일으키다)", "to draw up(끌어올리다)"으로 대부분 긍정적이다.

신약 전체에서의 용례 또한 거의 모두가 이런 의미로 사용된다. 사탄이 예수께 "그들이 손으로 너를 받들어(아이로)"라고 말할 때도, 중풍병자에게 "네 상을 가지고(아이로) 가라"고 하실 때도, 십자가를 "지게 하여(아이로)" 메게 할 때도, 쓰러진 유두고를 "일으켜(아이로)" 세울 때도, 그 의미는 언제나 "들어올림"이었다. "제거하다"라는 의미는 극히 희귀한 파생적 용법일 뿐이다.

따라서 요한복음 15장 2절을 '아이로'의 본래 의미대로 읽으면, 15장의 흐름이 자연스럽게 살아난다. "너희가 이미 내게 붙어 있는데, 열매를 맺지 못하면 아버지께서 그것을 들어올려주어 열매를 맺게 하신다. 너희는 내가 일러준 말로 이미 깨끗하다. 그러므로 내 안에 거하라, 나도 너희 안에 거하리라."

이는 13장과 14장에서 예수님이 실패할 베드로를 향해 품으셨던 마음과 정확히 일치한다. "베드로야, 너는 나를 부인할 것이지만 마음에 근심하지 마라. 너를 위해 영원한 거처를 예비하러 간다. 네가 열매를 맺지 못할 것이다. 그러나 나는 너를 잘라내지 않는다. 내가 너를 일으켜 세워 열매를 맺게 할 것이다. 왜냐하면 너는 내 말을 받아 이미 깨끗해진 자이기 때문이다. 그러므로 성령으로 내 안에 들어오너라. 그러면 내가 네 안에 거하리라."

그 순간, 1992년부터 내가 품었던 '이 구절은 하나님의 성품이 아닐 것'이라는 직감이, 아버지의 마음이었음을 확인하게 되었고, 나는 뛸 듯이 기뻐했다. 성령 침례 받은 자를 잘라내시는 아버지가 아니라, 넘어져 열매를 맺지 못하는 자를 들어올려 다시 살게 하시는 아버지가, 요한복음 15장의 하나님이셨다.

성령 침례를 받은 자조차도 구원을 잃을 수 있다고 가르치는 것은, 전지전능하신 하나님의 절대 주권과 그 좋으신 성품을 훼손하는 것이다. 그것은 결국 "더 열심히 해야 구원이 유지된다"는 유보적 구원론으로 사람을 몰아간다. 그러나 왕권을 주께 온전히 드리는 회개를 통해 성령으로 거듭나, 주님과 존재적으로 연합된 자에게 임한 구원은 '영원한 구원'이다. 이것은 인간의 확신이 아니라, 아들과 아버지께서 친히 보증하신 하나님의 약속이다.

그러나 "성령으로 거듭난 자는 구원을 잃지 않는다"라는 말은 우리를 안일하게 만드는 문장이 아니라, 오히려 더욱 깊은 경각심으로 우리를 부르는 말씀이다. 복음서 속의 베드로는 누구보다 헌신적이었지만, 왕권을 온전히 드리는 회개를 통과하기 전에는 주님을 부인할 수밖에 없었다. 그러므로 우리는 스스로에게 물어야 한다. "나는 정말로 삶의 왕권을 주께 내어드린 자인가?", "나는 성령으로 거듭난 자인가?" 그렇지 않으면 복음서 속의 베드로처럼 아무리 위대한 사역을 이루었다 하더라도 예수님을 부인하게 될 수도 있다.

우리의 확신이 구원을 이루는 것이 아니다. 주께서 우리를 확신하셔야 한다. 우리가 예수님을 영접한다고 구원이 이루어지는 것이 아니라, 주께서 우리를 영접하실 때 구원이 이루어진다. 삶의 주권을 온전히 드리는 회개가 없는 자기 확신 속에서 "나는 구원받았다"라고 말하다가, 마지막 날 "나는 너를 알지 못한다"는 말씀을 듣지 않도록, 이제는 자기 확신을 내려놓고, 왕권을 주께 드리는 참된 회개로 나아가야 한다.


## 한 번 구원은 영원한 구원 – 선언의 주체에 따라 다름

나는 1992년에 뜻밖에 찾아오신 하나님을 만나 회개를 당하였고 1997년에 이르러, 그리스도와 함께 죽었고(갈 2:20) 함께 살았으며(엡 2:5), 하늘에 함께 앉혀진 존재임을 알게 하시는 성령님(엡 2:6 ; 요

14:20)께 침례를 당하는 것을 실제로 경험하게 되었다. 그 직후 성령님의 전적인 인도하심 가운데 성경 암송을 시작하였고, 지금까지 29년이 흐르는 동안 낱권별 암송을 지속하게 되어 현재 13권 및 기타 주요 구절들을 포함하여 6,000구절을 암송하면서 말씀 큐브에 통전적으로 잠기는 은혜를 경험하고 있다.

그 과정 속에서 성경이 저절로 히브리적 관점으로 새롭게 이해되는 희한한 현상이 일어났다. 이를테면 마가복음과 요한복음을 비롯하여 사도들의 서신서들을 암송하면서 진리의 영이신 성령님을 예배할 때 예수님의 구원론과 사도들의 구원에 대한 사상이 동일하다는 것이 또렷이 보이기 시작한 것이다. 그때부터 "한 번 구원은 영원한 구원이다"라는 논쟁의 실마리를 찾게 되는 복을 누리게 되었다.

나는 어떤 주관적 프레임도 내려놓고, 매 순간 나를 온전히 부인하는 차원에서 29년 동안 낱권별 암송으로 기록된 성경의 흐름에 내 삶의 리듬을 맡기는 차원으로 말씀에 잠기며 성령님을 예배해 왔다. 나의 낱권별 통암송의 태도는 신학적 마인드나 목회적 마인드, 선교적 마인드, 설교를 잘하기 위한 마인드, 혹은 진리를 캐내려는 마인드나 한 구절이라도 더 깨닫고 싶은 마인드의 차원이 아니다. 그저 어린아이가 젖의 성분이나 어머니에 대한 정보를 전혀 모른 채 그 품에 안겨 엄마와 하나 된 연합을 영으로 누리듯, 단순히 성령과 하나 된 존재임을 누리는 차원에서 13권의 말씀을 지속적으로 암송하는 것이다. 그러한 태도로 낱권들을 통째로 암송하며 성령님을 예배하는 가운데 "한 번 구원은 영원한 구원이다"라는 주제에 대한 명확한 답을 요한복음과 히브리서, 그리고 다른 서신서들 속에서도 말하고 있음을 깨닫게 하시는 성령님을 경험하게 되었다.

"한 번 구원은 영원한 구원이다"라는 문장은 그 문장을 주장하는 주체가 누구인가가 중요하다. 하나님께서 사용하신다면 그 문장은 당연히 완벽하게 옳다. 하나님은 자기 사람들을 사랑하시되 끝까지 사랑하신다(요 13:1). 또한 복음서에 묘사된 제자들이 아니라, 사도행전에 묘사된, 성령 침례를 받아 존재적으로 주님과 영원한 연합을 경험한 베드로와 바울 같은 신앙인들이 사용한다면, 이 문장은 참으로 옳다.

성령 침례로 주님과 존재적으로 연합된 요한, 베드로, 바울 같은 자들은 결코 방종하지 않으면서 하나님의 영원한 구원에 대한 확신을 품고, 핍박과 죽음조차 두려워하지 않고 예수만이 구원임을 전하다가 영광스러운 순교의 반열에 오른 사람들이다. 그들은 자신들의 서신서를 통하여, 교회 안에서 그리스도의 도의 초보에 머물러 있으면서 아직 성령 침례를 경험하지 못하고 존재적으로 주님과 연합되지 못하여 의의 말씀을 경험하지 못한 자들을 향해, 저자들인 자기들의 믿음 안으로 들어오라고 촉구하고 있는 것이다.

이 견해에 반대의 의견을 가지고 계신 분들은 섣불리 판단하지 말기 바란다. 나는 "한 번 구원은 영원한 구원이 아니다"라고 주장하는 몇몇 사역자들에게 이 내용을 그대로 전한 적이 있다. 그러자 그들 모두가 요한복음과 히브리서 전체의 맥락적 이해를 통해, "한 번 구원은 영원한 구원"이 맞으며, 마치 하나님께서 구원하시기로 작정한 자도 타락할 것처럼 묘사된 구절들은 사실 '자칭' 구원론자들로서 실제로는 하나님이 주신 믿음을 소유하지 않고 자기 신념으로만 살면서 의의 말씀을 경험하지 못한, 곧 그리스도의 도의 초보에 해당하는 자들을 향한 말씀임을 인정하게 되었다.

믿음이 있다고 스스로 자부하고 성령을 받았다고 확신하면서도 삶에서는 방종하는 자가 "한 번 구원은 영원한 구원이다"라고 한다면, 그것은 틀린 주장이다. 그것은 신앙 고백이 아니라 자기 확신일 뿐이다. 이러한 방종하는 자들의 존재가 유보적 구원론자들의 좋은 먹잇감이 된다. 유보적 구원론자들은 "저런 썩은 열매를 보이면서도 어찌 '한 번 구원은 영원한 구원'이라고 말할 수 있는가?"라고 반문하며, 곧바로 "그러므로 한 번 구원은 영원한 구원이 아니다"라고 결론 짓는다. 그러나 그들은 애초에 자신들의 주장의 모델을 잘못 선택한 것이다. 왜 방종하면서 그 문장을 사용하는 자들을 모델로 삼아 그 주장을 펼치는가?

또한 그들은 하나님의 사역을 크게 하고 귀하게 쓰임받다가 불륜으로 타락한 자들을 예로 들며 "보라, 성령으로 거듭난 자도 저렇게 타락하지 않는가?"라고 말한다. 그러나 누가 그를 성령으로 거듭난 자라고 판정했는가? 참으로 성령 침례를 경험하여 존재적으로 주님과 연합된 자, 날마다 자기를 부인하고 자기 십자가를 지고 주님을 따르는 자는 집회가 끝나자마자 그러한 음란에 빠질 수 없다. 성령께서 그를 그런 죄로 인도하실 리가 없다. 그들이 비록 권능도 행하고 영향력 있는 삶을 살았다 할지라도, 음란이라는 열매는 그들이 실제로는 성령 침례를 경험하지 못하였고, 존재적으로 연합된 상태에 있지 않았음을 드러내는 표지이다. 열매를 보아 나무를 아는 것이다.

그들의 열매로 그들을 알지니 가시나무에서 포도를, 또는 엉겅퀴에서 무화과를 따겠느냐 이와 같이 좋은 나무마다 아름다운 열매를 맺고 못된 나무가 나쁜 열매를 맺나니 좋은 나무가 나쁜 열매를 맺을 수 없고 못된 나무가 아름다운 열매를 맺을 수 없느니라 아름다운 열매를 맺지 아니하는 나무마다 찍혀 불에 던져지느니라 이러므로 그들의 열매로 그들을 알리라 나더러 주여 주여 하는 자마다 다 천국에 들어갈 것이 아니요 다만 하늘에 계신 내 아버지의 뜻대로 행하는 자라야 들어가리라 그 날에 많은 사람이 나더러 이르되 주여 주여 우리가 주의 이름으로 선지자 노릇 하며 주의 이름으로 귀신을 쫓아 내며 주의 이름으로 많은 권능을 행하지 아니하였나이까 하리니 그 때에 내가 그들에게 밝히 말하되 내가 너희를 도무지 알지 못하니 불법을 행하는 자들아 내게서 떠나가라 하리라 마 7:16-23

여기서 분명히 알 수 있는 것은, 권능을 행하고 주의 이름으로 선지자 노릇을 하는 것이 곧 나무를 알 수 있는 열매가 아니라는 사실이다. 예수님은 외적 사역의 성취가 아니라 존재의 실제를 보신다.

1997년, 예수님의 죽음과 부활과 승천, 그리고 보좌와 성령에 연합되었다는 복음의 온전성을 경험적으로 분명히 깨닫게 된 이후, 나는 거리로 뛰어나가 전도자의 삶을 시작하였다. 그때부터 지금까지 29년 동안 여러 유형의 불신자들을 만났고, 교회 안의 다양한 성도들을 만나면서 한 가지 사실을 깊이 깨닫게 되었다. 의외로 거듭남의 진정한 경험이 없는 자들이 많으며, 자칭 거듭났다고 말하는 사람들이 많다는 사실이다.

나는 수많은 교회를 다니며 복음의 온전성을 전하였다. 그 과정에서 참으로 비통함을 느낀 적도 있었다. 어떤 교회의 4일 부흥회에서 열 차례 설교를 통해 원초적인 복음을 선포한 적이 있다. 그때 장로님들은 집회 사이사이에 융숭한 대접을 하며 "우리 마음을 찌르는 복음의 진수"라고 칭찬을 아끼지 않았다. 그런데 모든 집회가 끝난 뒤 몇 주가 지나, 그 교회의 담임목사로부터 당회 장로들이 자기들 마음에 맞지 않는 강사를 불러왔다고 자신을 쫓아내려 한다는 참담한 소식을 들었다. 나는 성경을 통해 순수하게 복음만 전했을 뿐인데, 내 앞에서는 복음의 진수라고 하던 그 중직자들이 뒤에서는 전혀 다른 말을 하고 있었던 것이다. 이런 경험들을 통하여 나는 교회 안에 그리스도의 복음을 실제로 경험하지 못한 채 교회생활을 하는 자들이 적지 않다는 사실을 알게 되었다.

나는 교회에 다니는 분들을 만날 때 필수적으로 예수님을 만난 체험을 들려달라고 요청한다. 그런데 이 질문 앞에서 성령으로 거듭남, 곧 성령 침례의 경험은 쏙 빼놓고, 여러 위기 상황 속에서 예수님을 만났다는 이야기만 늘어놓는 경우가 적지 않다. 이를테면 불치병에 걸렸을 때, 큰 실패 가운데 있을 때, 혹은 자살 직전에 예수님이 나타나 "내가 너와 함께한다"는 음성을 들려주셔서 병 고침을 받거나 다시 일어설 힘을 얻었다는 이야기들이다. 그 결과로 예수님을 사랑하게 되었고 교회에 나오게 되었으며, 병을 고쳐주시고 문제를 해결해주시는 좋으신 예수님을 전하고 다닌다는 고백이다.

하나님은 어떤 이들에게는 기적적인 문제 해결을 통해서 자신을 계시하시기도 하신다. 그러나 그 목적은 어디까지나 그들을 회개케 하여 영원한 구원, 곧 성령으로 거듭남(성령 침례)으로 초대하기 위함이다. 그런데 그러한 기적의 간증을 하는 이들의 입에서, 회개를 통한 죄 사함의 체험, 성령으로 거듭난 경험에 대한 고백을 끝내 듣지 못하는 경우가 많다. 아무리 귀 기울여도 그것이 나오지 않는다.

질병과 저주, 관계의 어려움 등 인생의 모든 무거운 짐의 뿌리는 죄의 짐이다. 예수님을 만났다면, 그 만남에서 죄 사함의 은총을 받아 죄의 짐에서 벗어난 경험을 어찌 말하지 않을 수 있겠는가? 예수님을 만났다고 하면서 그것을 말하지 않는다는 것은, 그에 대한 경험이 없기 때문일 가능성이 크다. 이를 지적하면 어떤 이는 "아, 그것도 체험했는데 깜빡하고 말하지 못했네요"라며 뒤늦게 덧붙인다. 그러나 그 반응 자체가, 그에게는 죄 사함의 체험보다 병 고침이나 문제 해결의 차원이 더 크고 결정적인 경험이었음을 드러내는 것이다. 그것은 결국 죄 사함의 체험이 하나님께서 원하셨던 차원의 만남이 아니었을 수 있음을 말해준다.

구원의 완성의 때가 임박해 오고 있다. 그럴수록 "한 번 구원은 영원한 구원인가?"라는 구원론적 주제를 통하여 더 많은 미혹이 교회 안에 들끓게 된다. 겉으로는 삶의 열매를 강조하는 것이 신실한 것처럼 보이지만, 실상은 인본주의적 행위구원론에 가까운 주장들이 성도들을 혼미하게 만든다. 이러한 흐름 속에서 성도들은 하나님의 약속에 근거한 구원의 확실성을 보지 못하고, 끊임없이 자기 자신을 의심하거나 혹은 반대로 자기 행위를 의지하게 된다. 찰스 스펄전은 "우리의 행위가 우리를 구원할 수 있을 거라는 생각은 구주 예수를 모독하는 것이다"라고 말했다. 행위는 구원의 조건이 아니라, 구원의 결과이며 열매이다.

하나님께서 성경을 통하여 말씀하시는 구원의 확실성은 인간의 심리적 안정이나 교리적 편의를 위한 것이 아니다. 그것은 성령으로 거듭난 자들이 세상 속에서 흔들리지 않고 끝까지 주께 속한 자로 살아가게 하시려는 하나님의 언약적 은총이다. 그런데 오늘날 교회 안에는 이 확실성을 무너뜨리는 미혹이 강력하게 작동하고 있다. 한편에서는 방종하는 자들이 "한 번 구원은 영원한 구원"을 자기 합리화의 도구로 사용하고, 다른 한편에서는 그 방종의 사례를 근거로 "그러므로 한 번 구원은 영원하지 않다"고 선언한다. 그러나 이 둘은 모두 동일한 오류 위에 서 있다. 성령 침례로 존재적으로 주님과 연합된 자의 실재를 보지 못한 채, 외형과 현상만으로 구원을 재단하고 있기 때문이다.

나는 이러한 미혹의 시대 속에서, 왕권을 내어놓는 진정한 회개가 무엇인지, 성령으로 거듭남, 곧 성령 침례의 경험이 무엇인지를 분명히 드러내고자 한다. 더 나아가 말씀 큐브에 잠기는 삶이 무엇이며, 그 삶을 통하여 하나님께서 우리에게 밝히 보여주시는 구원의 영속성이 무엇인지를 조명하고자 한다. 이는 독자들로 하여금 수많은 혼란과 거짓된 기준을 피하여, 하나님이 주신 소망 안으로 안전하게 인도하려는 것이다. 하나님은 자기 백성들에게 두려움이 아니라 '큰 안위'를 주기 원하신다.

하나님은 약속을 기업으로 받는 자들에게 그 뜻이 변하지 아니함을 충분히 나타내시려고 그 일을 맹세로 보증하셨나니 이는 하나님이 거짓말을 하실 수 없는 이 두 가지 변하지 못할 사실로 말미암아 앞에 있는 소망을 얻으려고 피난처를 찾은 우리에게 큰 안위를 받게 하려 하심이라 우리가 이 소망을 가지고 있는 것은 영혼의 닻 같아서 튼튼하고 견고하여 휘장 안에 들어 가나니 그리로 앞서 가신 예수께서 멜기세덱의 반차를 따라 영원히 대제사장이 되어 우리를 위하여 들어 가셨느니라 히 6:17-20

성령으로 거듭난 자에게 "한 번 구원은 영원한 구원이다"라는 선언은 자기 확신이 아니라 하나님의 언약과 맹세에 근거한 믿음의 선포이며, 흔들리는 시대 속에서도 끝까지 주께 속한 자로 살아가게 하는 생명의 능력이다. 이 소망 안에 거하는 자는 결코 가볍게 죄를 품지 않는다. 오히려 날마다 자기를 부인하고 자기 십자가를 지며, 이미 주어진 영원한 구원에 합당하게 살도록 성령의 인도를 받게 된다. 이것이 사도들이 증언한 복음이며, 말씀에 잠긴 삶 속에서 하나님께서 오늘도 교회에 회복시키기 원하시는 구원의 본질이다.


## 구원(칭의)론이 세 극단을 조심하라

한 번 구원은 영원한 구원이라는 어젠다는 교회 안에서 가장 중요하면서도 가장 치열한 논쟁을 낳는 주제다. 구원론은 성도의 삶의 모든 영역에 직접적인 영향을 미친다. 구원론이 흔들리면 신앙의 방향이 흔들리고, 그 오류로 인해 수많은 이단과 왜곡된 사상들이 등장한다. 첫째로 심각한 문제는, 소위 정통 교단 안에도 '자칭 거듭난 자들'이 적지 않다는 사실이다. 그들은 회개와 성령으로 거듭남(성령 침례)을 실제로 경험하지 않았음에도, 기독교 교리가 머리로 이해되고 믿어지기 시작했다는 이유만으로 자신이 거듭났다고 착각한다. 이들은 본질적으로 구원파적 믿음의 구조 안에 서 있다.

성령으로 거듭남을 머리로만 알고 실제로 경험하지 못한 또 다른 부류가 있다. 인본주의적으로 하나님나라 운동을 하는 자들이며, 또 다른 한 부류는 유보적 칭의론자들이다. 이들은 행위로 구원을 얻으려는 가톨릭이나 타 종교를 비판하면서도, 하나님의 절대 주권적 구원의 역사조차 인간의 행위에 따라 번복될 수 있다고 주장한다. 그리고 다른 종교나 이단도 충분히 흉내 낼 수 있는 '행위의 열매'를 과도하게 강조하는 오류에 빠진다.

그들이 오류에 빠지는 이유 중 근본적인 것이 있다. 하나님께서 우리를 성령으로 거듭나게 하시는 필요충분조건인 '복음적 회개'가 부재하기 때문이다. 복음적 회개란, 다른 종교나 이단도 흉내 낼 수 있는 차원의 율법적 종교적 회개, 곧 죄를 나열하고 감정을 쏟아내며 행위의 방향을 바꾸는 데 그치는 회개가 아니다. 하나님께서는 그런 회개의 태도도 눈여겨 보시지만, 그분이 결정적으로 요구하시는 것은 삶의 왕권을 주께 완전히 내어드리는 – 립서비스가 아닌 – 존재적인 회개다. 곧 내가 더 이상 주인이 아님을 인정하고 마음의 보좌에서 내려오는 회개가 있어야 한다.


## 기독교 교리가 지성으로 이해되는 차원

먼저 첫 번째 극단, '이해되어서 믿게 되었다'고 말하는 구원파적 오류를 살펴보자. 그들은 머리로만 이해했을 뿐, 진정으로 존재적으로 왕권을 내어드리는 회개가 없었기에 그리스도와 그의 죽음과 부활에 연합되는 은혜를 누리지 못한 자들이다. 그리스도와 함께 하늘에 앉혀져 아버지 안에 잠기는 성령 침례를 실제로 경험하지 못한 자들이다. 진정한 구원은 인간의 이해심으로 만들어지는 믿음이 아니다. 그것은 하나님께서 아들의 요청을 받으셔서 허락하심으로, 위로부터 부어주시는 믿음, 곧 '아들의 믿음'이 내려오는 사건이다.

> 아버지여, 아버지께서 내 안에, 내가 아버지 안에 있는 것같이 그들도 다 하나가 되어 우리 안에 있게 하사 세상으로 아버지께서 나를 보내신 것을 믿게 하옵소서 요 17:21

이 구절 속의 "세상"은 가장 마지막 종속절의 주어에 해당하므로 "세상이"라고 번역되어져야 한다. 이 믿음은 단순히 이해가 되는 차원의 믿음이 아니다. 하나님께서 원하시는 궁극적 회개가 있는 자에게 위로부터 부어주시는 초월적 믿음이다. 그래서 예수께서 공생애를 시작하시며 가장 먼저 선포하신 말씀이 "회개하고 복음을 믿으라"(막 1:15)였던 것이다. 이 믿음은 이 세상에서 받을 수 있는 가장 큰 선물이며, 우리의 이해심이 만들어내는 산물이 아니라 전적으로 하나님께서 주시는 선물이다.

갈라디아서 2장 20절의 "하나님의 아들을 믿는 믿음"이라는 번역은 마치 나의 자유의지적 믿음을 가리키는 것처럼 보이지만, 헬라어 직역은 "하나님의 아들의 믿음" 혹은 "하나님의 아들 안에 있는 그의 믿음"이다. 예수께서 하늘에 계신 하나님과 하나 된 본체이심을 아시는 그 믿음으로 이 땅을 사셨듯이, 우리 역시 먼저 만물 위에 계신 하나님 아버지와 하나됨을 경험해야 한다.

거룩하신 아버지 하나님과 하나가 되기 위해서는 단순한 이해심이 아니라, 자신이 주인 노릇하며 살아온 죄를 철저히 회개함으로 옛 생명이 죽고 새 영으로 살아나야 한다. 그때 우리는 주님과 함께 하늘 아버지 안에 들어가 하나됨을 경험하게 되며(요 17:21), 그 과정 속에서 '아들의 믿음'을 받게 된다. 로마서 3장 21-22절, 갈라디아서 2장 16절, 3장 22절, 빌립보서 3장 9절에도 헬라어를 제대로 직역하면 "그리스도의 믿음"으로 표현되어졌다.

예수님의 피로 죄 씻음을 받을 수 있는 존재는, 기독교 교리가 머리로 이해되는 차원에 머무는 자가 아니라, 예수님과 함께 죽음을 경험하는 차원의 회개가 이루어진 자다. 보혈은 죽으신 예수님의 피이기 때문이다. 그러므로 그의 죽으심과 연합된 자만이 보혈의 효력을 누린다. 보혈을 의지한다고 말하면서도 그리스도와 함께 죽음을 경험하지 못한 사람은 여전히 삶의 주인이 자신이다. 그는 그리스도와 함께 죽음을 경험하지 못한 채 죄라는 오물이 묻은 마음과 몸을 자기 노력으로 씻으려는 구약적 제사를 반복하고 있을 뿐이다.

갈라디아서 2장 20절은 "내가 이미 그리스도와 함께 십자가에 못 박혀 죽었고, 이제는 내 안에 그리스도께서 성령으로 사신다"는 이미 이루어진 진리를 선언하는 말씀이다. 그런데 이 구절을 '이루어야 할 행동 강령'으로 오해하여, 그리스도와 함께 죽기 위해 율법적 노력에 매달리는 사람들이 있다. 이것 또한 진정한 회개가 일어나지 않았기 때문에 발생하는 오류다. 그들은 여전히 자신이 주인인 상태에서, 죽으려고 애쓰는 행위적 노력에 머물러 있다.


## 인본주의적인 하나님나라 운동

두 번째 극단은 성령으로 거듭남(성령 침례)의 경험을 신앙의 초보적
단계로 폄하하고, 말로 복음을 전할 필요 없이 우리의 삶의 모습으로
하나님나라를 보여주어야 한다고 주장하는 인본주의적 하나님나라
운동가들이다. 그들은 교회가 욕먹을 짓을 많이 했고, 그래서 '개독
교'라는 소리를 듣게 되었으며, "예수 천국 불신 지옥"과 같은 선포는
사람들에게 혐오감과 불편함을 주는 시대착오적 문구라고 말한다.
거리에서 말로 전하는 전도의 시대는 지났고, 이제는 삶의 현장에서
세상에게 좋은 모습을 보여주어야 한다는 것이다.

이 주장은 예수님이 핍박받으시고 죽으신 이유가 무엇이며, 복음이
무엇이며, 진도가 무엇인지에 대한 근본적 오해에서 출발한다. 그들
은 구약의 선지자들과 신약의 사도들이 하나님의 말씀을 대언할 때,
사람들에게 불편함을 줄 수밖에 없었다는 사실을 간과한다. 무엇보
다 가장 정확한 모델은 예수님 자신이시다. 예수께서 고난을 당하시
고 십자가에서 죽으신 이유는, 세상과 종교인들을 향해 진리를 말로
선포하셨기 때문이다. 만일 예수께서 말없이 기적만 일으키시고 진리
를 선포하지 않으셨다면, 그분은 사람들에게 미움을 받을 이유가 없
으셨을 것이다.

예수님은 기적을 통해 하나님의 나라를 보여주시며 동시에, 자아를
주장하는 인간들에게 회개를 외치셨다. 아버지와 하나라고 하셨고,

자신이 하나님이라고 하셨으며, 자기를 본 자는 아버지를 본 자라고 하셨고, 오직 자신만이 하나님께로 가는 길이요 진리요 생명이라고 선포하셨다. 바로 그 말들 때문에 예수님은 미움을 받으셨고, 결국 죽임을 당하셨다. 전도의 본질은 회개하고 예수님을 믿어야 영생이며, 그렇지 않으면 영벌, 지옥이라는 사실을 선포하는 것이다. 그러므로 전도 자체는 본질적으로 사람들에게 불편함을 줄 수밖에 없다.

마가복음 1장 38절에서 예수님이 사용하신 '전도'라는 단어의 헬라어는 '케륏소'로, 영어로는 'proclaim', 곧 "소리로 선포하다"라는 뜻이다. '전도'는 구약 히브리어 개념으로도 하가, 나가드, 싸파르, 카라와 같은 단어들과 상통하며, 반드시 하나님의 진리를 '소리로' 선포하는 것을 의미한다. 전도의 본질 자체가 소리로 진리를 선포하는 것인데, 소리를 낼 필요가 없고 삶으로만 보여주면 된다는 주장은 철저히 인본주의적인 가르침이다. 많은 사람들이 이 주장에 속는다.

진정으로 성령으로 거듭난 자들을 통해 세상이 흠모할 만한 삶의 열매가 나타나는 것은 당연하다. 초대교회를 보라. 그들은 서로 물건을 통용하며 자기 소유를 제 것이라 하지 않았고, 그 삶의 열매를 본 사람들 가운데 구원받는 자의 수가 날마다 더해졌다. 그러나 그 모습을 보며 칭찬하던 자들 가운데서도, 자아를 끝까지 내려놓지 않으려는 이들은 사도들을 미워했고, 감옥에 가두었으며, 심지어 죽이기까지 했다.

그 이유가 중요하다. 초대교회 성도들이 단지 좋은 모습만 보여주었다면, 그들이 핍박을 받을 이유는 없다. 여기에서 교회의 가장 중요한 정체성이 드러난다. 교회는 세상이 흠모할 만한 삶의 열매를 반드시 드러내지만, 그것만으로는 교회가 아니다. 그러한 모습은 다른 종교도, 다른 사상도 충분히 흉내 낼 수 있다.

교회의 가장 본질적인 정체성은 누구도 흉내 낼 수 없는 유일한 진리, 곧 "주 예수 그리스도만이 창조주요 구원자이시며, 그 앞에 무릎 꿇고 존재적으로 왕권을 내려놓는 회개로 삶을 드려야 한다"는 사실을 말로 선포하는 데 있다. 초대교회 성도들의 삶을 목격하고 이 유일한 복음을 들은 사람들의 반응은 언제나 둘로 나뉘었다. 하나님께서 택하신 자들은 "우리가 어찌하여야 구원을 얻으리이까?"라고 반응했다. 그러나 하나님의 공의와 사랑을 거부하는 자들은 이를 갈며 교회를 핍박했다. 교회는 세상으로부터 칭찬만 받는 존재가 아니다. 반드시 욕도 먹게 되어 있다. 이 두 가지 모습이 함께 존재하는 것이 교회의 정체성이다.

예를 들어보자. 어느 고급 음식점의 주인이 있는데, 그는 자기 것을 자기 것이라 하지 않고 직원들이 어려움에 처하면 시간과 물질과 마음을 쏟아부어 가족처럼 그들을 섬긴다. 모든 직원들이 그를 존경하고 따르며, "뭔가 믿으려면 저렇게 믿어야 해"라고 말하게 된다. 그래서 그가 나니는 단체에 관심을 갖고 함께 가본다. 그런데 그곳이 여호와의 증인 왕국회관일 수도 있고, 통일교일 수도 있으며, 신천지나 또 다른 이단일 수도 있고, 불교나 이슬람교일 수도 있다.

다른 모든 종교와 사상 속에는 남을 위해 선을 베풀고 자신을 내어주며, 심지어 남을 위해 죽는 모습까지도 얼마든지 들어 있다. 그러나 말이 없는 삶의 모습만으로는, 그가 무엇을 믿는지 알 길이 없다. 다른 종교와 사상과 구별되는 유일한 모습은, 하나님의 나라와 예수 그리스도에 대한 유일한 진리, 자아 중심의 인간들이 가장 이상하게 생각하고, 미련하게 생각할 표현, "저주의 십자가에 못 박혀 죽은 한 사람 예수가 바로 당신의 창조주, 구원주, 심판주이십니다", "그에게 삶의 주권을 내어드려라!", "회개하라!"라는 원초적인 복음을 '말로' 드러내는 데 있다. 성경이 말하는 유일한 길이신 구원자 예수님에 대해서는, 선포하지 않으면 알 수 없는 것이다.

인간은 자기 마음의 보좌에 누구도 앉히기를 원하지 않는다. 스스로 왕 노릇하기를 원한다. 과연 "예수 천국 불신 지옥"이라는 문구 때문에 전도의 문이 막히는가? 그렇지 않다. 사람들은 예수님을 믿지 않는 이유를 그 문구 탓, 혹은 형편없는 기독교인의 삶 탓으로 돌리지만, 실제 이유는 자신이 마음의 보좌에서 내려오기 싫기 때문이다. 그것은 핑계일 뿐이다.

이 땅에 임하는 천국이든, 장차 가게 될 천국이든, 예수님을 믿어야 천국이며, 믿지 않으면 지옥이라는 사실은 가장 기초적이면서도 핵심적인 복음이다. 천 길 낭떠러지를 향해 달려가는 사람을 본다면, 다급한 얼굴로 막아서야 하지 않겠는가? "예수 천국 불신 지옥"을 선포하도록 부르심을 받은 사명자는 바로 그 긴급함을 알기 때문에 다급한 얼굴을 할 수 있다.

예수께서는 물과 성령으로 거듭나지 않으면 하나님의 나라를 볼 수도, 들어갈 수도 없다고 하셨다. 반대로 말하면, 물과 성령으로 거듭난 자는 이미 하나님의 나라에 들어간 자이며, 하나님의 나라가 보이기 때문에 그 나라의 삶을 자연히 살게 된다. 그리고 영원한 멸망으로 달려가는 세상 사람들을 하나님나라, 곧 영생으로 초청하기 위해 회개를 촉구하며, 유일한 진리이신 예수 그리스도의 죽으심과 부활, 승천과 보좌, 성령으로의 강림, 그리고 심판주로 다시 오심을 선포한다. 성령으로 거듭남을 머리로만 아는 것이 아니라 실제로 누리기 시작한 자는, 성령의 강력한 통치를 받게 되고, 권능을 입어 복음을 전하며 동시에 세상이 흠모할 만한 삶을 살아가게 된다.


## 복음을 가장한 행위 강조, 유보적 칭의(구원)론

세 번째 극단은 유보적 칭의론이다. 이 주장은 십자가에서 이미 이루신 하나님의 완전한 칭의조차도 인간의 행위에 따라 번복되거나 유보된다는 주장이다. 그들은 우리의 삶 속에서 하나님 보시기에 합당한 열매가 충분히 맺혀져야 비로소 우리가 의롭다 함을 받았음이 증명된다고 말한다. 그들이 그렇게 주장하는 이유 역시 동일하다. 하나님께서 원하시는 수준의 회개가 없어서, 성령으로 거듭남(성령 침례)을 실제로 경험하지 못했기 때문이다.

도대체 언제까지, 얼마나, 어떤 행동을 증명해 보여야 그것이 하나님께 의로 여김을 받을 수 있다는 말인가? 그 주장은 "만물보다 거짓되고 심히 부패한 것은 마음이라 누가 능히 이를 알리요마는"(렘 17:9), "오호라 나는 곤고한 사람이로다 이 사망의 몸에서 누가 나를 건져내랴"(롬 7:24), "죄인 중에 내가 괴수니라"(딤전 1:15)라는 성경 말씀들을 정면으로 무시하는 발언이다.

이 고백들에서 드러나듯, 순종의 행위로 칭의를 증명해 보여야만 나중에 온전한 칭의로 인정받을 수 있다는 주장은 우리의 어떤 행위도 하나님 앞에서 의로 여김을 받을 수 없다는 복음의 본질을 무너뜨린다. 그들은 "예수님을 믿었다면 그 증거로 하나님께 믿음의 열매를 보여드려야 한다"고 말하며, 야고보서를 예로 들어 온전한 구원에 들어가기 위해 순종으로 믿음을 증명해야 한다고 주장한다.

얼핏 들으면 경건하고 바른 말처럼 보이지만, 이는 하나님의 절대 주권적 구원을 거부하고 구원에 인간의 의지적 행동을 첨가해야 한다는 주장으로서, 본질적으로 행위구원론이다. 다만, 이러한 견해를 가진 이들이 믿음의 열매와 행함의 중요성을 강조하는 성경적 가르침 자체를 부정하려는 의도는 아님을 이해할 필요가 있다. 문제는 그들이 행함을 구원의 조건으로 격상시키면서, 행함이 구원을 완성하거나 증명해야 하는 것으로 오해한다는 점이다.

복음의 본질은 행함이 구원의 조건이 아니라, 회개와 믿음을 통과한 자 안에서 자연스럽게 열매가 맺히는 현상이라는 점을 분명히 해야 한다. 그것을 증명해 보여야 한다는 차원이 지나치게 강조되면 그것이 바로 행위구원론적 태도를 취하게 되는 것이다. 사실상 본질적으로 타락하고 부패한 우리는 어떤 행위로 믿음을 증명해 보일 수조차 없는 절대 절망에 빠진 상태다.

그들이 자신들의 주장을 뒷받침하는 근거로 삼는 야고보가 경험한 성령님은 요한에게 임하신 성령님, 그리고 바울에게 임하신 성령님과 동일하신 분이시다. 진리의 영이신 성령님은 야고보와 요한과 바울에게 서로 다른 복음이 이니라 동일한 진리를 계시하셨다. 그러므로 야고보서나 요한복음에 '회개'라는 단어가 직접적으로 등장하지 않는다고 해서, 야고보나 요한이 회개를 강조하지 않는다고 말할 수는 없다. 야고보 역시 바울과 동일하게, 자신의 저서 야고보서를 통해 "존재론적 회개가 통과된 자에게는 반드시 행함의 열매가 맺히게 되어 있으며, 만일 그러한 열매가 전혀 없다면 그는 다시 존재론적으로 회개해야 한다"는 메시지를 일관되게 강조하고 있다.

야고보서 전체를 회개의 메시지로 관통하여 읽게 해주는 핵심 구절은 "누구든지 온 율법을 지키다가 그 하나를 범하면 모두 범한 자가 되나니"(약 2:10)라는 말씀이다. 야고보는 율법 전체뿐만 아니라 자신이 야고보서에서 나열하는 모든 덕목들 역시 하나라도 지키지 못하면 모두를 범한 자와 같다고 선언함으로써 인간이 스스로 의에 이를 수 없다는 절대적 절망을 선포하고 있다.

이 표현은 바울이 갈라디아서에서 선포한 "무릇 율법 행위에 속한 자들은 저주 아래에 있나니 기록된 바 누구든지 율법책에 기록된 대로 모든 일을 항상 행하지 아니하는 자는 저주 아래에 있는 자라 하였음이라 또 하나님 앞에서 아무도 율법으로 말미암아 의롭게 되지 못할 것이 분명하니 이는 의인은 믿음으로 살리라 하였음이라"(갈 3:10-11)라는 말씀과 정확히 동일한 맥락이다. 또한 "그러므로 율법의 행위로 그의 앞에 의롭다 하심을 얻을 육체가 없나니 율법으로는 죄를 깨달음이니라"(롬 3:20)라는 로마서의 선언과도 본질적으로 정확히 일치한다.

따라서 야고보서는 로마서나 갈라디아서와 대립되는 책이 아니라, 동일한 복음의 핵심을 다른 각도에서 선포하는 책이다. 이러한 맥락에서 "누구든지 온 율법을 지키다가 그 하나를 범하면 모두 범한 자가 되나니"(약 2:10)라는 복음의 빛 안에서 야고보서의 다른 구절들을 읽을 때, 우리는 야고보가 얼마나 강력하게 회개를 외치고 있는지를 분명히 듣게 된다. "두 마음을 품어 모든 일에 정함이 없는 자로다"(약 1:8)라는 말씀은 존재의 분열을 책망하는 회개의 부르짖음이며, "오직 각 사람이 시험을 받는 것은 자기 욕심에 끌려 미혹됨이니 욕심이 잉태한즉 죄를 낳고 죄가 장성한즉 사망을 낳느니라 내 사랑하는 형제들아 속지 말라"(약 1:14-16)는 말씀은 죄의 근원을 직면하고 돌이키라는 강력한 경고이다. 또한 "그러므로 모든 더러운 것과 넘치는 악을 내버리고 너희 영혼을 능히 구원할 바 마음에 심어진 말씀을 온유함으로 받으라"(약 1:21)는 말씀 역시 명백한 회개의 요청이다.

이러한 흐름 속에서 "이와 같이 행함이 없는 믿음은 그 자체가 죽은 것이라"(약 2:17)는 말씀은 행함으로 믿음을 증명해 보이라는 요구가 아니라 행함으로는 결코 의에 이를 수 없음을 깨닫고 '산 믿음', 곧 온전한 믿음을 얻기 위하여 회개로 나아가야 함을 내포하고 있다. 그리고 결정적으로 "영혼 없는 몸이 죽은 것같이 행함이 없는 믿음은 죽은 것이니라"(약 2:26)는 말씀은 행함을 통해 산 믿음을 증명해 보이라는 요청이 아니다. 영이 없는 자가 곧 죽은 자이며, 죽은 자에게서 행함이 나타나지 않는 것은 너무나 당연한 일이라는 강조다.

그러므로 야고보의 결론은 "행함을 만들어내라"가 아니라, "율법책 및 야고보서에 나열되어진 덕목들을 통해서 다 지키다가 하나만 안 지켜도 다 안 지킨 것과 같으니 율법의 행위로는 의롭다 함을 얻을 육체가 하나도 없으니 이 말씀들에 비추어 보아 네가 죽은 자임을 자각하고 영생을 얻기 위하여, 참 믿음을 얻기 위하여 회개로 나오라"는 복음의 초청인 것이다.

바울은 구원을 위한 인간 행위의 절대적 한계를 여러 서신에서 분명히 밝혔다. 만일 할례라는 한 행위로 의롭다 함을 얻으려 한다면, 그는 율법 전체를 행할 의무를 가진 자가 된다(갈 5:2-3). 또한 "율법책에 기록된 대로 모든 일을 항상 행하지 아니하는 자는 저주 아래에 있는 자"라고 말한다(갈 3:10). 율법에 기록된 모든 계명을 항상 행할 수 있는 사람이 과연 어디에 있겠는가? 그래서 바울은 곧바로 이렇게 선포한다.

> 그리스도께서 우리를 위하여 저주를 받은 바 되사 율법의 저주에서 우리를 속량하셨으니 기록된 바 나무에 달린 자마다 저주 아래에 있는 자라 하였음이라 갈 3:13

바울과 동일하게 성령으로 거듭난 야고보도 같은 맥락으로 복음을 선포하고 있는 것이다. 무엇보다도 성경 자체가 유보적 칭의론과 점진적 성화론의 주장을 무색하게 만든다. 하나님께서는 바울을 통하여 기독교의 핵심 진리들, 곧 예정, 부르심, 씻음(죄 사함), 칭의, 성화, 영화 6단계가 이미 다 이루어진 사건임을 완료형 동사로 선언하셨다. 로마서 8장 30절과 고린도전서 6장 11절을 함께 보라. 한글 번역에서는 그 강도가 충분히 드러나지 않지만, 원어에서는 모두 완료형이다.

> 또 미리 정하신 그들을 또한 부르시고 부르신 그들을 또한 의롭다 하시고 의롭다 하신 그들을 또한 영화롭게 하셨느니라 롬 8:30

주 예수 그리스도의 이름과 우리 하나님의 성령 안에서 씻음과 거룩함과 의롭다 하심을 받았느니라 고전 6:11

왕권을 온전히 주님께 내어드리는 회개를 한 자는, 그리스도와 함께 이미 죽었고(갈 2:20), 이미 영이 다시 살았으며(엡 2:5), 승천하여 보좌에 앉으신 그리스도와 연합되어(엡 2:6), 아버지 안에 침례된 존재다 (요 14:20, 17:21). 그는 창조 이전에 만물 위 보좌에서 예정된 자다. 그러므로 새롭게 된 영이 다시 그 보좌에 연합되어졌다는 것은, 이미 영화로워진 상태에 들어간 것이다. 그 안에서 부르심, 씻음, 칭의, 성화는 모두 이루어진 것이다.

유보적 칭의론자들의 신학 이론들은 칭의는 유보되어 있고, 우리의 삶이 순종으로 드려지는지를 하나님께서 지켜보신 후에야 완전한 칭의를 인정하신다고 말한다. 유사한 성화론 역시, 거룩해지는 중간 단계들이 있다가 장차 영화로워질 것이라고 미래 시제로 말하며, 결국 행위구원론적 태도를 취한다.

그러나 하나님께서는 성경을 통하여, 칭의와 성화조차 이미 완료된 사건으로 선언하신다. 사실상 삶의 왕권을 진정으로 내어 맡긴 자는 그리스도와 함께 죽었고(갈 2:20), 부활 승천했기에 보좌에 연합되었으며(엡 2:5-6 ; 골 3:3), 성령 안에 잠겨 연합되었기에, 의와 거룩의 정체성 또한 이미 완료된 것이 맞다. 다만 그 연합된 정체성이라는 본질을 성령을 따라 누리며 살아갈 때, 삶의 외형적인 모습이 점점 더 성숙해져 가는 과정으로 보이는 것이다. 그것은 존재적으로 점점 거룩해지는 중간 단계가 있다는 뜻이 아니다. 정체성은 이미 완성되었고, 삶은 그 정체성을 따라 드러나는 것이다.

이 세상에 완전한 자는 하나도 없다. 아무리 율법을 잘 지킨다 하더라도, 단 하나라도 어기면 그는 모두를 어긴 자가 된다. 그렇다면 누가 하나님 앞에서 어떤 행위의 열매로 의롭다 함을 얻을 수 있겠는가? 어떤 행위가 더 추가되어야 칭의가 온전히 이루어진다고 말하고, 지금은 그 칭의가 유보되어 있다고 주장하는 것은, 복음을 가장한 행위구원론일 뿐이다.

복음은, 이미 이루어졌다는 하나님의 선언이다. 그 선언은 인간의 행위에 의해 보완되거나 완성되는 것이 아니다. 오직 왕권을 내려놓는 회개를 통해, 그리스도와 함께 죽고 다시 사는 연합 안으로 들어오는 자에게, 하나님께서 위로부터 부어주시는 생명의 사건이다. 삶의 주권을 주께 드린 자는 그 안에서 이미 의롭고, 이미 거룩하며, 이미 영화로운 존재로 부르심을 받았다.

그러므로 이 세 극단들을 조심해야 한다. 왕권을 내어드리는 존재론적 회개가 없이 지성적 이해로 믿음이 생겼다는 부류, 성령으로 거듭남을 초보의 단계로 보고 삶으로 보여 세상에게 칭찬을 받아야 된다는 것을 강조하는 인본주의 하나님나라 운동가들, 유보적 구원(칭의)론자들 모두 영광스러운 복음을 훼손한다.

## 성령 침례를 직접 경험한 자는 지옥에 가지 않는다

신앙이 변질되어 지옥에 가는 그리스도인도 있다는 말을 하는 사람들이 많다. 나는 그 자극적인 표현을 들을 때마다 마음이 몹시 불편하다. 그리스도인의 정의는 성령 침례를 경험하여 존재적으로 주님과 연합된 자로서 성령의 인도하심으로 그리스도를 목숨을 걸고 믿는 사람이라는 의미다.

한마디로 초대교회의 순교적 믿음을 소유한 자들과 같은 성도들을 가리키는 말이다. 서신서의 저자들인 제자들은 구원을 잃을 수도 있다는 불확실한 믿음으로 순교자의 반열에 있었던 것이 아니다. 순교의 열심을 하나님께 보여야 확실히 구원받을 것 같다는 태도로 순교자가 된 것도 아니다. 오히려 그 반대다. 성령 침례를 경험하여 그리스도와 존재적으로 연합되어 영원한 구원의 은총을 확신하고 감사하는 마음으로 그 모진 박해를 하늘에서 부어주시는 기쁨과 평안으로 견딘 것이다. 그와 같은 믿음을 소유한 진정한 그리스도인은 절대 변질되지 않고 지옥에 가지 않는다.

예수님은 자기의 피로 영원한 속죄를 이루사 단번에 지성소에 들어가셨으며(히 9:12), 한 번 영원한 제사를 드리심으로써 거룩하게 하신 자들을 영원히 온전케 하셨다(히 10:12-14). 만약에 주께서 거룩하게 하신 자를 영원히 온전케 하셔서 하늘 지성소에 그들의 영을 앉히셨는데, 이러한 자도 마귀의 유혹을 받아 구원을 잃을 수 있다고 주장한다면, 마귀가 예수님보다 더 강해서 예수님에게서 영혼들을 충분히 빼앗아 갈 수 있다는 의미가 된다. 이게 말이 되는가?

예수님은 사랑하는 자를 잃지 않고 끝까지 견인하시는 분이시다. 예수님은 자기가 사랑하시기로 창세 전에 작정하신 자는 끝까지 영원토록 사랑하신다. 예수님의 말씀을 그대로 믿자. 단언하건대 성경에서 하나님은 성령으로 거듭난 자(성령 침례를 경험한 자)는 "한 번 구원은 영원한 구원이다!"라고 말씀하신다.

성경 구절을 인용하여 어떤 한 이론을 주장할 때, 인용하는 성경을 기록한 저자가 어떤 신앙으로 그 서신서를 썼는지 그 관점을 아는 것이 중요하다. 사도들은 예수님을 직접 만났던 사람들이고, 예수께 올인했으면서도 실패의 삶을 살았던 사람들이며, 결국 사도행전 2장에서 성령 침례를 경험함으로써 존재적으로 주님과 연합된 상태에서 비로소 날마다 자기를 부인하고, 자기 십자가를 지고, 예수님을 따르게 된 사람들이다.

그들은 예수님의 이야기를 직접 들었던 사람들이지만, 예수님의 말씀의 의미를 잘 모르는 상태에 있었다가, 예수님의 죽으심, 부활, 승천을 직접 목격한 뒤 왕권을 주님께 드리는 회개를 통하여 성령으로 거듭남(성령 침례)를 직접적으로 경험하고 나서야 비로소 성령님을 통하여 예수께서 하셨던 이야기에 대해 확실히 알게 되었다.

보혜사 곧 아버지께서 내 이름으로 보내실 성령 그가 너희에게 모든 것을 가르치고 내가 너희에게 말한 모든 것을 생각나게 하리라 요 14:26

성령 침례의 경험이 아니면 제아무리 모세오경을 다 암송하고, 메시아를 기다려왔고, 메시아를 만나서 회개도 했고, 직업도 다 버리고 예수께 올인해서 권능도 행하고, 주를 위해 죽을 각오까지 해도 예수님의 능력 행함, 하나님나라 선포와 가르침, 특히 그의 죽으심과 부활 승천의 의미에 대해서 정확히 알 수가 없는 것이다. 이것은 우리에게도 그대로 반영되어야 한다. 예수님을 만나서 회개도 했고, 나름대로 은사도 나타나고, 주를 위해 온전히 헌신하고, 성경을 통달하게 아는 것 같아도, 진정으로 성령 침례가 경험되지 않은 상태에서는 진리를 정확히 알 수가 없는 것이다.

결국 전적인 실패를 경험한 후 회개로 성령 침례를 경험한 베드로는 예수님의 말씀대로 "곧 거룩한 선지자들이 예언한 말씀과 주 되신 구주께서 너희의 사도들로 말미암아 명하신 것을 기억하게 하려 하노라"(벧후 3:2)라고 표현했다. 베드로는 예수님의 가르침들을 생각나게 하려고 교회를 향하여 편지를 썼다. 베드로와 같이 모든 사도들은 구원에 대한 예수님의 강조점을 자신들의 서신서에서 그대로 담아내고 있다. 동시에 자신이 거듭남과 성령 침례를 경험하기 전의 신앙 상태와 같은, 나름대로 열심이 있고 헌신한다는 교인들을 향하여 경고하고 있다.

성령 침례를 경험하여 하나님의 구원의 영속성을 확신했던 베드로, 요한, 바울 같은 자들은 결코 방종하지 않았다. 그들은 어떤 핍박과 고난에도 굴하지 않고 자기를 부인하며, 자기 십자가를 지고 예수님을 따르며, 예수만 구원이라고 전하면서 영광스러운 순교의 반열에 오른 분들이다. 그들은 생을 마감하기 전에 교회에 보내는 편지들을 통해, 교회 내에 그리스도의 초보에 머물러 있으면서 의의 말씀을 경험하지 못한 자칭 구원받은 자들을 향하여 자신들의 믿음 안으로 들어오라고 촉구했다.

"구원을 잃을 수도 있다!"고 주장하는 자들이 인용하는 구절들은 사실상 성령으로 거듭남(성령 침례)를 직접 경험한 사람들에게 해당되는 내용이 아니다. 성령 침례를 경험하여 주님과 존재적 연합을 누리고 있는 서신서 저자 자신들도 구원을 잃을 수 있다는 불안한 믿음의 상태에서 표현한 구절들이 아닌 것이다. 오히려 자칭 구원받았다고 하는 자들을 향하여, 스스로 확신하는 믿음은 구원에 이를 수 없다는 것을 강조하는 것이다. 히브리서 전체를 히브리서 저자의 의도 그대로 조명한 본문의 내용을 다시 한번 확인해보기 바란다.

## 예수님을 처음부터 끝까지 믿지 않았던 가룟 유다

"한 번 구원은 영원한 구원"이라는 주제에 대해 성경이 무엇을 말하는지 명쾌한 모델이 있다. 하나는 부정적인 모델 가룟 유다며 다른 하나는 긍정적인 모델 베드로다. 과연 가룟 유다는 예수님을 믿었다가 타락한 것인가, 아니면 아예 애초부터 믿지 않은 타락이었는가? 왜 베드로는 회개도 했고(눅 5장), 예수님이 누구신지 알았고, 믿음의 고백 위에 교회를 세우시겠다는 칭찬도 받았는데 바로 직후 인류 구원의 핵심인 예수님의 죽음의 길을 막았고, 예수님이 고난당하시고 죽어가시는 현장에서 예수님을 모른다고 부인했을까? 그랬던 그가 예수님의 증인이 되어 거꾸로 못 박히는 순교까지 능히 감당하게 된 반전의 삶의 원동력은 무엇이었을까? 그는 순교하기 전에 하나님의 구원에 대한 어떠한 확신으로 교회에 보내는 편지를 썼을까?

먼저 가룟 유다와 베드로를 모델로 깊이 다루고 나서 히브리서로 진입하고자 한다. 히브리서는 성령으로 거듭남(성령 침례)을 직접 경험한 사람에게 임한 영원한 구원에 대하여 명확하게 설명하며, 복음을 들었으나 믿지 않고 의의 말씀을 경험하지 못한 자들에게는 구원이 없다는 것에 대하여 자세히 말한다. 가룟 유다와 베드로의 삶이 조명된 만큼 히브리서에 대한 이해도가 더욱 선명해질 것이다.

"하나님의 아들 예수 그리스도의 복음의 시작이라"(막 1:1). 예수 그리스도 자신이 복음이다. 예수께서 공생애를 시작하시며 처음으로 선포하신 복음은 "때가 찼고 하나님의 나라가 가까이 왔으니 회개하고 복음을 믿으라"(막 1:15)라는 말씀이었다. "하나님나라가 가까이 왔다"는 말은 곧 하나님이 이 땅에 오셨다는 뜻이며, 예수님 자신이 하나님이심을 드러내신 것이다. 하나님께서 이 땅에 오셨으니 하나님의 나라가 임한 것이다. 그리고 예수님은 곧바로 "회개하고 복음을 믿으라"고 요구하셨다. 예수께서 자신이 하나님이심을 드러내시자마자 회개와 믿음을 외치신 이유는 분명하다. 그분의 말씀을 듣는 모든 사람들, 장차 제자가 될 사람들까지 포함하여, 스스로 주인 노릇하던 삶의 주권을 내려놓고 회개함으로 예수님을 구주 하나님으로 믿어 영생에 이르게 하시려는 것이었다.

예수께서는 제자들을 부르신 직후 자신이 하나님이심을 보이시기 위해 귀신을 쫓고 병자를 고치시는 기적들을 행하셨다. 기적의 본뜻은 단순한 문제 해결이 아니라, 자신이 하나님이심을 드러내며 회개를 촉구하시는 데 있었다. 예수님은 제자들에게도 당신의 이름으로 귀신을 쫓는 권세와 병 고치는 능력을 주셨다. 그 이유 역시 동일하다. 제자들로 하여금 예수님이 하나님이심을 확실히 알고 회개하여 그분을 구주로 믿게 하려는 것이었다. 중풍병자를 고치실 때 예수님은 병 고침보다 먼저 죄 사함을 선포하셨다. "작은 자야 네 죄 사함을 받았느니라"(막 2:5). 이에 서기관들이 "신성 모독이로다 오직 하나님 한 분 외에는 누가 능히 죄를 사하겠느냐"(막 2:6-7)라고 반응하자, 예수님은 "인자가 땅에서 죄를 사하는 권세가 있는 줄을 너희로 알게 하려 하노라"(막 2:10) 하시며, 예수님 자신이 하나님이심을 분명히 밝히신 것이다.

그러나 가룟 유다는 회개하지 않았고 예수님을 믿지 않았다. 그는 하나님을 공경하지도, 사랑하지도 않았다. 그는 하나님을 모르는 자였고, 결국 하나님을 미워하는 자였다. 예수께서 "너희를 죽이는 자들은 아버지와 나를 알지 못함이라"(요 16:2-3)라고 하셨을 때, '너희'는 장차 성령으로 거듭나 순교의 길을 걸어갈 제자들에게 해당되는 말씀이지 가룟 유다에게 해당되는 말씀이 아니다. 제자들을 죽이는 자들이 예수님과 하나님을 모르는 자라면, 하물며 예수님을 직접 죽음으로 내몬 가룟 유다는 오죽하겠는가?

그는 예수님을 따라다녔지만 예수님과 하나님을 알지 못한 자였다. 그는 유대적 신앙 체계 안에서 쉐마를 암송하고 안식일과 절기를 지켰을 것이다. 그러나 예수님을 공경하지 않았기에 하나님 아버지도 공경하지 않았던 것이다(요 5:23). 그는 예수님을 미워했고, 동시에 하나님 아버지를 미워하는 자였다(요 5:42, 15:23).

예수님과의 관계에 있어서 가룟 유다는 가르침을 듣는 자처럼 보였으나 말씀을 받아들이는 자는 아니었다. 예수께서 유대인들에게 "내 말이 너희 안에 있을 곳이 없으므로 나를 죽이려 하는도다"(요 8:37)라고 하신 말씀은 이를 분명히 보여준다. 예수님의 말씀을 받지 않았기에 그들 속에 말씀이 없었고, 그 결과 예수님을 죽이려 했던 것이다. 예수님을 죽음으로 내몬 가룟 유다 역시 마찬가지였다. 그는 가난한 자를 위하는 척했으나 실제로는 도둑이었고 거짓말쟁이였다(요 12:5-6). 예수님은 그를 가리켜 마귀의 자식이라 하셨고, 마귀의 일을 한다고 하셨으며, 심지어 마귀라고까지 말씀하셨다(요 6:70, 8:40-44). 예수님은 아버지께 제자들을 부탁하는 기도 가운데서도 가룟 유다는 보전하지 않으셨다고 하셨고(요 17:12), 그의 출생 자체를 차라리 없었으면 좋았을 것이라 말씀하셨다(막 14:21). 다른 제자들을 향해 "이미 목욕하여 깨끗한 자들"이라 하신 것과 달리(요 13:8-11, 15:3), 가룟 유다는 깨끗하지 않은 자, 곧 회개하지 않았고 예수님을 믿지 않아 구원받지 못한 자였다(요 13:10-11).

> 살리는 것은 영이니 육은 무익하니라 내가 너희에게 이른 말은 영이요 생명이라 그러나 너희 중에 믿지 아니하는 자들이 있느니라 하시니 이는 예수께서 믿지 아니하는 자들이 누구며 자기를 팔 자가 누구인지 처음부터 아심이러라 요 6:63–64

예수님은 자신의 말씀이 영이요 생명임을 선포하시면서 동시에, 애초에 가룟 유다는 믿지 않는 자였으며 자기를 팔 자라고 정확히 알고 계셨다. 가룟 유다는 예수께서 하나님이심을 드러내는 모든 표적을 목격하고, 귀신을 쫓고 병을 고치는 권능까지 받았음에도 불구하고(막 3:13-15, 6:7,12-13), 삶의 주권을 끝까지 자신이 붙들고 회개하지 않았으며 예수님을 구주 하나님으로 영접하지 않았던 것이다. 가룟 유다는 처음부터 끝까지 예수님을 믿지 않았으며, 못된 나무로서 나쁜 열매를 맺고 있었다. 그는 구원받았다가 타락한 자가 아니라 애초에 구원받지 않은 자였다. 많은 사람들이 구원받은 자도 구원을 잃을 수 있다고 주장하며 인용하는 마태복음 7장 15-23절은 사실상 가룟 유다와 같은 자들에 대한 말씀이다. "주여 주여" 하며 귀신을 쫓고 능력을 행했으나 예수께서 "나는 너희를 도무지 알지 못한다"고 말씀하신 대상이 바로 이러한 자들이다.

이 말씀들과 가룟 유다의 삶은, 주의 이름으로 능력을 행하는 것과 구원 및 열매 맺는 삶이 전혀 별개의 문제임을 분명히 보여준다. 가룟 유다가 무엇을 경험했는가와 상관없이 그는 처음부터 끝까지 회개하지 않은 자였고, 못된 나무였기에 나쁜 열매를 맺었을 뿐이다. 이 사실은 히브리서 6장 4-6절을 해석하는 중요한 열쇠가 된다. 그 구절은 성령 침례를 경험하여 존재적으로 주님과 연합된 자의 타락을 말하는 것이 아니라, 처음부터 참으로 믿지 않았던 자들, 곧 가룟 유다와 같은 자들에 대한 경고였다. 히브리서 3-6장의 흐름을 따라가면 이 사실이 더욱 분명해진다.


## 베드로를 끝까지 견인하시는 예수님

가룟 유다와 달리 베드로는 예수님을 사랑한 자였고 하나님의 사랑을 받은 자였다. 그는 주를 위하여 목숨을 바치겠다고 고백할 만큼 주를 향한 사랑을 드러냈다(요 13:37). 예수님은 아들을 사랑하는 자가 하나님께 사랑을 받는다고 말씀하셨다(요 14:21). 베드로 역시 제자로 부르심을 받아 귀신 쫓는 권세와 병 고치는 능력을 받았고 이를 행했다. 그러나 베드로는 가룟 유다와 달리, 비록 아직 왕권을 온전히 내어드린 단계는 아니었으나 회개했고(눅 5:8), 예수님을 하나님께서 보내신 메시아로 고백했다.

그러나 그 고백 직후 예수께서 인류 구원을 위해 죽으실 것을 말씀하셨을 때, 베드로는 이를 막으려 하며 하나님의 구원 계획을 가로막는 자리에 서게 된다(마 16:16-25). 이때 예수님은 "사탄아 물러가라 네가 하나님의 일을 생각하지 않고 사람의 일을 생각하는도다"라고 말씀하셨다. 이는 베드로가 아직 왕권을 주님께 드리지 않았고, 성령으로 거듭난 상태가 아니었음을 드러낸 장면이다. 성령으로 거듭나지 않은 상태에서의 신앙은, 오히려 하나님의 일을 방해하는 결과를 낳을 수도 있는 것이다.

그러나 요한복음 6장에서 예수께서 다시 자신의 죽음을 암시하시며 말씀이 영이요 생명이라 선포하셨을 때, 베드로는 "주여 영생의 말씀이 주께 있사오니 우리가 누구에게로 가오리이까 우리가 주는 하나님의 거룩하신 자이신 줄 믿고 알았사옵나이다"(요 6:68-69)라고 고백하며 예수님의 죽음에 대한 말씀을 받아들였다. 이로 인해 그는 예수님으로부터 깨끗한 자로 인정받는다(요 13:8-11, 15:3). 그러나 이 단계는 아직 성령 침례로 존재적으로 연합된 상태가 아니라, 자신의 의지로 말씀을 받아들이는 수준이었기 때문에 결국 한계를 드러내고 예수님을 부인하게 되는 것이다.

그러나 예수님은 베드로가 자신을 부인할 것을 아시면서도 그를 위해 거처를 예비하러 가신다고 하셨다(요 14:1-3). 유대 혼인 관습에서 신랑이 신부를 위해 거처를 예비하는 것과 같이, 베드로를 신부급으로 끝까지 사랑하시겠다는 약속이었다. 예수님은 베드로의 구원을 끝까지 견인하실 것을 이미 선언하신 것이다. 베드로는 성령 침례를 직접 경험하기 전이었기에 그 의미를 알지 못했고, 그로 인해 예수님을 부인하게 된 것이다. 이 사실은 성령으로 거듭남(성령 침례)이 얼마나 결정적인 사건인지를 분명히 보여준다.

드디어 예수님의 죽음과 부활, 승천을 직접 목격한 베드로는 자신의 메시아 이해가 잘못되었음을 깨닫고 진심으로 회개하며 기도에 전념했고, 오순절에 성령 침례를 경험하게 된다(행 2:4-14). 이후 그는 성령의 인도하심을 따라 예수께서 걸어가신 십자가의 길을 기쁨으로 끝까지 따르는 삶을 살게 된다. 베드로의 삶이 보여주듯 구원은 하나님의 절대 주권에 속한 일이며, 하나님께서 구원하시기로 작정하신 자는 반드시 끝까지 견인하신다.

> 내가 아버지께 구하겠으니 그가 또 다른 보혜사를 너희에게 주사 영원토록 너희와 함께 있게 하리니 요 14:16

# 10

## 히브리서에 나타난 구원의 영속성과 쉐마

### 히브리서를 듣는 두 부류

히브리서는 하나님의 구원의 영속성에 대하여 말하면서, 한 번 구원이 영원한가, 그렇지 않은가에 대한 모든 갑론을박을 잠재운다. 히브리서는 구약에 능통한 저자가 구약을 그리스도의 관점 및 하늘 본향의 관점에서 풀어낸 서신이다. 하늘을 본향으로 말한다는 것은 구원의 확실성에 대한 믿음의 표현이다. 히브리서는 그리스도께서 자기 피로 영원한 속죄를 이루셨다고 분명히 선언한다. 영원한 속죄는 누구도 바꿀 수 없으며, 성령으로 거듭남(성령 침례)을 통해 그 속죄의 실재를 직접적으로 경험한 자는 영원한 구원의 소망을 품고 히브리서 11장 후반부에 묘사된 순교자의 길조차도 성령의 인도하심 안에서 기쁨으로 걸어가게 된다.

히브리서 저자는 성령으로 거듭남을 경험하여 주님과 존재적으로 연합된 자였다. 히브리서를 바르게 이해하기 위해서는 1장부터 13장까지 원래 기록된 대로 장, 절, 숫자의 개념을 내려놓고 전체 맥락 안에서 읽는 시각이 중요하다. 그리고 개인의 고정관념이나 이미 형성된 신학 체계를 가지고 이성을 도구 삼아 헬라적 방식으로 분석하기보다, 모든 신학적 프레임을 내려놓고 어린아이 같은 마음으로 히브리서 전체를 반복 암송하며 말씀 큐브 안에 잠기는 것을 추천한다. 이는 진리의 영이신 성령님을 예배하는 방식이며, 성경의 저자들이 성경을 '먹었던' 방식, 곧 쉐마 신앙의 실제다.

그러한 방식으로 히브리서 전체 암송을 반복하며 오직 진리의 성령님만 예배하며 나아갔을 때, 성령께서 히브리서 저자가 이 서신을 통해 말하고자 했던 핵심 의도를 분명히 알게 해주셨다. 히브리서는 단일한 청중을 향한 서신이 아니라, 분명히 두 계층의 서로 다른 청중을 향해 동시에 말하고 있다. 한 부류는 성령으로 거듭난(성령 침례) 직접적인 경험을 통해 존재적으로 주님과 연합되어 하나님의 영원한 구원을 확신하는 가운데 사는 믿음의 사람들이며, 다른 한 부류는 아직 성령으로 거듭남을 경험하지 못한 초보적 신앙 단계에 머물러 있는 자칭 구원을 확신하는 자들이다.

예수께서 "내가 주는 물을 마시는 자는 영원히 목마르지 아니하리니"(요 4:14)라고 하셨을 때, 그 말씀은 명백히 영원한 구원에 대한 선언이었다. 제자들은 그 말씀을 들었을 당시에는 이해하지 못했지만, 성령으로 거듭남을 경험하고 주님과 존재적으로 하나됨을 누리게 된 이후, 성령님을 통해 예수님의 말씀을 정확히 깨닫게 되었다. "보혜사 곧 아버지께서 내 이름으로 보내실 성령 그가 너희에게 모든 것을 가르치고 내가 너희에게 말한 모든 것을 생각나게 하리라"(요 14:26). 이 말씀은 바로 그 사실을 증언한다.

따라서 사도들은 영원히 목마르지 않을 생수이신 성령님을 만난 이후, 결코 잃어버릴 수 없는 구원의 확신을 가지고 성령님의 인도하심을 따라 서신서를 기록했다. 동시에 그 동일한 서신서 안에서, 아직 성령 침례를 경험하지 못한 신앙의 단계에 머물러 있는 사람들에게, 저자인 자신이 서 있는 믿음의 반열로 들어오라고 강력하게 촉구하고 있다. 이 관점을 통해 히브리서 6장 4-6절이나 10장 28-31절과 같은, 구원을 잃어버릴 수 있는 것처럼 보이는 경고의 구절들이 히브리서 11장에 등장하는 성령으로 거듭난 순교적 믿음의 소유자들을 향한 말씀이 아님을 분명히 알게 된다.

지역 교회의 현실을 떠올려보면 이 구조가 쉽게 이해된다. 하나의 지역 교회 안에는 성령 침례를 경험하여 머리 되신 주님과 존재적으로 연합된 그리스도의 몸 된 자들이 있는가 하면, 아직 그리스도의 몸에 속하지 않은 자들, 혹은 이제 막 예수님을 따르기 시작한 초보적 믿음의 사람들도 함께 있다. 서신서는 바로 그러한 지역 교회들을 향해 기록된 것이므로, 그 안에 서로 다른 신앙 단계에 있는 여러 계층을 향한 권면이 복합적으로 담겨 있을 수밖에 없다.


## 히브리서 10-11장의 키아즘적 재구성

히브리서는 히브리적 사고방식, 곧 키아즘 구조로 이해할 때 저자의 의도가 가장 분명하게 드러난다. 키아즘 구조란 같은 의미의 구절들이 대칭적으로 반복 교차되며 병행을 이루는 히브리 문학의 특징이다. 히브리서를 전체 흐름 속에서 키아즘 구조로 읽을 때, 히브리서 6장 4-6절과 10장 28-31절은 성령으로 거듭나 주님과 존재적으로 연합된 믿음의 사람들도 구원을 잃을 수 있다는 의미가 아님이 분명해진다. 이를 결정적으로 보여주는 부분이 바로 히브리서 10장 후반부 28-31절과 32-39절, 그리고 이어지는 11장이다.

2022년 어느 봄날, 집 근처 커닝햄 공원에서 히브리서 전체를 암송하며 히브리서 말씀 큐브에 온전히 잠기던 중 성령께서 히브리서 6장 4-6절을 1-5장의 배경과 유기적으로 연결하여 이해하게 하셨다. 이어서 6장부터 9장까지 암송하면서 10장에서 말하는 구원의 영속성이 더욱 큰 은혜로 다가왔다. 예수 그리스도께서 몸을 단번에 드리심으로 우리가 거룩함을 얻었고(히 10:10), 거룩하게 된 자들을 한 번의 제사로 영원히 온전하게 하셨으며(히 10:14), 예수의 피를 힘입어 지성소에 들어갈 담력을 얻었다는 선언(히 10:19)이 그날따라 더욱더 선명하게 새겨졌다.

그 후 10장 후반부 28-31절과 32-39절을 암송하고 11장 후반부 순교자들의 묘사까지 이르렀을 때, 성령께서는 키아즘 구조에 의해 10장 32-39절과 11장 후반부가 대칭을 이루고 있음을 깨닫게 하셨다. 10장 28-31절은 하나님의 아들을 짓밟고 언약의 피를 부정하며 은혜의 성령을 욕되게 하는 자들에 대한 경고인데, 바로 이어지는 32-39절은 그들과 전혀 다른 대상, 곧 순교자적 믿음을 가진 자들을 향한 말씀이다. 이들은 11장 끝부분에 등장하는 돌에 맞고 톱으로 켜지는 순교를 당한 믿음의 사람들과 동일한 부류다. 그렇다면 하늘에 더 나은 재산이 있음을 알고 자기 재산을 빼앗기는 것조차 기쁘게 여기는 사람들이 과연 나중에 하나님의 아들을 짓밟고 언약의 피를 부정할 수 있겠는가?

| 히브리서 10장 11장 키아즘 구조에 의한 장 절 재구성 |
|---|
| 기존 장 절 |

**10장**
28 모세의 법을 폐한 자도 두세 증인으로 말미암아 불쌍히 여김을 받지 못하고 죽었거든

29 하물며 하나님의 아들을 짓밟고 자기를 거룩하게 한 언약의 피를 부정한 것으로 여기고 은혜의 성령을 욕되게 하는 자가 당연히 받을 형벌은 얼마나 더 무겁겠느냐 너희는 생각하라

30 원수 갚는 것이 내게 있으니 내가 갚으리라 하시고 또 다시 주께서 그의 백성을 심판하리라 말씀하신 것을 우리가 아노니

31 살아 계신 하나님의 손에 빠져 들어가는 것이 무서울진저

32 전날에 너희가 빛을 받은 후에 고난의 큰 싸움을 견디어 낸 것을 생각하라

33 혹은 비방과 환난으로써 사람에게 구경거리가 되고 혹은 이런 형편에 있는 자들과 사귀는 자가 되었으니

34 너희가 갇힌 자를 동정하고 너희 소유를 빼앗기는 것도 기쁘게 당한 것은 더 낫고 영구한 소유가 있는 줄 앎이라

35 그러므로 너희 담대함을 버리지 말라 이것이 큰 상을 얻게 하느니라

36 너희에게 인내가 필요함은 너희가 하나님의 뜻을 행한 후에 약속하신 것을 받기 위함이라

37 잠시 잠깐 후면 오실 이가 오시리니 지체하지 아니하시리라

38 나의 의인은 믿음으로 말미암아 살리라 또한 뒤로 물러가면 내 마음이 그를 기뻐하지 아니하리라 하셨느니라

39 우리는 뒤로 물러가 멸망할 자가 아니요 오직 영혼을 구원함에 이르는 믿음을 가진 자니라

**11장**
1 믿음은 바라는 것들의 실상이요 보이지 않는 것들의 증거니

2 선진들이 이로써 증거를 얻었느니

10장 28-31절과 32-39절은 각각 서로 다른 대상을 향한 말씀이며, 10장 32-39절은 11장 36-38절과 명확한 대칭을 이루는 순교자적 믿음의 고백이다. 히브리서 저자는 장과 절로 나누어 글을 쓴 것이 아닌데, 후대에 누군가가 키아즘 구조를 고려하지 않은 채 장, 절을 나누었던 것이다.

이 흐름을 반영하여 10장 31절까지를 하나의 단락으로 보고, 10장 32절부터 11장이 시작된다고 재배열해보면, 흔히 '믿음장'이라 불리

### 재구성 장 절

**10장**

28 모세의 법을 폐한 자도 두세 증인으로 말미암아 불쌍히 여김을 받지 못하고 죽었거든

29 하물며 하나님의 아들을 짓밟고 자기를 거룩하게 한 언약의 피를 부정한 것으로 여기고 은혜의 성령을 욕되게 하는 자가 당연히 받을 형벌은 얼마나 더 무겁겠느냐 너희는 생각하라

30 원수 갚는 것이 내게 있으니 내가 갚으리라 하시고 또 다시 주께서 그의 백성을 심판하리라 말씀하신 것을 우리가 아노니

31 살아 계신 하나님의 손에 빠져 들어가는 것이 무서운 것이니라 (원문은 마침표로 마무리가 잘 되어 있다)

**11장**

32 전날에 너희가 빛을 받은 후에 고난의 큰 싸움을 견디어 낸 것을 생각하라

33 혹은 비방과 환난으로써 사람에게 구경거리가 되고 혹은 이런 형편에 있는 자들과 사귀는 자가 되었으니

34 너희가 갇힌 자를 동정하고 너희 소유를 빼앗기는 것도 기쁘게 당한 것은 더 낫고 영구한 소유가 있는 줄 앎이라

35 그러므로 너희 담대함을 버리지 말라 이것이 큰 상을 얻게 하느니라

36 너희에게 인내가 필요함은 너희가 하나님의 뜻을 행한 후에 약속하신 것을 받기 위함이라

37 잠시 잠깐 후면 오실 이가 오시리니 지체하지 아니하시리라

38 나의 의인은 믿음으로 말미암아 살리라 또한 뒤로 물러가면 내 마음이 그를 기뻐하지 아니하리라 하셨느니라

39 우리는 뒤로 물러가 멸망할 자가 아니요 오직 영혼을 구원함에 이르는 믿음을 가진 자니라

1 믿음은 바라는 것들의 실상이요 보이지 않는 것들의 증거니

2 선진들이 이로써 증거를 얻었느니라

는 11장은 이미 10장 32절에서부터 시작되고 있음을 알게 된다. 그렇게 볼 때 11장은 시작과 끝이 대칭을 이루는 더욱 완성도 높은 믿음의 장이 된다.

히브리서 10장 28-31절에 묘사된 자들, 곧 하나님의 아들을 짓밟고 언약의 피를 부정하며 은혜의 성령을 욕되게 하는 자들은 가룟 유다와 같은 사람들로서 예수님을 왕으로 모셔들이는 회개도 없이 성령으로 거듭남을 경험하지 못한 자들이다. 예수님의 피를 부정한 것

으로 여긴다는 것은 예수님의 죽음을 거부하는 것이며, 이는 곧 예수님을 믿지 않는 상태다. 반면 10장 32-39절과 11장 전체에 등장하는 믿음의 선조들과 순교자들은 성령으로 거듭남을 직접적으로 경험하여 의의 말씀을 맛본 자들이며, 히브리서 저자와 동일한 믿음에 속한 자들이다.

히브리서 저자는 이 두 대상을 분명히 구분하면서, 예수님의 피를 부정하는 자들에게 예수님의 죽음에 연합되는 신앙으로 넘어오라고 회개를 촉구하고 있는 것이다. 나는 이 사실을 깨달은 이후, 히브리서 6장 4-6절을 근거로 "구원받은 자도 구원을 잃을 수 있다"고 가르치는 헌신된 사역자들에게 10장 28-31절로 질문을 던져보았다. "목사님께서 나중에 하나님의 아들을 짓밟게 되고, 목사님을 거룩하게 한 예수님의 피를 부정하게 여기며, 은혜의 성령을 욕되게 하실 수도 있습니까?" 그 질문에 그들은 모두 절대로 아니라고 대답했다.

그럼에도 불구하고 그들은 히브리서 6장 4-6절이나 마태복음 7장 16-23절을 근거로 성령으로 거듭난 자도 구원을 잃을 수 있다고 해석하는 모순을 가지고 있었다. 그들에게 히브리서를 전체 맥락과 키아즘 구조 안에서 설명해주었을 때, 그들은 즉시 관점을 수정했다. 이제 이러한 시각으로 히브리서 전체를 히브리적 사고로 다시 검토해본다면, 성령으로 거듭남을 경험한 자들에게 하나님의 구원의 영속성을 확정적으로 선포하는 히브리서를 새롭게 만나게 될 것이다.

## 히브리서 6장 4-6절에서 말한 타락의 본질

한 번 빛을 받고 하늘의 은사를 맛보고 성령에 참여한 바 되고 하나님의
선한 말씀과 내세의 능력을 맛보고도 타락한 자들은 다시 새롭게 하여
회개하게 할 수 없나니 이는 그들이 하나님의 아들을 다시 십자가에 못
박아 드러내 놓고 욕되게 함이라 히 6:4-6

히브리서 6장 4-6절은 "구원을 받은 자가 다시 타락하여 구원을
잃을 수 있다"는 주장을 펼치는 이들이 가장 강력하게 인용하는 본문
이다. 이 구절을 구원받은 자의 최종적 타락으로 해석하는 견해도 있
으나, 본문을 히브리서 전체의 맥락 안에서 살펴보면, 이는 애초부터
참된 믿음에 이르지 않았던 자들, 곧 제자로 예수님을 따르기는 했으
나 끝내 믿지 않았던 가룟 유다와 같은 유형의 사람들을 가리키는 것
으로 보는 것이 더 타당하다.

보통 이 본문은 구원론의 틀 안에서 해석되는 경우가 많다. 그리
나 잠시 구원론이라는 교리적 렌즈를 내려놓고, 히브리서 기자가 어
떤 흐름과 의도로 이 말씀을 기록했는지를 성경 자체의 맥락 안에서
따라가볼 필요가 있다. 여기서 말하는 것은 교리를 무시하자는 뜻이
아니다. 교리적 해석과 성경신학적 해석은 서로 대립되는 개념이 아니
다. 교리적 해석은 성경 전체에서 도출된 진리를 체계화하여 모든 본
문을 조명하는 방식이며, 이런 건전한 교리들은 수백 년 동안 교회를
지켜온 중요한 방어막이었다.

그러나 모든 본문을 오직 교리의 틀로만 해석할 경우, 성경 저자가

본문에서 말하고자 한 원래의 의도인 하나님의 뜻을 놓칠 위험도 있다. 반면에 성경신학적 해석은 성경 본문 자체가 무엇을 말하는지를, 원어와 문맥, 구조를 통해 저자의 의도에 최대한 가까이 다가가려는 시도이다.

이런 관점에서 볼 때, 히브리서 6장 4-6절에 등장하는 다섯 가지 묘사는 구원론적 해석으로 '구원을 소유한 자의 상태'를 설명하는 것이 아니라, 히브리서 전체의 맥락적이며 유기적인 흐름과 가룟 유다의 삶을 함께 놓고 볼 때, 오히려 '끝내 믿지 않은 자들'의 실상을 드러내는 표현임이 분명해진다. 이를 이해하기 위해 앞서 가룟 유다와 베드로의 삶을 대비하여 살펴본 것이다.

히브리서 6장 4-6절의 모습은 가룟 유다의 상태와 정확히 맞닿아 있다. 그는 빛 되신 예수님을 직접 따라다녔기에 '한 번 빛을 받은 자'였고, 병을 고치고 귀신을 쫓아내는 사역에 참여함으로써 '하늘의 은사를 맛본 자'였다. 또한 성령의 역사 속에서 사역에 동참했기에 '성령에 참여한 바 된 자'였다. 여기서 "성령에 참여했다"는 표현을 회개와 성령 침례를 통해 거듭난 구원의 상태로 이해해서는 안 된다. 이는 구원에 이르게 하는 성령 침례를 경험했다는 의미가 아니라, 성령께서 역사하시는 현상과 사역에 참여했다는 뜻이다. 병 고침과 귀신 쫓아냄은 성령의 역사이지만, 그것이 곧바로 구원에 이르는 내적 변화와 동일한 것은 아니다.

예수께서 가룟 유다에게 이러한 권능의 경험을 허락하신 목적은, 그를 회개와 믿음으로 이끌어 영생에 이르게 하시려는 데 있었다. 그러나 유다는 성령의 역사를 경험하고도, 그 경험이 가리키는 방향, 곧 예수님이 하나님이시며 구원자이심을 믿고 성령 침례로 나아가라는 부르심을 거부했다. 그는 예수님의 가르침을 통해 하나님의 선한 말씀을 들었고, 내세의 능력을 맛보았다. 내세의 능력이란 앞으로 임할 영원하고 초월적인 세대의 능력으로, 이는 성령의 역사를 통해 미리 맛보게 되는 것이다. 그러므로 "하늘의 은사를 맛보았다", "성령에 참여했다", "내세의 능력을 맛보았다"는 표현들은 서로 분리된 단계가 아니라, 동일한 경험을 서로 다른 각도에서 설명하는 표현들이다.

예수님은 이 모든 과정을 통해 유다가 회개하고 믿음에 이르기를 원하셨다. 그러나 그는 끝내 회개하지 않았고, 믿지 않았다. 이에 대해 요한복음은 분명히 "그러나 너희 중에 믿지 아니하는 자들이 있느니라 하시니 이는 예수께서 믿지 아니하는 자들이 누구며 자기를 팔자가 누구인지 처음부터 아심이러라"(요 6:64)라고 증언한다.

히브리서 6장 4-6절은 이 본문 하나만 떼어내어 이해할 수 없다. 히브리서 기자는 2장부터 6장에 이르기까지, 장, 절 구분 없이 하나의 유기적인 흐름 속에서 동일한 주제를 점층적으로 전개하고 있다. 그는 이미 2장에서부터 '구원을 등한히 여기는 자들'의 존재를 언급한다.

> 그러므로 우리는 들은 것에 더욱 유념함으로 우리가 흘러 떠내려가지 않도록 함이 마땅하니라… 우리가 이같이 큰 구원을 등한히 여기면 어찌 그 보응을 피하리요… 히 2:1,3

히브리서 기자는 이어지는 3장에서 '타락'의 본질을 규정한다. 여기서 타락은 '한때 믿었다가 나중에 믿음을 잃은 상태'가 아니라, 애초에 믿지 않는 상태 자체가 하나님에게서 떨어진 상태, 곧 타락임을 분명히 한다.

> 형제들아 너희는 삼가 혹 너희 중에 누가 믿지 아니하는 악한 마음을 품고 살아 계신 하나님에게서 떨어질까 조심할 것이요 히 3:12

많은 이들이 타락을 '믿음에서 이탈한 사건'으로만 이해한다. 그러나 히브리서 기자는 "믿지 아니하는 악한 마음을 품고 살아 계신 하나님에게서 떨어질까 조심할 것이요"라고 하며 믿지 않는 상태 그 자체가 본질적으로 하나님에게서 떨어진 상태임을 말한다. 이어서 그는 출애굽한 이스라엘 백성들의 광야생활을 예로 들어 이를 구체적으로 설명한다. 그들은 하나님의 구원의 역사 한가운데에 있었고, 수많은 기적을 경험했다. 그러나 그 모든 사건들은 궁극적으로 장차 오실 하나님의 어린 양, 곧 예수 그리스도를 가리키는 예표들이었다. 유월절 어린 양의 피, 홍해 건넘(고전 10:2, 침례), 반석에서 난 물(고전 10:4, 그 반석은 그리스도), 하늘에서 내린 만나(고전 10:3), 놋뱀 사건은 모두 십자가에 달리실 그리스도(요 3:14-15)를 선포하는 계시였다.

모세는 그 사건들 속에 계시된 그리스도를 전했을 것이며(요 5:46-47), 이스라엘 백성들에게 수치를 당했던 것이다. "모세가 그리스도를 위하여 받는 수모를 애굽의 모든 보화보다 더 큰 재물로 여겼으니"(히 11:26). 그러나 이스라엘 백성들은 기적을 통해 문제 해결의 혜택은 누렸지만, 그 기적 속에 계시된 그리스도 앞에서는 회개하지 않았다. 그들은 믿지 않았고, 반복적으로 원망과 불평으로 하나님을 시험했다. 결국 그들은 광야에서 멸망을 경험했고, 최종적인 안식에 들어가지 못했다. 그 이유는 순종하지 않았기 때문이며, 히브리서 기자는 그 순종하지 않음의 근본 원인을 '믿지 않음'으로 규정한다.

이로 보건대 그들이 믿지 아니하므로 능히 들어가지 못한 것이라 히 3:19

이 흐름은 4장에서도 그대로 이어진다. 그들은 복음을 들었으나, 그 말씀이 믿음과 결부되지 않았기에 아무 유익이 되지 못했다. "들은바 그 말씀이 그들에게 유익하지 못한 것은 듣는 자가 믿음과 결부시키지 아니함이라"(히 4:2). 그리고 5장에서 히브리서 기자는 이러한 자들을 하나님의 말씀의 초보조차 제대로 경험하지 못한 자들, 여전히 젖만 먹는 자들로 묘사한다. "이는 젖을 먹는 자마다 어린 아이니 의의 말씀을 경험하지 못한 자요"(히 5:13).

이러한 흐름 속에서 6장에 이르면, 그들은 여전히 그리스도의 도의 초보를 반복해서 다시 닦는 자들로 등장한다. "그러므로 우리가 그리스도의 도의 초보를 버리고… 교훈의 터를 다시 닦지 말고 완전한 데로 나아갈지니라"(히 6:1-2). 진리를 참으로 만난 자는 그 진리에 대해 확신하며 흔들리지 않는다. 그러나 계속해서 기초를 다시 세운다는 것은, 진리를 참되게 알지도 경험하지도 못했음을 드러낸다.

바로 이러한 맥락 안에서 히브리서 6장 4-6절이 등장하는 것이다. 따라서 이 본문은 성령으로 거듭나 의의 말씀을 경험한 자가 타락하는 이야기가 아니다. 이는 가룟 유다와 같았던 자들, 그리고 수많은 기적들을 경험하고 그 기적들 속에 선포된 앞으로 오실 그리스도에 대한 선포를 듣고도 회개하지 않고 광야에서 엎드러져 죽은 이스라엘 백성들과 같은 유형의 사람들에 대한 묘사이다. 그들은 많은 기적을 경험했고 복음을 들었으나, 구원을 등한히 여기고 회개하지 않았으며 믿지 않았다. 그 결과 하나님에게서 떨어진 상태, 곧 타락의 자리에 머물렀고, 안식에 들어가지 못했다.

"다시 새롭게 하여 회개할 수 없나니"라는 표현은, 한 번 회개한 자가 다시는 회개할 수 없다는 뜻이 아니다. 하나님께서는 복음을 끊임없이 선포하시며, 수없이 회개하고 믿을 기회를 주시지만, 복음을 반복적으로 거절하고, 때가 지나 구원의 문이 닫히면 더 이상 회개할 기회가 없는 상태에 이르게 된다. 이는 예수님의 말씀과도 정확히 연결된다. "죄에 대하여라 함은 그들이 나를 믿지 아니함이요"(요 16:9). 히브리서 기자는 12장에서 에서의 사례를 통해 이를 더욱 분명히 설명한다. 에서는 장자의 명분, 곧 제사의 권한을 하찮게 여기고 팔아버렸다. 제사 속에는 늘 메시아에 대한 계시와 회개의 기회가 담겨 있었으나, 그는 그것을 무시했다. 결국 그는 눈물을 흘리며 구했으나 이미 스스로 회개의 기회를 버린 자가 되었다. "…회개할 기회를 얻지 못하였느니라"(히 12:17).

이 모습은 가인에게서도 동일하게 나타난다. 가인은 가죽옷을 통해 자신의 죄를 덮으시는 그리스도의 은혜를 입었음에도, 이를 믿지 않고 인본적인 제사를 드림으로써 회개의 길을 거부했다. 그리고 가룟 유다는 이 모든 본을 따라갔다. 그는 예수님 곁에서 빛을 받았고, 은사를 맛보았고, 성령의 역사에 참여했으며, 하나님의 선한 말씀과 내세의 능력을 맛보았다. 그러나 그는 모든 회개와 믿음의 기회를 스스로 거절했고, 마침내 모든 이의 장자이신 예수 그리스도를 죽음에 넘겼다. 히브리서 기자는 이것이 바로 "다시 새롭게 하여 회개할 수 없는" 상태임을 말하고 있는 것이다.

## 구원의 섭리를 보고 들었어도 믿지 않은 이스라엘

히브리서 3장 12절에 등장하는 "믿지 않는 악심을 품고 하나님에게서 떨어진 이스라엘"을 이해할 수 있는 중요한 열쇠는 히브리서 11장 26절에 있다. "그리스도를 위하여 받는 수모를 애굽의 모든 보화보다 더 큰 재물로 여겼으니 이는 상 주심을 바라봄이라"(히 11:26). 모세는 애굽의 바로에게서 받는 수모에 대해서는 하나님께서 애굽에 내리신 재앙들을 통해 오히려 통쾌하게 이겨낼 수 있었다.

그러나 그가 더 깊고 지속적인 수모를 당했던 대상은, 하나님의 구원의 섭리 한가운데 있으면서도 회개하지 않고 믿지 않았던 이스라엘 백성들이었다. 예수님이 모세가 그리스도에 대하여 기록했다고 말씀하신 표현을 통해 우리는 모세가 장차 오실 그리스도를 바라보고 전파하는 신앙으로 인해, 바로 그 그리스도 때문에 수모를 당했음을 분명히 알 수 있다. "너희가 성경에서 영생을 얻는 줄 생각하고 성경을 연구하거니와 이 성경이 곧 내게 대하여 증언하는 것이니라… 모세를 믿었더라면 또 나를 믿었으리니 이는 그가 내게 대하여 기록하였음이라"(요 5:39,46).

모세는 하나님께서 어린 양의 피와 살로 이스라엘을 애굽에서 건지신 사건이, 아담의 죄의 수치를 덮으신 가죽옷 속의 어린 양이 여자의 후손 메시아, 곧 그리스도로 오실 것을 예표하신 것임을 선포했다. 그러나 그 선포를 들은 이스라엘 백성들은 구원의 상징인 출애굽을 실제로 경험하면서도, 어린 양을 통해 메시아를 전하는 모세에게 오히려 수모를 안겨주었다. 홍해에 들어갔다가 나오는 사건은 출애굽을 가능케 한 어린 양 속의 메시아와 함께 죽고 부활에 연합하는 침례를 가리키는 것이었고(고전 10:2), 반석이 쪼개져 물이 흘러나온 기적은 그리스도께서 자기 몸을 깨뜨리시고 생수의 강이신 성령을 부으실 것을 예표한 것이며(고전 10:4), 하늘에서 내려온 만나는 말씀이 육신이 되어 생명의 떡으로 오셔서 죽으실 그리스도를 증언하는 것이었다(고전 10:3). 또한 불뱀에 물려 죽어가던 자들이 나무에 달린 놋뱀을 바라보고 살아난 사건은, 메시아께서 나무에 달려 죽으실 것을 바라보고 돌이켜 회개하는 자가 죄 사함을 얻게 될 것을 선포하는 것이었다(요 3:14-15).

모세는 이스라엘이 겪는 모든 문제를 해결하시는 하나님의 방편 속에, 세상 죄를 지고 죽으실 어린 양 메시아에 대한 하나님의 메시지가 담겨 있음을 반복하여 선포했다. 그러나 이스라엘 백성들은 당장의 문제가 해결되는 것에는 기뻐했지만, 그 문제 해결의 핵심이신 메시아를 전하는 말씀은 거부했고, 그 말씀을 전하는 모세에게 수모를 주었다. 이것은 하나님의 구속사적 섭리 안에서, 선택받은 이스라엘에게조차 메시아가 부딪히는 돌이 되었음을 보여준다.

"기록된 바 하나님이 오늘까지 그들에게 혼미한 심령과 보지 못할 눈과 듣지 못할 귀를 주셨다 함과 같으니라"(롬 11:8). "우리는 십자가에 못 박힌 그리스도를 전하니 유대인에게는 거리끼는 것이요"(고전

1:23). "의의 법을 따라간 이스라엘은 율법에 이르지 못하였으니 어찌 그러하냐 이는 그들이 믿음을 의지하지 않고 행위를 의지함이라 부딪칠 돌에 부딪쳤느니라"(롬 9:31-32).

기적에는 감사하다가도 다시 문제가 생기면 불평으로 돌아간 이스라엘의 모습은, 그들이 그 문제 해결 속에 담긴 구원자 메시아에 대한 믿음을 소유하지 않았음을 드러낸다. 만일 그들이 모세와 같이 그리스도를 향한 믿음을 소유했다면, 문제 앞에서 불평이 아니라 하나님을 바라보는 태도가 나타났을 것이다.

그래서 히브리서 기자는 3장에서 그들이 하나님의 구원 안에 있었음에도 불구하고 믿지 아니함으로 하나님에게서 떨어졌다고 말하며, 순종하지 못해 안식에 들어가지 못한 이유가 바로 믿지 않았기 때문임을 분명히 밝힌다(히 3:18-19). 믿음은 구약과 신약을 막론하고 동일하게 오직 그리스도에 대한 말씀으로부터 난다. "그러나 그들이 다 복음을 순종하지 아니하였도다… 그러므로 믿음은 들음에서 나며 들음은 그리스도의 말씀으로 말미암았느니라… 그러나 내가 말하노니 이스라엘이 알지 못하였느냐 먼저 모세가 이르되 내가 백성 아닌 자로써 너희를 시기하게 하며 미련한 백성으로써 너희를 노엽게 하리라 하였고"(롬 10:16-19).


## 영원한 속죄와 기업인 하늘을 강조하는 히브리서

히브리서 저자는 그리스도께서 자신의 몸으로 단번에 영원한 제사를 드리심으로 거룩하게 된 자들을 영원히 온전하게 하셨다는 사실을 분명히 못 박는다. "오직 그리스도는 죄를 위하여 한 영원한 제사를 드리시고 하나님 우편에 앉으사 그 후에 자기 원수들을 자기 발등상이 되게 하실 때까지 기다리시나니 그가 거룩하게 된 자들을 한 번의 제사로 영원히 온전하게 하셨느니라"(히 10:12-14). 히브리서가 말하는 구원은 반복되거나 갱신되어야 할 무엇이 아니라, 단번에 완성된 영원한 구원이다.

이 구원은 처음에 주께서 친히 말씀하신 바요, 그 말씀을 들은 자들이 확증한 바이며, 성령께서 표적과 기사와 여러 능력으로 함께 증언하신 구원이다. "이 구원은 처음에 주로 말씀하신 바요 들은 자들이 우리에게 확증한 바니 하나님도 표적들과 기사들과 여러 가지 능력과 및 자기의 뜻을 따라 성령이 나누어 주신 것으로써 그들과 함께 증언하셨느니라"(히 2:3-4). 복음을 듣고 회개하여 믿고 거듭나 성령 침례를 직접적으로 경험한 자들은, 단지 교리로서가 아니라 삶의 현장에서 이 구원을 증언하는 자들이다.

예수께서는 하나님의 아들이시면서도 고난을 통해 순종을 배우시고 온전하게 되셨다. 그리고 자기에게 순종하는 모든 자에게 영원한 구원의 근원이 되셨다. "그가 아들이시면서도 받으신 고난으로 순종함을 배워서 온전하게 되셨은즉 자기에게 순종하는 모든 자에게 영원한 구원의 근원이 되시고"(히 5:8-9). 그러므로 하나님께서 구원하시기로 작정하신 자에게 한 번 주어진 구원은 영원한 구원이다. 바울이 말한 것처럼 하나님의 은사와 부르심에는 후회하심이 없다(롬 11:29). 히브리서 9장 12-15절은 히브리서 5장 8-9절의 이 진리를 더욱 심화시켜 선포한다. "염소와 송아지의 피로 하지 아니하고 오직 자기의 피로 영원한 속죄를 이루사 단번에 지성소에 들어가셨느니라… 이로 말미암아 그는 새 언약의 중보자시니 … 부르심을 입은 자로 하여금 영원한 기업의 약속을 얻게 하심이라"(히 9:12-15).

그리스도께서는 자기 피로 영원한 속죄를 이루시고 단번에 지성소에 들어가셨으며, 새 언약의 중보자로서 부르심을 입은 자들로 하여금 영원한 기업의 약속을 얻게 하셨다. 이 구원의 실체를 설명하는 말씀이 바로 히브리서 6장 17-20절이다. 하나님께서는 약속을 기업으로 받는 자들에게 그 뜻이 변하지 않음을 충분히 나타내시기 위해 맹세로 보증하셨고, 거짓말을 하실 수 없는 이 두 가지 변하지 않는 사실로 말미암아 앞에 있는 소망을 얻으려 피난처로 들어온 자들에게 큰 안위를 주셨다. 그 소망은 영혼의 닻과 같아서 튼튼하고 견고하며, 휘장 안 지성소에까지 들어가게 한다. 그리로 앞서 가신 예수께서 멜기세덱의 반차를 따라 영원한 대제사장이 되어 우리를 위하여 들어가셨기 때문이다(히 6:17-20).

이 소망을 소유한 자들의 구원의 확신은 영혼의 닻과 같다. 여기서 영혼은 헬라어 '프쉬케'로, 혼으로 번역하는 것이 더 정확하다. 이는 혼의 차원에까지 닻이 만물 위 보좌에 올려진 정도의 구원의 확신이다. 자기중심적 신앙을 버리고 왕권을 주께 드리는 회개를 한 자는 그리스도와 함께 죽었고(갈 2:20), 그리스도와 함께 살았으며, 이미 하늘에 함께 앉혀졌다(엡 2:5-6). 영은 만물 위 하늘에 속해 있고, 몸은 장차 썩지 않을 몸으로 완성될 것이며(빌 3:20-21), 혼은 성령을 따라 자기를 부인하며 순종하는 과정 속에서 구원의 완성을 향해 나아간다(빌 2:12). 히브리서 저자는 이 모든 과정을 '영원한 속죄 안에 거하는 삶'으로 설명한다.

히브리서 8장은 새 언약의 본질을 분명히 밝힌다. 돌에 새겨진 옛 언약은 인간의 완고함으로 인해 실패하였고, 하나님께서는 마음에 새겨지는 새 언약을 예비하셨다. 이 새 언약은 성령이시다(렘 31:31-33). 성령으로 거듭난 자, 곧 그리스도와 함께 죽고 부활하여 아버지 안에 들어간 자만이 참된 하나님의 백성이 된다. 그러므로 회개하여 성령으로 거듭남을 경험한 자는 결코 구원을 잃어버릴 수 없다.

히브리서 11장에서 저자는 구약의 믿음의 선진들 또한 동일한 하늘의 기업을 바라보았다고 증언한다. 아브라함과 모세를 비롯한 모든 선진들은 더 나은 본향, 곧 하늘을 사모하였다. 그들은 땅의 고향으로 돌아갈 기회가 있었으나 그렇게 하지 않았고, 하나님께서 경영하시고 지으실 터가 있는 한 도시 하늘의 예루살렘을 바라보았다(히 11:15-16, 12:22). 그들도 앞으로 오실 메시아에 대한 믿음으로 메시아와 연합하여 죽고 부활하였으며, 하늘 본향에 속한 자로 살았다. 예수님이 "하나님은 산 자의 하나님이시다"(막 12:26-27)라고 말씀하신 이유가 여기에 있다.

히브리서 저자는 신약 이후 성령으로 거듭난 자들만이 아니라, 구약의 믿음의 선진들 또한 그리스도와의 연합 안에서 하늘의 예루살렘에 이르렀다고 말한다. "그러나 너희가 이른 곳은 시온 산과 살아 계신 하나님의 도성인 하늘의 예루살렘이라"(히 12:22). 보이는 유한한 세계 속에서 살면서도 그리스도와 함께 죽고 부활하여 만물 위 하늘에 들어간 것을 믿고 사는 자는, 영원한 속죄를 받아 영원한 기업을 상속받은 자로서 결코 구원을 잃지 않는다.

## '완전함으로 나아가라'의 의미

히브리서 저자가 6장 4-6절에서 하나님의 은총을 경험하고도 믿지 않았던 가룟 유다와 같은 자들을 언급하는 맥락은, 바로 앞에 제시된 "그리스도에 대한 말씀의 초보를 버리고 완전한 데로 나아가라"는 유기적 흐름 안에 있다. 이는 참된 회개와 거듭남에 이르지 못한 채, 예수님을 믿는 것처럼 보이나 실상은 하나님께서 주신 믿음이 아닌 자기 신념으로 예수를 대하는 자들에게 완전한 데로 나아가도록 회개를 촉구하는 말씀이다.

완전한 곳은 완전하신 하나님 안이며, 하나님 안에 들어가기 위해서는 반드시 성령으로 거듭나야 한다. 성령으로 거듭나기 위해서는 자기가 주인 되었던 삶을 청산하고 왕권을 예수께 드리는 회개가 필수적이다. 따라서 회개를 통과하게 된다면 성령으로 거듭남, 곧 성령 침례를 통해 그리스도와 함께 죽고 부활하여, 그리스도와 함께 하늘에 계신 아버지 안에 잠기는 진리를 누리게 된다는 것을 말하고 있다 (요 17:21).

히브리서에서 만물 위에 계신 하나님의 영원한 생명 안으로 이미 들어간 자의 상태를 가장 분명하게 묘사하는 구절이 바로 4장 14-16절이다. "그러므로 우리에게 큰 대제사장이 계시니 승천하신 이 곧 하나님의 아들 예수시라 우리가 믿는 도리를 굳게 잡을지어다… 그러므로 우리는 긍휼하심을 받고 때를 따라 돕는 은혜를 얻기 위하여 은혜의 보좌 앞에 담대히 나아갈 것이니라"(히 4:14-16).

히브리서 저자가 단순히 죽으시고 부활하신 예수님을 믿는 도리를 붙들라고 하지 않고, 승천하신 예수님을 향한 믿음을 굳게 잡으라고 말한 점은 매우 결정적이다. 회개로 거듭난 자, 곧 그리스도와 함께 죽고 새 영으로 살아난 자는 죽음과 부활에 연합되었을 뿐 아니라, 그 산 영이 그리스도와 함께 하늘에 앉혀진 존재다. 그는 그리스도와 함께 하늘에 계신 영원하신 아버지, 곧 성령 안에 들어간 자다. 이것을 알게 하시는 분이 성령님이시며, 그것을 알게 되는 사건이 바로 성령 침례다(요 14:20).

그러므로 "그리스도에 대한 초보를 버리고 완전한 데로 나아가라"는 표현 속에는, 만물 위에 계신 영원하신 하나님의 생명 안으로 들어가기 위해서 삶의 주권을 온전히 내려놓는 회개로의 부르심이 포함되어 있는 것이다.

히브리서 저자는 줄곧 "우리는 뒤로 물러가 멸망할 자가 아니요 … 믿음을 가진 자"(히 10:39)라고 하여 멸망당할 자기 확신에 있는 자와 참 신자를 구분하며, 경고의 대상과 권면의 대상을 명확히 나눈다. 만일 히브리서 6장의 경고가 참된 성령으로 거듭난 자의 구원 상실을 의미한다면, 이어지는 4장 후반부, 6장 후반부, 그리고 10장 후반부와 11장, 12장에서 반복적으로 선언되는 담대함, 확신, 은혜의 보좌 앞으로 나아감, 그리고 영원한 속죄의 완결성은 심각한 신학적 모순에 빠질 수밖에 없다.

따라서 히브리서의 경고는 성령 침례를 경험한 자도 불안정하다는 것을 말하는 것이 아니라, 그리스도에 대한 초보에 머문 채 끝내 회개와 거듭남에 이르지 않는 자들의 실재를 드러내는 것이라고 보아야 한다. 결국 히브리서 저자의 권면은 이미 하늘에 속한 자들에게 구원을 잃지 않기 위해 애쓰라는 요청이 아니라, 참으로 그리스도 안에 들어와 있는지를 스스로 점검하고, 초보에 머무르지 말고 완전하신 하나님 안으로 들어오라는 회개로의 엄중한 초청이다.


## 구원의 영속성, 완전한 처소 보좌에 이르는 말씀 큐브의 삶

"나를 믿는 자는 내가 하는 일을 그도 할 것이요"(요 14:12). 예수님은 자신을 참으로 믿는 자는 자신이 하신 일을 동일하게 행하게 될 것이라 말씀하셨다. 그러므로 하나님께서 "한 번 구원은 영원한 구원"이라고 선언하셨다면, 믿는 자는 동일하게 그 문장을 선언할 수 있다. 문제는 누가 그 문장을 말할 수 있는가이다. 성경은 그 질문을 매우 엄중하게 다룬다.

가룟 유다는 예수님에 대한 지식을 가지고 있었고, 귀신을 쫓았으며 병자를 고쳤고, 심지어 예수님을 전하는 사역에도 참여했다(막 3:13-15, 6:7-13). 그러나 그는 끝내 회개하지 않았고, 예수님을 믿지 않았나(요 6:63, 13:24-27). 그는 예수님 곁에 있었으되 예수님 안에 있지 않았고, 사역에는 참여했으되 존재적으로 연합되지 않았다. 그러한 자가 "한 번 구원은 영원한 구원이다"라는 문장을 써서는 안 된다. 그러므로 어떤 자가 "한 번 구원은 영원한 구원이다"라고 선언하면서도 방종하게 살아간다면, 그것은 구원의 영속성을 누리는 삶이 아니라 여전히 삶의 주권이 자신에게 머물러 있는 상태를 드러내는 것이다. 그런 자는 주권을 이양하는 회개를 통과하지 못한 채 주님과 존재적으로 연합되지 않은 자로서, 스스로를 구원받았다고 여기는 자일 뿐이다. 주님은 그를 반드시 "나는 너를 모른다!"라고 할 것이다

(마 7:22-23).

성경이 말하는 믿음은 예수님에 대한 지식이나 외적 사역으로 증명되는 것이 아니다. 참된 믿음은 삶의 주권을 자신에게서 완전히 내려놓고, 십자가에 못 박혀 죽으시고 부활하셔서 만물 위 보좌에 다시 좌정하신 예수께 온전히 이양하는 회개를 통과한 자에게 주어지는 선물이다. 그러한 자를 위하여 예수께서 만물 위 보좌에 계신 아버지께 요청하시며, 그 아버지께서 부어주시는 믿음, 그것이 성경이 증언하는 참믿음이다.

진정한 회개란 자신의 삶의 주권을 주께 전적으로 내어놓는 사건이며, 그러한 회개가 있는 자에게만 성령의 침례가 임하고 참믿음이 부어지게 된다. 성령 침례는 단순한 체험이 아니라 존재의 차원이 바뀌는 사건이며, 그때 비로소 주님과의 존재적 연합이 이루어진다. 예수께서 성령 침례가 임하는 날 그것을 알게 된다고 하셨던 선언-"그날에는 내가 아버지 안에 너희가 내 안에 내가 너희 안에 있음을 알게 되리라"(요 14:16-20)-을 다시 상기하자.

이렇게 주님과 하나 된 자들은 주님 안에 있으므로 담대히 "한 번 구원은 영원한 구원이다"라고 선언할 수 있다. 그렇다면 그러한 자가 방종할 수 있는가? 결코 그렇지 않다. 그는 죽음과 부활과 승천하셔서 보좌에 앉으신 주님과 함께 보좌에 계신 아버지 안에 연합되어 있음을 알므로(갈 2:20 ; 엡 2:5-6 ; 요 14:20, 17:21) 하늘 시민권자로서(빌 3:20-21), 늘 거룩하시고 전능하신 하나님 앞에서 두렵고 떨림으로 매 순간 성령님을 의지하며 자신의 구원을 이루어 간다(빌 2:12-13). 그러한 자가 "한 번 구원은 영원하다!"라고 선언하는 것은 자신의 어떠함 때문이 아니다. 오직 긍휼과 은총을 베푸신 하나님과 연합되었음을 확신하는 고백이며, 이 고백 안에서 그 성도는 구원의 안정권 안에서 삶을 살아가게 된다.

하나님은 약속을 기업으로 받는 자들에게 그 뜻이 변하지 아니함을 충분히 나타내시려고 그 일을 맹세로 보증하셨나니 이는 하나님이 거짓말을 하실 수 없는 이 두 가지 변하지 못할 사실로 말미암아 앞에 있는 소망을 얻으려고 피난처를 찾은 우리에게 큰 안위를 받게 하려 하심이라 우리가 이 소망을 가지고 있는 것은 영혼의 닻 같아서 튼튼하고 견고하여 휘장 안에 들어 가나니 그리로 앞서 가신 예수께서 멜기세덱의 반차를 따라 영원히 대제사장이 되어 우리를 위하여 들어 가셨느니라 히 6:17-20

그러므로 우리에게 있어서 가장 중요한 것은 형식적인 신앙이 아니라, 삶의 주권을 주님께 드리는 진정한 회개를 통한 성령 침례의 경험이다.

히브리서 기자가 말한 "완전한 데로 나아가라"는 권면(히 6:2)은 바로 이 지점과 맞닿아 있다. 요한복음 14장 16-20절에 따르면, 성령이 임하는 날 - 곧 성령 침례가 경험되는 날 - 회개가 통과된 자는 예수님 안에 있어서 예수님과 함께 만물 위 보좌에 계신 아버지 안에 있음을 알게 된다. 온전히 주권을 주님께 이양한 자는 주님과 함께 죽은 자이며(갈 2:20), 주님과 함께 살아난 자이고(엡 2:5), 주님과 함께 만물 위 보좌, 곧 완전한 곳에 계신 아버지 안으로 들어간 자라는 것이다 (엡 2:6 ; 골 3:3). 이것이 히브리서가 지향하는 완전함이다.

그래서 히브리서 기자는 예수님의 죽으심과 부활에만 초점을 맞추는 자들을 향하여 승천하신(승천하셔서 보좌에 앉으신) 예수님을 향한 믿음을 굳게 잡으라고 했던 것이다. 예수 그리스도의 승천하심과 보좌에 앉으신 사건은 그 이전 사건인 죽으심과 부활, 그리고 승천 이후의 사건인 성령 침례 사건을 이어주는 핵심적인 연결고리로서의 사건이기 때문이다.

그러므로 완전한 곳인 보좌에 계신 완전하신 삼위일체 하나님과 함께 연합되려면(요 17:21), 이러한 회개와 성령 침례를 경험하기 위한 차원에서 하나님께서 직접 제정하신 말씀 큐브에 잠긴 삶, 곧 쉐마 신앙이 요구된다. 기록된 말씀의 흐름을 따라 자신의 삶의 리듬 전체를 맡기는 쉐마 신앙 안에는, 나를 철저히 부인하고 성령님을 갈망하도록 이끄는 모든 원리가 담겨 있기 때문이다.

더 나아가 쉐마 신앙을 통해 회개가 이루어지고 성령 침례를 경험한 자 역시 동일하게 성령님을 따라 말씀 큐브에 잠긴 삶, 쉐마로 살아가야 한다. 그것이 동행의 본질이기 때문이며, 더 이상 방종에 빠지지 않고 겸손히 율법의 요구를 이루기 위하여 성령님을 따라 살아가기 위함이다(롬 8:4 ; 갈 5:16).

나는 성경 자체가 증언하는 구원의 질서, 곧 회개와 성령 침례를 통해 그리스도와 존재적으로 연합된 자가 어떻게 쉐마 신앙 안에서 살아가게 되었는지, 기록된 말씀의 흐름 안에서 살아가는 삶이 무엇인지 말하고자 했다.

## 이스라엘의 입에서 열방의 구원으로, 이제 우리의 입으로

우리는 지금 그 어느 시대보다도 말씀이 넘쳐나는 시대를 살고 있다. 인공지능은 성경을 요약하고, 해석하고, 정리하고, 심지어 설교문까지 만들어낸다. 유튜브는 이 세상 모든 사역자들의 설교 강의를 접하도록 해준다. 그러나 이 말씀의 풍요로움 속에서 역설적으로 사라지고 있는 것이 있다. 그것은 더해지거나 생략되지 않고 가공되지 않은 기록된 말씀 그 자체이며, 하나님의 입으로부터 나온 모든 말씀을 기록된 흐름에 따라 자기 삶의 리듬을 맡기며 입으로 선포하며 살아가는 쉐마 신앙이다.

성경을 기록하고 보존하고 전달하는 사명을 맡았던 민족은 이스라엘이었다. 하나님께서는 그들에게 말씀을 맡는 책임을 부여하셨다. 히브리 자음만으로 기록된 구약 성경을 세대에서 세대로 낱권별로 통째로 암송하며 지켜낸 일은 결코 인간적인 단순한 전통 보존의 결과가 아니었다. 그것은 하나님께서 그 민족에게 맡기신 언약적 사명이었다.

> 여호와께서 이르시되 내가 그들과 세운 나의 언약이 이러하니 곧 네 위에 있는 나의 영과 네 입에 둔 나의 말이 이제부터 영원하도록 네 입에서와 네 후손의 입에서와 네 후손의 후손의 입에서 떠나지 아니하리라 하시니라 여호와의 말씀이니라 사 59:21

더 아이러니한 것은, 그 구약 속에 이스라엘의 영광만이 아니라 그들의 실패와 심판, 흩어짐과 징계, 즉 마른 뼈의 운명(겔 37:11)에 대한 수백 구절들을 고스란히 담고 있다는 사실이다. 인간적인 관점에서 보자면 이스라엘에게 성경은 차라리 폐기하고 싶은 대상이었을 것이다. 그럼에도 이스라엘은 그 말씀을 버리지 않았다.

앗수르, 바벨론, 메대, 페르시아, 헬라, 로마에 의해 수없이 짓밟히고 죽임을 당해 마른 뼈가 되고, 포로로 잡혀가고, 그리고 히틀러에 의한 홀로코스트라는 인류사 최악의 어둠 속에서도 유대인들은 마지막 순간까지 죽어가면서도 열방의 구원까지 포함된 말씀을 기록된 대로 가감 없이 가공 없이 입으로 선포하며 절규했다.

그들이 메시아를 온전히 알았는가의 문제와는 별개로, 하나님께서는 그들의 입에서 나온 말씀을 헛되이 듣지 않으셨을 것이다. 그들의 선포는 결국 열방을 향한 구원의 통로가 되었고, 이방인인 우리에게까지 흘러왔다. 이방인인 우리는 그들이 직접 소리로 선포하며 간직 사수 보존한 말씀을 통해 메시아를 알게 되었으며 구원에 이르게 되었다.

그러므로 우리는 분명히 빚진 자들이다. 이 빚은 감정적 또는 물질적으로 갚을 수 있는 성질의 것이 아니다. 말씀으로 받은 빚은 오직 말씀으로만 갚을 수 있다. 이제 말씀을 전달받은 교회가 그 말씀을 다시 하나님께 돌려드려야 할 차례가 되었고, 언약의 백성들을 향하여 선포해야 될 때가 된 것이다.

기도의 본질은 주님의 뜻(약속)을 선포하는 것이므로, 앉고 길을 걷고(주) 눕고 일어설 때마다(야) 기록된 대로 입에서 떠나지 않게 소리로 선포하는 쉐마는 '선포와 기도'를 온전히 충족시킨다. 하나님은 하늘에서 독백하시는 분이 아니다. 자신의 말씀을 백성의 입에 두어

다시 하나님께 돌아오게 하심으로써 그 말씀을 성취하시는 분이시다. "너희 말이 내 귀에 들린 대로 내가 너희에게 행하리라"(민 14:28)는 성경의 선언은, 하나님의 말씀이 인간의 입을 통과할 때 역사 속에서 현실이 된다는 원리를 분명히 보여준다.

이제 질문은 하나로 귀결된다. 유대인들을 통해 말씀을 전달하게 하신 성령의 역사로 성경을 소유하게 되었고, 그 말씀으로 구원에 이르게 된 우리가 감당해야 할 질문은 이것이다. 그 말씀을 우리는 어떻게 하나님께 돌려드릴 것인가?

이 책에서 마지막으로 독자에게 요청하는 것은 복잡한 프로그램이나 새로운 운동이 아니다. 하나님께서 친히 제정하신 쉐마(신 6:4-9 ; 수 1:8)에 그대로, 사랑으로 복종하는 것이다. 말씀 큐브에 잠긴 삶, 쉐마는 말씀을 단순히 공부하고 분석하라는 명령이 아니라, 앉고 길을 걷고 눕고 일어설 때마다 말씀을 입으로 선포하며 새기라는 명령이다.

기록된 말씀을 낱권별로 통째로 품고, 그 말씀을 선포하며 기도로 다시 하나님께 돌려드리는 삶의 구조를 말한다. 이 구조 안에서 성령은 역사하시고, 인간의 삶은 하나님의 언약 성취에 참여하게 된다. 율법책에 기록된 대로, 앉았을 때뿐 아니라 길을 걸어갈 때에도, 누웠다가 일어날 때에도 낱권별로 말씀을 새기라고 하신 것은 곧 암송을 명하신 것이다. 즉, 앉아 있을 때에는 책을 보며 선포할 수 있지만, 길을 걸어가면서도 선포해야 한다면 암송하지 않을 수 없기 때문이다.

사실 동행의 비밀은 말씀이신 하나님과 함께 걷는 데 있으며, 그러므로 걸을 때에도 율법책에 기록된 대로 말씀이 입에서 떠나지 않게 하라는 하나님의 암송 명령은 동행의 본질을 분명히 가르쳐주신 것이다. 따라서 이 명령을 따라 어린아이와 같은 순수한 믿음으로, 기록된 대로 말씀을 낱권별로 통째로 암송하여 언제 어디서든지 암송으로 말씀을 선포함으로써 하나님께 다시 돌려드리는 것은 우리의 특권이며 기쁨의 의무다. 그리고 이것이 이스라엘을 향해 빚진 것을 갚는 길이며, 마지막 시대를 통과하는 교회에게 요청하시는 가장 단순하면서도 가장 본질적인 순종이다.

이 책은 여기서 끝난다. 그러나 말씀 큐브에 잠긴 삶은 나와 독자들에게 계속 흘러가 그들의 삶의 현장에서 새롭게 '지금', '여기서부터' 시작된다. 기록된 말씀이 가공 없이 가감 없이 다시 입으로 선포되어지는 만큼, 하나님께서는 남은 지구의 역사 속에서 그 언약을 언약의 백성들 모두에게 계속 이루실 것이다.

에필로그

# 앉고 길을 걷고 눕고 일어설 때마다
# 성령님과 동행하라

2026년 2월 13일, 6년 만에 방문한 나를 맞이한 규장 여진구 대표께서 호기심 많은 어린아이 같은 표정으로 "그럼 지 목사님, 오늘 저를 만나러 오시는 길에 낱권 통암송을 하면서 오셨을 텐데, 저를 만나기 직전에 암송한 구절은 무엇인가요?"라고 물으셨다.

대표님은 영적으로 매우 민감한 분이셨다. 내가 이 책의 내용을 브리핑하던 중, 한 챕터에 실린 여러 간증을 들으시다가 툭 던지신 질문이었다. 그 간증들은 쉐마에 온전히 순종하여, 기록된 성경의 흐름에 삶의 리듬을 맡기고 낱권별 통암송을 하는 가운데 누군가를 만나는 순간, 바로 그 순간에 암송하던 말씀이 그 만남의 대상에게 주시는 레마의 말씀이 되었던 경험들이었다. 하나님께서 그들에게 말씀을 전하도록 나를 사용하신 간증들이었기에, 대표님은 자신을 만나러 오는 상황에서 하나님께서 나를 통해 전달하시려는 말씀이 무엇인지 궁금하셨던 것이다.

나는 이렇게 대답했다.

"마가복음을 기록된 흐름에 따라 계속 암송하며 왔습니다. 강남 지역으로 들어오면서 어느덧 11장을 지나 12장에 접어들었고, 규장에 도착하는 순간 암송한 구절이 바로 예수님께서 선포하신 쉐마였습니다."

서기관 중 한 사람이 그들이 변론하는 것을 듣고 예수께서 잘 대답하신 줄을 알고 나아와 묻되 모든 계명 중에 첫째가 무엇이니이까 예수께서 대답하시되 첫째는 이것이니 이스라엘아 들으라 주 곧 우리 하나님은 유일한 주시라 네 마음을 다하고 목숨을 다하고 뜻을 다하고 힘을 다하여 주 너의 하나님을 사랑하라 하신 것이요 막 12:28-30

대표님은 다시 물으셨다.

"그럼 쉐마 말씀으로 규장에 도착한 것이 어떤 의미가 있는 건가요?"

나는 대답했다.

"조금 전 제가 대표님께 말씀드린 일곱 번째 책의 주제가 바로 '쉐마'입니다. 이 책은 삶의 리듬을 기록된 성경의 흐름에 맡기는 낱권별 통암송 가운데, 암송하고 있는 말씀이 실제 상황과 맞물려 나타나는 간증들을 통해 하나님께서 우리가 쉐마 신앙으로 살아가기를 원하신다는 뜻을 전하려는 내용입니다. 그런데 이곳으로 달려오면서 기록된 성경의 흐름을 따라 암송하다가 예수님이 쉐마를 표현하시는 구절을 암송하였을 때 규장에 도착하도록 인도하심을 받았습니다. 저는 그때 성령께서 부으시는 생수의 강을 경험하며 너무 기뻤습니다.

이로써 이 쉐마 신앙이 저의 과거 경험이나 제가 집필한 책의 내용으로 박제된 것이 아니라, 삶의 현장에서 지속적으로 일어나는 실제적인 차원임을 대표님도 즉석에서 경험하신 셈입니다. 저는 이것이 이 책의 출간에 대한 하나님의 의지를 드러내는 표지라고 믿습니다."

그로부터 정확히 한 달 뒤인 3월 13일, 편집부 실장님과 대리님을 처음으로 만난 실무 미팅의 날에도 나는 동일한 일을 경험하게 되었다. 그 일을 통해 이 책의 출간을 하나님께서 기뻐하고 계신다는 확신이 더욱 분명해졌다. 한창 논의가 진행되던 중, 안수경 편집실장님이 내게 이렇게 말했다.

"지 목사님의 원고를 읽으면서 깊은 감동을 받았습니다. 특히 목사님께서 시간의 연속성을 성경에 기록된 말씀의 연속성에 맡기며 살아가시는 삶 속에서, 암송하고 있는 말씀과 관련된 일을 바로 그 순간에 경험하신 간증들이 인상적이었습니다. 그래서 오늘 저희를 만나러 오시면서 어떤 말씀을 암송하며 도착하실지 궁금했습니다. 어떤 말씀이었습니까?"

나는 잠시 그 순간을 떠올렸다. 약속된 시각인 낮 12시에 규장에 도착하자마자 두 분과 인사를 나누고 잠시 화장실에 다녀오겠다고 이야기한 후 화장실에서 규장에 도착했을 때 암송했던 말씀의 다음 구절을 조용히 이어서 암송했었다.

진실로 진실로 너희에게 이르노니 믿는 자는 영생을 가졌나니 내가 곧 생명의 떡이니라 요 6:47-48

그 말씀을 암송한 뒤 나는 두 분과 레스토랑으로 자리를 옮겼고, 그곳에서 첫 실무 미팅이 이어졌던 것이다. 그런데 돌이켜보니 그 구절은 내가 이 책의 3부에서 다룬 내용이자 이 책에서 특별히 중요하게 생각하는 핵심 주제, 곧 '성령으로 거듭남'(성령 침례와 영생)에 대한 말씀이었기 때문이다.

나의 일곱 번째 책은 탈고까지 최소 5,6년이 걸렸다. 2019년 여섯 번째 책 《말씀 사수》를 출간한 뒤 약 2년이 지났을 때, 성령께서 일곱 번째 새로운 책의 단서 하나를 떠올리게 하셨다. 바로 '유튜브'와 '큐브'였다. 압운(끝소리를 맞추는 기법)은 같지만 의미는 완전히 대조적인 두 단어를 통해, 낱권별 통암송 쉐마 신앙을 강조하는 개념이었다. 이 방향이 마음에 분명히 와닿자, 쉐마에 순종하여 낱권별 통암송으로 삶의 리듬(시간의 연속성)을 성경의 기록된 흐름의 연속성에 맡기는 삶을 지속하는 가운데, 암송하는 말씀과 현실이 맞물리는 경험들을 통해 그 구상에 대한 새로운 통찰들이 쏟아지기 시작했다.

그리고 새로운 집필에 몰두한 지 약 1년 반 만에 기초 원고가 완성되어 곧 출간할 수 있으리라 생각했다. 그러나 낱권별 통암송의 축복이 오히려 집필을 더디게 만들었다. 낱권별 통암송 신앙은 끊임없이 새 포도주를 경험하게 하는 신앙이기 때문이다. 낱권을 통째로 암송하며 성령님을 예배하는 가운데 의도하지 않았는데도 말씀에 대한 깨달음들이 계속해서 새롭게 열렸고, 그 깨달음에 대한 원어들을 확인할 때마다 쉐마 신앙의 더 깊은 심연이 드러났다.

그럴 때마다 새롭게 열린 말씀에 맞추어 이미 구성해둔 원고 전체를 다시 수정해야 했고, 그 과정이 여러 차례 반복되었다. 다시 구성해놓으면 얼마 지나지 않아 또 다른 말씀이 열렸고, 그 원어들을 확인하며 더 깊은 의미를 깨닫게 되었고, 새로운 깨달음에 의해 전체 원고를 다시 손보아야 하는 일들이 이어졌다. 낱권별 통암송 신앙, 곧 쉐마의 삶 속에서 말씀이 새롭게 열리는 복된 현상이 거듭되며 감당하기 어려울 만큼 큰 과부하가 찾아왔다. 결국 책 집필을 내려놓게 되었고, 그렇게 몇 해가 흘렀다.

그러다가 처음 원고를 작성한 지 약 5년째 되던 시점에 성령께서 다시 집필에 박차를 가하게 하셨다. 그동안 경험해온 '행복한 과부하'를 모두 담아내려 하면 분량이 지나치게 방대해질 수밖에 없었지만 성령께서 매 순간 지혜를 더해주셨다. 그 결과, 핵심을 잘 추려 담을 수 있었고, 전체 원고를 요약적이면서도 본질을 잃지 않는 형태로 정리할 수 있었다.

이 책의 집필은 내가 과거에 암송했던 말씀의 회상이 아니라, 낱권별 통암송 중 바로 지금 암송하고 있는 말씀과 맞닿은 사건들을 현장에서 체험하는 가운데 얻은 통찰에서 비롯되었다. 또한 주와 동행하는 비결을 밝히 드러내는 이 책의 출간을 준비하는 첫 만남과 실무 과정 속에서도 성령의 동일한 인도하심이 분명하게 나타났다. 성령님은 신실하게 역사하셨다.

나는 다만 쉐마에 순종하여, 앉고 걷고 눕고 일어서는 삶의 리듬, 곧 시간의 연속성 속에서 기록된 성경의 흐름이라는 연속성을 따라 마가복음과 요한복음을 암송하고 있었을 뿐이다. 그 말씀에 이르도록 인위적으로 맞추려 한 의도는 전혀 없었다.

그런데 놀랍게도, 이 책의 두 가지 핵심 주제인 '쉐마'와 '성령으로 거듭남'(성령 침례와 영생)을 선명하게 드러내는 바로 그 표현들을 암송한 직후에 만나게 되면서 이 책에서 나눈 핵심 간증들과 동일한 일을 경험하게 하신 것이다. 이를 통해 이 책의 시작과 과정 전체를 주관하신 분이 바로 당신이심을 분명하게 드러내셨다.

　실로 하나님께서 직접 제정하신 쉐마, 앉고 길을 걷고 눕고 일어
설 때마다 기록된 성경의 연속성을 따르는 것이 성령과 동행하는 최
고의 길이다.

## 영속적 구원의 구절들

요한복음 3:16

요한복음 3:36

요한복음 4:14

요한복음 5:24

요한복음 6:27,35,37-40,44,47-51,53-58,63-64

요한복음 10:26-29

요한복음 10:27-30

요한복음 11:25-26

로마서 1:1,6

로마서 3:20,24,28

로마서 5:2,4,8-11,17,21

로마서 6:23

로마서 8:1-2,4,11,14-17,30-39

로마서 8:11

갈라디아서 2:20-21

갈라디아서 3:10

갈라디아서 4:6-7

갈라디아서 5:3-5

에베소서 2:5-6

## 하나님과 영원한 처소의 약속들

# 말씀 큐브

| | |
|---|---|
| 초판 1쇄 발행 | 2026년 4월 6일 |
| 지은이 | 지용훈 |
| 펴낸이 | 여진구 |
| 책임편집 | 안수경 김도연 |
| 편집 | 이영주 진효지 최현수 구주은 김아진 배예담 |
| 책임디자인 | 조은혜 ｜ 마영애 노지현 정은혜 |
| 마케팅 | 김상순 강성민 |
| 제작 | 조영석 허병용 |

마케팅지원 최영배 정나영
경영지원 김혜경 김경희 김영하

303비전성경암송학교 유니게 과정
이슬비전도학교 / 303비전성경암송학교 / 303비전꿈나무장학회

펴낸곳    (주)규장갓피플

주소 06770 서울시 서초구 매헌로 16길 20(양재2동) 규장선교센터
전화 02)578-0003    팩스 02)578-7332
이메일 kyujang0691@gmail.com
페이스북 facebook.com/kyujangbook
카카오스토리 story.kakao.com/kyujangbook
등록번호 제2026-000001호
since 1978.08.14

홈페이지 www.kyujang.com
인스타그램 instagram.com/kyujang_com

책값    뒤표지에 있습니다.
ISBN 979-11-6504-703-0 03230

# 규 ｜ 장 ｜ 수 ｜ 칙

1. 기도로 기획하고 기도로 제작한다.
2. 오직 그리스도의 성품을 사모하는 독자가 원하고 필요로 하는 책만을 출판한다.
3. 한 활자 한 문장에 온 정성을 쏟는다.
4. 성실과 정확을 생명으로 삼고 일한다.
5. 긍정적이며 적극적인 신앙과 신행일치에의 안내자의 사명을 다한다.
6. 충고와 조언을 항상 감사로 경청한다.
7. 지상목표는 문서선교에 있다.

하나님을 사랑하는 자 곧 그의 뜻대로 부르심을 입은 자들에게는 모든 것이 合力하여 善을 이루느니라(롬 8:28)

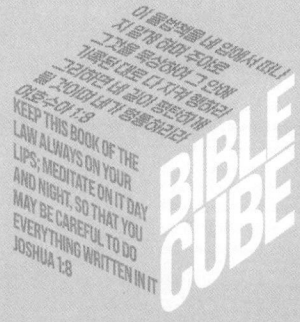

KEEP THIS BOOK OF THE
LAW ALWAYS ON YOUR
LIPS; MEDITATE ON IT DAY
AND NIGHT, SO THAT YOU
MAY BE CAREFUL TO DO
EVERYTHING WRITTEN IN IT
JOSHUA 1:8

이 율법책을 네 입에서 떠나지
말게 하며 주야로 그것을 묵상하여
그 안에 기록된 대로 다 지켜
행하라 그리하면 네 길이 평탄하게
될 것이며 네가 형통하리라
여호수아 1:8

BIBLE
CUBE

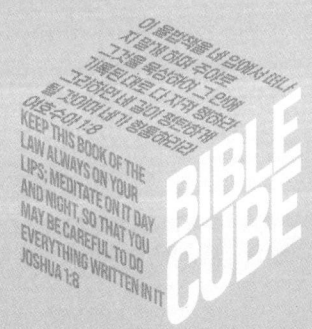

KEEP THIS BOOK OF THE
LAW ALWAYS ON YOUR
LIPS; MEDITATE ON IT DAY
AND NIGHT, SO THAT YOU
MAY BE CAREFUL TO DO
EVERYTHING WRITTEN IN IT
JOSHUA 1:8

BIBLE
CUBE